1956：觉醒的世界

（英）西蒙·霍尔 ◎ 著

周允东 ◎ 译

海南出版社

·海口·

1956: The World in Revolt by Simon Hall

Copyright © Simon Hall 2016

This edition arranged with Felicity Bryan Associates Ltd. through Andrew Nurnberg Associates International Limited

中文简体字版权 ©2019 海南出版社

图书在版编目（CIP）数据

版权合同登记号：图字：30-2018-017 号

1956：觉醒的世界 /（英）西蒙·霍尔著
(Simon Hall) 著；周允东译 . -- 海口：海南出版社，
2019.5

书名原文：1956: The World in Revolt

ISBN 978-7-5443-8668-5

Ⅰ . ① 1… Ⅱ . ① 西… ② 周… Ⅲ . ① 世界史 – 1956
Ⅳ . ① K153

中国版本图书馆 CIP 数据核字 (2019) 第 057510 号

1956：觉醒的世界

作　　者：（英）西蒙·霍尔
译　　者：周允东
监　　制：冉子健
责任编辑：张　雪
责任印制：杨　程
印刷装订：河北盛世彩捷印刷有限公司
读者服务：武　铠
出版发行：海南出版社
总社地址：海口市金盘开发区建设三横路 2 号　　邮编：570216
北京地址：北京市朝阳区黄厂路 3 号院 7 号楼 102 室
电　　话：0898-66830929　010-87336670
电子邮箱：hnbook@263.net
经　　销：全国新华书店经销
出版日期：2019 年 5 月第 1 版　 2019 年 5 月第 1 次印刷
开　　本：787mm×1092mm　　1/16
印　　张：19
字　　数：287 千
书　　号：ISBN 978-7-5443-8668-5
定　　价：58.00 元

献给我的父母

目 录

序 言

> 与之前相比，我们更有理由说，未来取决于勇气、决心和人民的能量。
>
> ——《纽约时报》，1956 年 1 月 1 日

  1955 年结束之际，40 万狂欢者聚集在纽约时代广场，急切地把目光投向时代大厦楼顶。在那里，时钟显示距午夜 12 点只剩 20 秒，球形灯从旗杆顶端下滑 21 米，人群中响起阵阵欢呼声，汽笛声不绝于耳，人们在企盼新年来临。大约过了 8 秒钟，声音越来越响亮，180 盏灯突然全部熄灭，球形灯在黑暗中完成了它的旅程。1.8 米高的数字显示器也骤然变成黑屏。电路出了故障，直到 12 点 15 分，塔楼四面为迎接 1956 年而安放的那些灯才亮起来。①

  纽约的庆祝活动成了闹剧，而在日本，庆祝活动却酿成悲剧。在东京以北约 241 千米的弥彦神社举行的神道仪式上，100 多人被踩踏致死，75 人受伤。起因是，有 3 万人聚集在一起，举行庆祝活动，在向人群抛传统的饭团（或麻糬）时，人们争相哄抢，悲剧就这样发生了。据一位目击者称，祭坛附近的人们蜂拥而上，沿着陡峭的石梯，"冲向络绎不绝的朝拜者"。有些人"从楼梯上跌落下来，被迎面而来的人潮碾碎"。当时，只有 11 个警务人员在现场，恐慌

---

① 'Flagpole Lights in Times Sq. Fail', *New York Times*, 1 January 1956, 43.

迅速蔓延。"在尖叫声中，无数的男人、女人和孩子被踩在脚下。"① 来自人群的压力也推倒了一堵 1.8 米高的墙，造成了更多伤亡。据《纽约时报》报道："死者的尸体被放置在入口处，等待遇难者家属来认领。"

这一年开局就不吉利，许多人预测，这将是特别有挑战性的一年。例如，在马德里，西班牙独裁者弗朗西斯科·佛朗哥即将迎来他执政的第十八年，他在新年致辞中警告说："危及世界的危险比以往任何时候都要大。"② 同时，《泰晤士报》③ 在 1956 年的第一篇社论中呼吁，"面对无疑是必将发生的危机，我们要勇敢无畏"，而安东尼·艾登④ 保证，"我们将竭尽所能，缓解各国之间的紧张局势，不放过每一个机会"。⑤ 他表示，非常期待在即将举行的首脑会议上与艾森豪威尔总统会晤，他认为这次会议"将有助于世界和平"。⑥

面对新的一年，人们确实有理由保持乐观态度。1 月 1 日，尊敬的马丁·路德·金在阿拉巴马州蒙哥马利市德克斯特大道浸信会教堂的讲坛上发表演说，他告诉他的会众，开始新的一年的"最佳方式"莫过于"击败势力强大的反对党，惩治邪恶势力"。马丁·路德·金是美国民权运动中冉冉升起的年轻明星，坚信善行必将取得胜利。随着抵制城市公共汽车上种族隔离现象的运动进入到第二个月，金要求他的会众继续他们的反邪恶斗争，他解释说没有什么好担心

---

① 'l12 Japanese Die in Panic at Shrine', *NYT*, 1 January 1956, 1, 3; 'Japanese Shrine Disaster', *The Times* (London), 2 January 1956, 8.

② 'Franco's New Year Message of 1956' quoted in Sebastian Balfour, *Dictatorship, Workers, and the City: Labour in Greater Barcelona Since* 1939 (Oxford: Clarendon Press, 1989), 41.

③ 《泰晤士报》是英国的综合性日报，隶属于默多克的新闻集团。

④ 安东尼·艾登为英国政治家，在第二次世界大战中曾任英国国防委员会委员、陆军大臣和副首相等职，后在 1955—1957 年出任英国首相。

⑤ 'A Time for Courage', *The Times*, 2 January 1956, 9; 'The Premier's Message for 1956'; Thomas J. Hamilton, 'Difficult Year Ahead in U.S. Foreign Policy', *NYT*, 1 January 1956, E3.

⑥ 'The Premier's Message for 1956'.

的，因为"上帝是万能的。不要害怕隔离。因为上帝反对，它必将消亡"。[①]

1 月份也见证了这样一个重要时刻：世界迎来一个全新的独立国家——英国和埃及半个多世纪的统治在苏丹宣告结束。在有 2000 名官员出席的喀土穆宫殿草坪仪式上，新任总理伊兹梅尔·阿兹哈里宣布："此时是苏丹历史上最伟大的时刻，人民是伟大的人民……如果这一天标志着我们争取独立的斗争圆满结束，那也是我们全新任务的开始……建设未来……"[②] 然后，乐队奏响苏丹国歌，鸣放礼炮，阿兹哈里与反对派领导人一起升起这个全新国家的国旗——红、白、黑、绿四色旗，与此同时，苏丹武装部队人员降下英国和埃及国旗。

不过，法属北非局势并不乐观。1955 年 12 月底，由于遭到摩洛哥战机接二连三的攻击，法国军队在里夫山附近发动了一次大规模行动，击毙了 50 多名反抗分子。他们也对阿尔及利亚的破坏活动做出了强烈反应，根据一份报纸报道，12 月 30 日，星期五，在一个省有 20 多名反抗分子被打死（仅仅几个星期后，阿尔伯特·卡穆斯警告说，如果欧洲人和阿拉伯人不能和平地、相互尊重地生活在一起，他们将被"一起处死，尽管心中充满怨恨"）。[③] 前南斯拉夫领袖约瑟普·铁托曾为埃及总统迦玛尔·阿卜杜尔·纳赛尔的座上宾，他在开罗发表的年度讲话中称，非洲人民正在"努力巩固其独立地位，实现自治"，并谴责欧洲帝国主义的"文明使命"，称其只不过是"统治弱者和欠发达国家的借口"。不过，铁托乐观地认为，"和平解决国际问题的时代已经到来……战

---

①　Martin Luther King, Jr, 'Our God Is Able', 1 January 1956, Dexter Avenue Baptist Church, Montgomery, Alabama, in Clayborne Carson, ed., *The Papers of Martin Luther King, Jr., Volume VI: Advocate of the Social Gospel, September 1948–March 1963* (Berkeley: University of California Press, 2007), 243–6.

②　'The Sudan as a Republic', *The Times*, 2 January 1956, 7.

③　'Regional Powers in Gold Coast', *The Times*, 2 January 1956, 8; '58 Moroccan Rebels Killed', *The Times*, 2 January 1956, 8; 'French Kill 56 Rebels in Riff Mountains', *Observer*, 1 January 1956, 1A; Albert Camus, 'Call for a Civilian Truce in Algeria', 22 January 1956, in *The Algerian Chronicles* (Cambridge, MA: Belknap, 2013), edited by Alice Kaplan, translated by Arthur Goldhammer, 153.

争不再是解决争端的手段"。[①]

　　莫斯科也发表了和平谈话。1955 年 12 月 31 日，苏联总理尼古拉·亚历山德罗维奇·布尔加宁宣布，只要有充分的善意和谅解，1956 年将在"结束冷战"的进程方面取得重大进展[②]。那天晚上，布尔加宁和苏联共产党中央委员会第一书记尼基塔·谢尔盖耶维奇·赫鲁晓夫举行了一次豪华的国宴。包括外交官在内的大约 1200 名贵宾聚集在克里姆林宫巨大的圣乔治大厅。宴会一直持续到第二天凌晨。宴会上有丰盛的菜肴、美味的香槟和曼妙的音乐，许多人发表了演讲，人们频频祝酒，期间还安排了激情四射的舞会，苏联官员纷纷充当表率。据《纽约时报》报道，在一群妙龄女郎的簇拥下，布尔加宁神气十足地翩翩起舞。[③]然而，在美国佛罗里达州基韦斯特却是另一番场景，艾森豪威尔总统在 9 月心脏病发作，此时刚刚恢复。他有时画画，有时打高尔夫球，偶尔散散步。虽然安排了家庭晚餐和庆祝活动，但"到了午夜总统是否还能保持清醒迎接新年，尚不确定"。[④]

　　世界各国政要在庆祝新年时，都提醒人们说，前进的道路困难重重，他们表达对"和平"的渴望，或做出对更美好明天的承诺。但是，他们很快就发现自己卷入了一系列是非纷扰当中——时而令人激动，时而令人震惊，甚至能改变世界，甚至最精明、最杰出的观察员也始料未及。而另一些人则发现自己被无情地遗弃了。

　　一百年前，意大利著名的马克思主义者安东尼奥·格拉姆西抱怨说，因崇尚年代学，历史学家往往产生错误的印象，那些年代就像"人们翻越的群山一

　　① Jack Raymond, 'Tito is Optimistic on Peace Outlook', *NYT*, 1 January 1956; 'Tito's Attack on Colonial Powers', *The Observer*, 1 January 1956, 1.

　　② 'New Summit Talks Could Be Fruitful – Bulganin', *Observer*, 1 January 1956, 1, 5; see also 'Marshal Bulganin on Peace Hopes', *The Times*, 2 January 1956, 7.

　　③ 'Russians Interrupt New Year's Supper to See What Latest Pravda Has to Say', *NYT*, 1 January 1956, 5; 'Marshal Bulganin on Peace Hopes'.

　　④ W. H. Lawrence, 'Mrs. Eisenhower Flies to Key West', *NYT*, 1 January 1956, 36; W. H. Lawrence, 'Two Presidents: A Key West View', *NYT*, 1 January 1956, F4.

样，仿佛忽然置身一个崭新的世界，发现一种全新的生活"。① 然而，人们似乎对他的话置若罔闻。对于历史学家来说，他们的工作就是确定特定年份的重要性或确定其是否值得关注，这一习惯不仅应该锲而不舍地坚持下去而且要蓬勃发展。仅在过去十年中，有许多书籍似乎想抓住一个时代的本质，了解更广泛的政治意义、经济和文化环境，或通过一年发生的事件来探索世界历史的转折点。但是，当历史作家将 1956 年的方方面面都做了令人回味的叙述时，这一年的整体事件和同时代人的生活意识就在很大程度上被遗忘了。这与 1968 年形成鲜明的对比，令人震惊，这一年被广泛（响亮）赞誉为国际"觉醒之年"。这种心不在焉的健忘由来已久，反映了更广泛的趋势，将 20 世纪 50 年代视为乏味荒谬的年代：我们得知，在这样一个时代，西欧饱受战争摧残的人们正在努力重建破碎的经济，摆脱经济紧缩限制；而在美国，实际上整个国家都笼罩在令人窒息的一致性文化的氛围之中。与反对法西斯的激烈斗争和 20 世纪 60 年代形形色色的反主流文化以及如火如荼的抗议运动相比，20 世纪 50 年代初期的"沉闷"经常被边缘化，这并不足为奇。②

然而，到了 20 世纪 50 年代中期，世界大部分地区开始发生剧变，具有讽刺意味的是，社会、经济和政治紧张局势加剧，与战后秩序带来的不断加深的挫折感强烈交织。对许多人而言，在战胜纳粹德国十年之后，支撑盟国阵营在第二次世界大战中奋力作战的坚定信念变得越来越空洞无物。由英国首相温斯顿·丘吉尔和美国总统富兰克林·罗斯福于 1941 年 8 月起草的《大西洋宪章》（随后得到法国和苏联的支持），预设了一个以自决原则、国际合作及"摆脱恐惧和欲望"为基础的战后世界。然而，欧洲各国都不愿意放弃其帝国野心。为了维护种族主义制度，美国决意奉行白人至上的理论，所有这些无疑是对这一

---

① Antonio Gramsci, 'I Hate New Year's Day', *Viewpoint Magazine*, 1 January 2015 (originally published in *Avanti!*, 1 January 1916),

② William Chafe, *The Unfinished Journey: America Since World War II* (New York: Oxford University Press, 1991, second edition), 111–5; Mark Kurlansky, 1968: *The Year that Rocked the World* (New York: Ballantine Books, 2004); John Patrick Diggins, *The Proud Decades: America in War and Peace*, 1941–1960 (New York: W. W. Norton, 1989), 178.

崇高目标的嘲弄。在被征服者、被边缘化者和被压迫者中，因挫败沮丧和种种失望而带来的十年的积怨即将爆发。

1956 年，全球各地的普通民众开始大胆表达自己的意见，他们聚集在大小街道和城市广场，甘愿冒着被捕的危险，拿起刀枪，不惜在争取更大的自由、建立更加公正的世界的斗争中献出生命。面对前所未有的挑战，"旧秩序"的守护者进行了无情反击，极力维护他们的权威。这是一场足以改变战后世界格局的史诗性的角逐。现在，详细全面地讲述这一令人印象深刻的一年中所发生的故事，正是时候。

1956
The World in Revolt

冬天

/

打破旧秩序

❧

蒙哥马利

关于蒙哥马利，将来的历史书籍会这样记载："这里有这样一个民族，他们有着蓬松卷曲的头发、黑黝黝的皮肤、坚定不移的勇气，时刻捍卫自己的权利，从而在历史和文明的画卷上增添了浓墨重彩的一笔。"

——马丁·路德·金

就在 1956 年 1 月 30 日星期一晚上 9 点 30 分之前，一辆浅色的汽车缓缓停在阿拉巴马州蒙哥马利南杰克逊大街 309 号那白色、木头框架的教区牧师住所外面。这座大小适中的房屋建于 1912 年，是德克斯特大街浸信会教堂 27 岁的牧师马丁·路德·金博士的住宅。他的妻子名叫科雷塔，他们有个两个月大的女儿，名收约兰达。据目击者说，这辆汽车只停留片刻，就匆匆开走了。科雷塔听到"外面的混凝土阳台上发出一声巨响"，当时，她正在客厅和一个朋友聊天。因为最近常常接到一些威胁电话，她感到一阵紧张，旋即把朋友带到后屋。片刻之后，只听得一阵"雷鸣似的爆炸声"，随即"腾起一股浓烟，又传来玻璃被打破的声音"。[①]阳台南边的炸药爆炸后在地板上炸

---

① Coretta Scott King, *My Life with Martin Luther King, Jr.* (New York: Holt, Rinehart and Winston, 1969), 126–7.

开一个洞，屋顶被炸坏了。前面的窗户也破碎了，玻璃碎片散落在客厅、书房和音乐室里。

听到响声，邻居们都很担心，纷纷过来表示关切。科雷塔打电话给第一浸信会教堂，她的丈夫是八周抵制城市巴士隔离运动的领袖，他正在召开群众大会。科雷塔告诉他，房子被炸毁了，让他立即遣散众人，但是，她根本没考虑过要告诉他，她们都没有受伤。那天晚上早些时候，金作为刚成立不久的蒙哥马利改进协会会长，向两千人发表了演说。现在，会议即将结束，他站在教堂前面的一个讲台上，主持募捐。站在他的位置，金瞧见一个接待员在与他的好朋友——教会牧师拉尔夫·阿伯纳西——亲切地交谈。过了一会儿，阿伯纳西飞也似地跑下楼去，几分钟后再次出现，脸上露出紧张的神情。很明显，一定是出了什么事，金马上把阿伯纳西叫过去，后者告诉他说："你的房子已被炸了。"金询问他的家人是否安好，阿伯纳西神情严峻地回答道："我们正在核查。"[1]

就在几天前，金经历了深刻的人身和精神危机。1 月 26 日，星期四，他被两名骑摩托车的巡警叫停，声称他在限速每小时 40 千米的路段以时速 50 千米行驶。金在一所肮脏不堪的牢房里被关了好几个小时，才被释放。这段令人不快的经历令他感到不安，这是他平生第一次进监狱，在通往监狱的路上，有一阵，他甚至害怕可能会被处以私刑。第二天，金在参加蒙哥马利改进协会的一次会议后回到家，又接一连三地接到好几个威胁电话："黑鬼，我们已经烦透了你，你肮脏、邋遢。如果你三天内还不离开这个城镇，我们就把你的脑浆打出来，炸毁你的房子。"[2]那天晚上，他无法入睡，绝望地坐在厨房的桌子旁。金后来承认，自己差一点儿就放弃了。"我面前放着一杯咖啡，我无心去碰它，我试图想办法摆脱困境，前提是不会表现得像个懦夫。"大约半夜时分，他万分焦急，十分疲惫，用手托住头，大声做着祈祷。金后来写道："我仍然十分清晰地记得那天半夜对上帝说过的话：'我坚定自己的立场，

---

[1] Martin Luther King, Jr., *Stride Toward Freedom: The Montgomery Story* (Boston: Beacon Press, 1958), 126.

[2] Garrow, Bearing the Cross, 56–8.

我相信自己所做的一切都是正确的。但是，现在我有些害怕。人们依赖我，就像找到了主心骨，如果我在他们面前表现得毫无力量，没有勇气，他们就会畏缩。可是，我已是强弩之末。我什么都没有剩下。我已经到了不能独自面对的地步。'在那一刻，我感觉到了上帝的存在……我仿佛听到内心深处有个声音在默默地做出保证：坚持正义，坚持真理，上帝永远与你同在。几乎在一瞬间，我所有的恐惧都消失得无影无踪。我不再犹豫。我已经做好了准备，勇敢面对一切。"[①]

三天后，金家里的爆炸将会检验他能否重新获得坚定信念。获悉遭到袭击的消息后，金告诉了众人，他解释说，他得立即回家看看，并建议他们自行散开，回家。"让我们继续前进，永不止步，"金说道，"要坚信我们所做的一切都是正确的，并且要更加坚信，在这场斗争中，上帝与我们同在。"[②]回到家，金还没有来得及看看妻子和孩子是否安全，就被一片混乱包围。马路上，交通堵塞，几百名非洲裔美国人围住了房屋，警方正在努力维持秩序。阿拉巴马州立大学的英语老师乔·安·罗宾逊和一位从事社区工作的积极分子，描述了警方试图疏散爆炸区域的人群但却徒劳无果的情景："众人出奇地安静，空气紧张，危机重重。其中一个警察高声喊道：'各位，请回家吧，没有人受伤。'没有人动，也没人说话。沉默就是无言的谴责，令人疯狂，让人感受到威胁……"一个非洲裔美国人甚至提议决斗，他对警察说："我哪儿也不去。这很麻烦。你们白人总是欺负我们。现在，你说你有理，我说我有理。所以，让我们来决斗吧。"[③]人群中有好多男子和年纪比较大的青少年携带着刀子和破碎的酒瓶，眼看一场大规模暴乱不可避免。所以，在爆炸后不久抵达教区牧师住所的市长 W. A. 盖尔和警察局长克莱德·塞勒斯的脸"像死人一样苍白"，也就不足为奇了。

---

① King, *Stride Toward Freedom*, 124–5.

② Garrow, *Bearing the Cross*, 60; King, *Stride Toward Freedom*, 126.

③ Jo Ann Gibson Robinson, *The Montgomery Bus Boycott and the Women Who Started It* (University of Tennessee Press, 1987), 131.

27岁的蒙哥马利巴士抵制运动领导人马丁·路德·金，于 1956 年 1 月 30 日在被炸弹炸毁的家里的阳台上，呼吁大家平静下来。从左到右依次是：消防局长 R. L. 蓝普利、市长 W. A. 盖尔（身着制服）、马丁·路德·金和市警察局长克莱德·塞勒斯。

　　跨过他家被炸损的前廊，金走进房屋，进了卧室。看到他的妻女没有受伤，他长舒了一口气，心里的一块石头落地了。然后，年轻的牧师走回到门廊，呼吁大家保持冷静。"不一会儿，"他后来回忆说，"人群中一片沉默。"他解释说，他的妻子和女儿很安全，他要人们保持冷静，"我们要相信法律和秩序。不要惊慌……不要动武。生活在刀剑之下的人必将死于刀剑之下。记住这是上帝说过的话。我们不提倡暴力。我们要对我们的敌人施予爱心。"金继续道："我没有发动抵制活动。我应你们的要求做你们的发言人。我希望生活在这片土地上的人们知道，如果我遭遇不测，这个运动不会停止。如果我发生不幸，我们的工作也不会停止。因为，我们正在做的一切都是正确的，我们正在做的一切都是正义的。上帝与我们同在。"众人回应"阿门"，或是"上帝保佑你，金兄"。多年以后，科雷塔如此描述人们对她丈夫那精彩演说的情绪反应："很多人在哭泣。我可以看到他们脸上闪着泪花……他们被这番圣洁的话语深深地打动了。"① 面临强大的压力，这毫无疑问是非常出色的表现。后来，蒙哥马利市警察局长克莱德·塞勒斯试图向众人讲话，但愤怒的嘘声响成一片，金不得不出面道："记住我刚刚说的话。听局长怎么说。"塞勒斯向众人保证"警察将保证金的家人的安全"，并谴责暴力事件的丑恶行径，随后，盖尔市长宣布，如果有必要，他将"战斗至最后一口气，抓获并惩治罪犯"。他还表示要悬赏 500 美元。然后，金劝众人回家睡觉。"回家吧，不要担心，"他说，"像我和我的家人一样镇静。我们没有受到伤害，记得如果我出了事，还会有其他人接替我。"② 罗宾逊回忆说，当金说完这番话后，众人开始散开，"像一股巨大的洪流静静地、波澜不惊地、顺从地涌向下游"。当他们这样做的时候，一个白人警察惊呼道："多亏了那个黑人牧师，要不我们都死定了。"③

　　在 1956 年，美国是世界上最强大，也最繁荣的国家。由于居民消费、军费开支和技术进步的驱动，战后一片繁荣景象。据统计，国内生产总值（1950—1959 年上涨了 72%）实现了前所未有的增长，并实现了全民就业，生活水平不断提高。美国人争相购买最新的消费品——包括汽车、冰箱、电视机和洗衣机——数以百万计的家庭在全国掀起了新一轮城市化进程，无数家庭步入中产阶级行列，生活殷实富足。生产实现了自动化，生产力得到了提高，服务和消费行业不断增长，所有这些意味着美国成为世界上第一个"后工业化"经济体。1956 年，"白领"工人（专业人员、管理或行政人员）首次超过"蓝

① King, *Stride Toward Freedom*, 126–7; Branch, *Parting the Waters*, 165; Garrow, *Bearing the Cross*, 60; Azbell, 'Blast Rocks Residence'.

② Azbell, 'Blast Rocks Residence'; Branch, *Parting the Waters*, 166; King, *Stride Toward Freedom*, 128-129; King, *My Life with Martin Luther King, Jr.*, 130.

③ Robinson, *The Montgomery Bus Boycott*, 133; King, *My Life with Martin Luther King, Jr.*, 130.

领"（或体力）工人。^①美国也摆脱了 20 世纪 30 年代的孤立主义桎梏，成为世界上第一个超级大国。然而，美国有一个丑陋的秘密：数以百万计的人民沦为二等公民，享受不到国家经济繁荣和民主承诺带来的好处，这与其军事强国的地位和引以为豪的财富极不相称。《吉姆·克劳法》即种族歧视制度，是根深蒂固的白人种族至上制度，控制着南方诸州，使非洲裔美国人（男人、妇女和儿童）遭受着不公正待遇和侮辱。黑人在阿拉巴马州蒙哥马利市遭受的侮辱如同家常便饭，更加冷酷，更加无情。

蒙哥马利市位于陡峭的断崖之上，俯瞰阿拉巴马河，处于肥沃富饶的"黑土带"腹地，曾经是繁荣的棉花销售和奴隶贩卖中心。在内战^②期间，这座城市是南方联邦的第一个首都，1861 年 2 月 18 日，杰斐逊·戴维斯在雄伟的国会大厦的门廊上宣誓就任总统。在 20 世纪 20 年代，蒙哥马利市的经济严重依赖周边农业县（木材、家具和化肥工业相当发达），附近还设有两个美国空军基地。像美国南部各州一样，该市的非洲裔美国人都被剥夺了政治和经济权利，受到侮辱人格的隔离。虽然，在 1955 年，非洲裔美国人占蒙哥马利市人口的十分之一，达到 12 万人，但只占选民人数的 8%。由于法律限制（需要拥有至少 500 美元财产，才有资格投票）、扫盲测试（由白人官员实施，极不公平）以及经济胁迫和恐吓，成千上万的潜在黑人选民被排除在投票名单外。这个城市的非洲裔美国人还遭受着经济上的困扰，黑人家庭每年的收入大约在1000 美元左右，这种情况占整个城市的一半，大部分黑人是"穷忙族"。大多数黑人从事服务业或农业劳动，参加工作的黑人妇女一半以上做过富裕白人的家奴。

这种僵化而全面的种族隔离制度，有法律保障，受社会习俗的支持，几乎在生活中无处不在。学校、医院、公园、酒店、剧院、餐馆、洗手间、公共交

---

① 'Table Ca74-90 – Gross domestic product, by major component: 1929– 2002' in Richard Sutch and Susan B. Carter, eds, *Historical Statistics of the United States: Millennial Edition Online* (Cambridge University Press); Chafe, *The Unfinished Journey*, 112–19.

② 指美国南北战争，是美国历史上唯一的一次内战，以北方联邦胜利告终。

通工具甚至饮水机都是隔离的。尽管在 1896 年，美国最高法院坚持认为"隔离但平等"的原则合理合法，但《吉姆·克劳法》显然是为了巩固加强白人至上论。当时存在的黑人设施低级劣质，非洲裔美国人常受到侮辱性的待遇。20世纪 40 年代至 50 年代，一个在蒙哥马利市长大的黑人妇女回忆说，当她不得不切除扁桃体时，圣玛格丽特医院的黑人病房是在主楼后面搭建的小房子。当她回来进行复查时，发现"有色"候诊室还被当作看门人的衣柜。

蒙哥马利市运营的巴士隔离制度特别不公平。由蒙哥马利城线经营的公交车，前排的 10 个座位为白人预留座位，而最后 10 个座位（在发动机上）是为非洲裔美国人设置的。中段 16 个座位根据需要分配。如果白人区域坐满了，公交车司机可以命令黑人腾出这些座位，甚至腾出一整排，为白人乘客让出地方。黑人不允许与白人比肩而坐。这样的安排意味着可能需要至少 4 个黑人乘客站立才能保证一个白人乘客有座位坐。此外，前面的白人区域对黑人是禁区。即使公交车上的所有座位都坐满了，而且车上没有一个白人乘客，黑人也不能坐在那里。事实上，他们甚至不能从白人区域通过。在公交车前面付钱给司机后，黑人乘客——经常要被沉重的购物袋压倒——不得不爬下去，从后面上车，无论天气状况如何。而存心报复的司机常常还没等黑人乘客重新上车，就开动汽车，这种情况屡见不鲜。[1]乔·安·罗宾逊解释说："黑人不得不常立于为白人'预留'的座位旁，这种情况甚至已经有成千上万次了。在许多情况下，车上没有一个白人乘客……然而，三四十个黑人乘客却要挤在过道里。无论男女老少，无论怀抱婴儿的母亲，还是带着大件包裹的妇女，他们站在这些空座位旁摇摆，甚至摔倒……"[2]非洲裔美国人也常受到白人公交车司机的粗鲁性待遇，甚至侵犯。正如一位黑人妇女所解释的那样，"黑人乘客被视为特粗野的人。我是说，就像我们不是人，而是一种动物"。[3]

---

[1] Ling, *Martin Luther King, Jr.*, 35.

[2] Robinson, *The Montgomery Bus Boycott*, 34–5.

[3] SER-DNA. Transcript of Record and Proceedings, *Browder* v. *Gayle*, May 11, 1956, in Burns, *Daybreak of Freedom*, 70.

蒙哥马利市的非洲裔美国人的境况在第二次世界大战后的十年中取得了一些改善：教育程度有所提升；（适度）开放了黑人医院和公共图书馆；黑人选民数量翻了一番；而在这个城市举办了由黑人组织的几次协同运动之后，有几个非洲裔美国人被雇用为警察（加入了一个对黑人实施过身体和性暴力的警察部门）。然而，令人憎恶的巴士隔离制度，却没有改进的迹象。1952 年 10 月，黑人领袖建议，这个城市应当采用在蒙哥马利市以西 260 千米的莫比尔市的做法，黑人坐在后面，白人坐在前面，种族分界线就定在黑人和白人乘客相遇的地方。在 1953 年和 1954 年初与市政府举行的一系列会谈中，妇女政治委员会（WPC）——一个因主张黑人权利而赢得声望的中产阶级公民团体——和其他黑人组织一起迫切要求实行更灵活的隔离制度。他们也对黑人乘客待遇不佳的境况表示担忧，并抱怨公交车在黑人社区停车次数较少。在市长发出呼吁之后，他们承诺在这些地区增设站点，公交车司机的行为也暂时有所改善。不过，座位安排没有让步。

1954 年 5 月 21 日，最高法院对布朗诉托皮卡教育局案[①]做出具有历史意义的裁决：堪萨斯州的隔离学校"本质上违宪"。4 天之后，罗宾逊代表妇女政治委员会致信市长盖尔，重申出台更灵活的座位政策的要求，呼吁允许黑人乘客在前面上公交车。罗宾逊指出，保护占乘客人数四分之三的非洲裔美国人的权益直接关乎公交公司的盈利问题，她解释说，"越来越多的人选择和邻居或朋友一起乘车，以不被公交车司机侮辱"。虽然罗宾逊向市长保证，妇女政治委员会将继续致力于以"安静和平的方式"确定"同意条款"，但是，她同时也警告，"现在，我们正计划少坐公交车，或根本不坐车"。[②]

克莱德·塞勒斯在 1955 年春季参加市议会选举时，扼杀了罗宾逊的和平

---

① 美国历史上非常重要的诉讼案。案件背景是白人和黑人必须分别就读于不同公立学校的种族隔离制度。

② Jo Ann Robinson, 'Letter from the Women's Political Council to the Mayor of Montgomery, Alabama', in Clayborne Carson et al., eds, *The Eyes on the Prize Civil Rights Reader* (Penguin Books, 1991), 44–5.

希望。塞勒斯是个商人，曾担任高级巡逻队队长，他主张白人对黑人歧视，并认为自己可以打败对手——一个两年前当选的种族温和主义者。塞勒斯拒绝将巴士隔离的做法定性为"非法"，坚决反对向非洲裔美国人做出任何让步。他宣称"我不会动摇我的原则"以及"亵渎我在南方与生俱来的权利……我不会为了得到黑人的区区几票而丧失原则"。① 这个策略相当奏效，塞勒斯赢得了惊人的胜利。

塞勒斯的成功恰逢蒙哥马利市在公交车问题上出现新的争议。1955 年 3 月 2 日，克劳戴特·科尔文——15 岁的布克特华盛顿高中生和全国有色人种进步协会（NAACP）当地青年理事会会员——因拒绝给白人让座而遭到逮捕。科尔文回忆说："我对公交车司机说，我并不比任何白人差，我就是不起来。"② 警察到来后，科尔文仍然拒绝起身，结果被连踢带打地拖下公交车。听说科尔文被捕的消息后，罗宾逊、政治活动家 E. D. 尼克松和黑人劳工组织认为可以利用此次事件对巴士隔离制度提出法律挑战。然而，科尔文被指控拘捕，随后发现她已有几个月的身孕，这意味着这个想法得暂时被搁置起来。但是，科尔文在 3 月 18 日被判有罪，这深深地激怒了黑人群体，几天以来，许多黑人拒绝乘坐公交车。这显然是自发性的抗议。

1955 年 12 月 1 日晚上约 5 点 30 分，一名叫罗莎·帕克斯的中年黑人妇女从蒙哥马利百货公司下班，她在那里担任助理裁缝。她去了附近的药店，买了一些阿司匹林、牙膏和一些圣诞礼物，然后乘坐公交车回家。她看到公交车上为白人预留的座位后面有少数空座，就在一个座位上坐了下来。经过几站之后，司机注意到一些白人在站着，就要求第一排黑人乘客给白人让座。但是，正如帕克斯后来解释的那样，"我们没有人动"。"你们都别找事，赶紧给我让座！"司机高呼道，坐在帕克斯旁的男子和对面座位的两个黑人妇女站了起

---

① Ibid., 50; Campaign Advertisement by Clyde C. Sellers, *Montgomery Advertiser*, 20 March 1955, in Burns, *Daybreak of Freedom*, 78–80.

② SER-DNA. Transcript of Record and Proceedings, *Browder* v. *Gayle*, May 11, 1956, in Burns, *Daybreak of Freedom*, 75.

来。帕克斯仍坐着没动。司机让她站起来,她回答说:"不,我不。"司机警告她,他会叫警察。帕克斯仍然坐在她的座位上。几分钟后,两名警察登上公交车,逮捕了帕克斯,把她带到当地警察局,关进一间牢房里。[①]

帕克斯于 1913 年出生在塔斯基吉,父亲名为詹姆斯·麦考利,母亲名为李奥娜·爱德华兹,他们的工作分别是木匠和学校老师。帕克斯在蒙哥马利市以南的外祖父母的租佃农场长大,和表兄弟一起生活。她于 1924 年搬到这个城市,以方便进入蒙哥马利女子工业学校(又名"怀特小姐学校")读书。在怀特小姐学校,帕克斯熟练掌握了速记术、打字和缝纫技术,并形成了强烈的种族自尊感和自我价值感。后来,她就读于阿拉巴马州立大学附属实验高中,1933 年毕业(中间因母亲生病而休学)。1943 年,她加入了当地的全国有色人种进步协会分部,担任秘书,1944 年,她领导协会成员调查 6 名白人对一个年轻黑人妇女实施轮奸的事件。1948 年,她当选为全国会议干事,四年后,担任蒙哥马利市全国有色人种进步协会青年理事会的成人顾问。一年前,她嫁给了年长她 10 岁的理发师雷蒙德·帕克斯。她被捕的时候 42 岁,是蒙哥马利黑人领导班的重要成员。由于长期从事民权工作,帕克斯结识了许多重要人物,包括 E. D. 尼克松、艾拉·J·贝克(全国有色人种进步协会分部负责人)、罗伯特·L·卡特(协会律师),以及白人进步人士克里福德·杜尔和维吉尼亚·杜尔——两人都是蒙哥马利市居民,也是富兰克林·罗斯福的主要支持者。帕克斯和杜尔夫妇成为非常要好的朋友,他们鼓励她在 1955 年 8 月参加田纳西州蒙蒂格尔市高地民众学校举办的种族培训班。在高地民众学校——致力于种族间的民主和草根组织建设——的学习经历使帕克斯受益颇丰,她对其主任迈尔斯·霍尔顿说:"我长这么大还是第一次发现这是一个统一的社会,不同种族和背景的人在培训班聚在一起,和睦相处。"不过,她对蒙哥马利市变革的前景仍然感到悲观,认为黑人群体"胆

---

① Garrow, *Bearing the Cross*, 11–12; *Voices of Freedom*, 19–20; 'Interview with Rosa Parks', in *Eyes on the Prize*, 45–7; Douglas Brinkley, *Mine Eyes Have Seen the Glory: The Life of Rosa Parks* (London: Phoenix, 2001), 104–9.

小怯懦"，无法"团结一致"，她说自己"获得了坚持争取自由的力量"。

帕克斯对蒙哥马利城线执行巴士隔离制度深恶痛绝，并将这一感受分享给许多黑人邻居。她回忆说："因为你的种族而必须受限于某一区域内是耻辱的，在我看来，按司机的要求站起来给白人让座，最不人道。"[1]多年来，帕克斯曾不止一次与公交车司机争吵。1943年冬天，她被弗雷德·布莱克从一辆公交车上扔了下去；1955年12月1日，又是这个弗雷德·布莱克命令她给白人让座。

罗莎·帕克斯并没有打算在寒冷黑暗的夜晚举行抗议活动。她很累，感觉不舒服，正如她后来解释的那样，"只是决定不站起来"。然而，帕克斯被明显的不公正行为所激怒。在1956年4月的一次采访中，她解释说："那次我受到的羞辱超过了我能忍受的极限。"[2]

帕克斯拒绝给白人让座位，使蒙哥马利市的黑人领袖有机会实施长达一年的抵制城市巴士的计划。当E. D. 尼克松听说她被捕的消息时，他联系了警察局了解详细情况，却被告知这不关他的事。他立即转向克里福德·杜尔寻求帮助，杜尔是名优秀的律师，他能查明详情。然后，尼克松和克里福德及他的妻子维吉尼亚一起前往市监狱，替帕克斯交了100美元保释金。在路上，他们商量用帕克斯的案子作为测试案例来挑战公交隔离。帕克斯因其绝对的自信、沉着的风范和在当地社区的声望，成为理想的候选人。在帕克斯获释之后，他们在她家一边喝咖啡一边继续讨论。起初，帕克斯有些疑虑，她丈夫担心白人可能会借机报复，但她最终还是同意了："如果你们觉得这事可行，我就赞同。"[3]同时，这个城市的先进黑人律师弗雷德·格雷已经联系了乔·安·罗宾逊，讨论在12月5日星期一——帕克斯的审判日期，进行巴士抵制运动的可能性。经过进一步讨论，决定由罗宾逊宣布举行抗议活动，尼克松组织召开蒙哥马利

[1]　Hampton and Fayer, *Voices of Freedom*, 19.

[2]　Garrow, *Bearing the Cross*, 11–12; 'Rosa Parks Radio Interview, by Sidney Rogers', in Burns, *Daybreak of Freedom*, 83.

[3]　Garrow, *Bearing the Cross*, 13–14; Ling, *Martin Luther King, Jr.*, 38–9; Thornton, *Dividing Lines*, 61.

市的黑人领袖会议。

那天晚上，罗宾逊没有睡觉，她草拟了一张传单，并说服阿拉巴马州立大学的一位同事打开油印室的门。她请了两个最信任的学生帮忙，一直忙到凌晨4点，印出几万张传单。他们解释说"一个黑人妇女因为拒绝在公交车上给白人让座而被捕，被关进监狱"，并警告："如果我们不采取措施来阻止草率的抓人行径，那么，此类事件还会发生。下一次可能是你，或者是你的女儿、你的母亲。"[①] 同时，他们呼吁黑人星期一拒乘公交车。

传单印好后，罗宾逊和她的学生们花了几个小时制定分发时间表，上完8点钟的那节课后，她打电话给二十几个联系人，向他们解释自己的计划，并招募志愿者分发传单。在接下来的几个小时里，几万份传单被散发到各所学校和黑人经营的公司（包括美容院、理发店和商店）。罗宾逊后来回忆说："到了2点钟，在蒙哥马利市，这个计划几乎已经妇孺皆知，传遍千家万户。"[②]

与此同时，尼克松安排了约70个有影响力的黑人牧师在德克斯特大街浸信会教堂的地下室开会。然而，会议开得并不顺利，被要求主持会议的L·罗伊·班内特，喋喋不休地发表长篇阔论，令人懊丧不已，时不时地有牧师离开。最后，29岁的第一浸信会牧师拉尔夫·阿伯纳西说服班内特，让他们进行讨论。虽然有些人仍然有些担心，但是，他们赞成会上提出的抵制运动，并同意在12月5日晚上举行一次群众会议，讨论扩大抗议活动范围的事宜。马丁·路德·金和阿伯纳西开始草拟新传单，为宣传抵制运动和群众会议做宣传：

> 12月5日，星期一，上班、进城、上学或去任何地方都不要坐公交车。
>
> 又有一黑人妇女因为拒绝在公交车上给白人让座而被捕，并被关进监狱。
>
> 上班、进城、上学或去任何地方都不要坐公交车。如果你去上班，乘坐出租车，或拼车，或步行。

---

① Robinson, *The Montgomery Bus Boycott*, 45–6.

② Ibid., 46–7.

星期一晚上 7 点举行群众集会。在霍尔特街施洗教堂听候进一步的行动计划。①

周末散发了数千份传单，委员会劝说蒙哥马利市黑人经营的出租车公司星期一只向黑人乘客收取 10 美分的标准巴士费用。星期六晚上，金和另外几个牧师走访了当地的酒吧和夜总会，寻求支持。第二天早上，在城市各处的黑人教堂里，牧师要求他们的会众支持为期一天的抵制运动，并参加群众会议。

为了协助抵制运动，他们还决定利用报刊做宣传。12 月 2 日星期五，尼克松秘密会见了《蒙哥马利广告人》报社的乔·阿兹贝尔。阿兹贝尔是个身材消瘦、弯腰驼背的年轻人，来自得克萨斯州维农市。阿兹贝尔看起来像一个 20 世纪 50 年代平装纸浆小说封面的顽皮记者，他在 1948 年加入《蒙哥马利广告人》之前，在当地报界就已小有名气。尼克松向他讲述了关于抵制运动和群众会议的计划，并预言 12 月 5 日星期一将是真正具有划时代意义的一天。12 月 4 日星期天，《蒙哥马利广告人》在头版对此事进行了独家报道。阿兹贝尔在报道中写道，一次"高度机密"的会议计划在星期一晚上举行，准备进行"经济报复行动"，抗议巴士隔离制度。他写道，城市中的"黑人居住区"已经散发了成千上万张油印或打印的传单，要求黑人星期一不要乘坐城市公交车。② 阿兹贝尔的报道很快就在当地电视台和电台新闻中进行了播报，传送给那些可能没有听说抗议运动的黑人市民。此事还得到市政当局的正式回应——警察局长克莱德·塞勒斯通过无线电台发表声明，承诺警察将保护黑人乘客免受"歹徒"袭击，他声称正在组织实施联合抵制。

那个星期天晚上，马丁·路德·金和他的妻子憧憬着抵制运动成功的前

---

① Clayborne Carson, ed., *The Papers of Martin Luther King, Jr., Volume III: Birth of a New Age, December* 1955–*December* 1956 (Berkeley: University of California Press, 1997), 67.

② Joe Azbell, 'Negro Groups Ready Boycott of City Lines', *Montgomery Advertiser*, 4 December 1955.

景。虽然此次行动的消息已经传到了城市的每个角落，尽管有地方官员的支持，他仍然"担忧民众是否有足够的勇气坚持到底"。当晚，他带着复杂的心情——既满怀希望又忧心忡忡——昏昏入睡。金在第二天早上 5 点 30 分醒来，穿上衣服，急切地观察着清晨的公交车。驶过他住所的前三辆车，如果在以往常常挤满了黑人，而如今满车不见一个非洲裔美国人乘客的身影。而后，金跳上他的车子，开车穿过市区，紧张地看着每一辆公交车。接下来的一小时，正值早上交通的高峰期，他发现"不超过 8 个黑人乘客乘坐公交车"。[①]整个城市上演着同样的一幕。罗宾逊回忆说："一整天，一辆辆空空荡荡的公交车往来穿梭于城市的大街小巷，车后跟着头戴白色制服帽的城市警察，他们的存在可能阻止了那些摇摆不定的黑人。90% 的黑人乘客支持抵制运动。"[②]那天上午，包括金和阿伯纳西在内的几百个非洲裔美国人聚集到法院，显示出前所未有的声势，声援罗莎·帕克斯——她被法官认定为有罪，罚款 10 美元。她的律师弗雷德·格雷立即宣布将对该裁定提起上诉。

　　巴士抵制运动得到黑人市民的大力支持，许多黑人领导人相信，抗议活动应该坚持到底，直到这个城市做出有意义的让步。他们开会讨论定于下午 7 时在霍尔特街浸信会教堂举行群众会议的细节，与会的领导人一致同意成立一个新组织——蒙哥马利改进协会（MIA）——负责实施进行抵制运动所需的详细计划。当讨论到新团体的领导人的组成问题时，鲁弗斯·刘易斯（第二次世界大战退伍军人，时任阿拉巴马州立大学足球教练）立即提议由自己的教会牧师马丁·路德·金担任主席。刘易斯此举有一部分原因是为了阻挠长期以来的对手 E. D. 尼克松。他心里明白，金广受黑人中产阶级的尊敬，是一位受过良好教育、口才极佳的传教士，可能会赢得蒙哥马利市更保守的非洲裔美国人的支持。相对而言，金是一个新人（他在 1954 年 9 月 1 日来到德克斯特大街），还没有卷入困扰城市黑人领导层的派别纠纷和个人争权夺利

---

① Ibid., 41–2.

② Robinson, *The Montgomery Bus Boycott*, 58; Bunny Honicker, 'Negress Draws Fine in Segregation Case Involving Bus Ride', *Montgomery Advertiser*, 5 December 1955.

的纷扰中。提名马上得到众人的支持，一致通过。在短暂的沉默之后，金表示同意："嗯，如果诸位认为我可以提供一些服务，我乐意效劳。"他后来回忆说："事情发生得太突然，我甚至没有时间去细想。如果有时间，我想我会拒绝。"事实上，就在几个星期前，人们请求金担任当地全国有色人种进步协会分部主席，但被他婉拒了。他宁愿专注于德克斯特大道牧师的新工作，好好履行为人父、为人夫的责任。在蒙哥马利改进协会其他领导成员正式确定，并就晚上的集会议程达成一致后，他们决定对是否继续巴士抵制运动进行民众投票。最后，会议决定由金发表主题演讲。[①]

金回到家，把他当选的事说给脸上写满惊讶的科雷塔听，随后走进书房。金通常要用 15 个小时来写他每周讲道的讲义；那天晚上，他只有不到 25 分钟来写他第一次重要公开演讲的讲稿。金感觉被手头的任务压得透不过气来，便开始祷告。心里渐渐恢复平静后，他开始准备他的发言稿，但是很快就陷入新的窘境——如何激励人们采取行动，同时将他们的热情纳入被法律认可的范畴。金只在心里勾勒出一个大纲，就动身去参加会议。很显然，蒙哥马利市的黑人都行动起来了，在教堂周围，汽车沿街道两侧排成两列，一眼望不到尽头。乔·阿兹贝尔在他的那篇为《蒙哥马利广告人》撰写的报道中，描述了他沿克利夫兰大道前往霍尔特街浸信会的情形："我可以看到黑人们以几十个人为一组，在人行道上列成一队，就像军纪严明的士兵。"[②]教堂下午 7 点之前就挤满了人。周围还有成千上万巴士抵制运动的支持者。演讲者正设法让众人集合，警察在努力维持秩序。金足足用了 15 分钟才穿过人群，来到牧师的圣所，最后，会议晚了半小时才开始。十分明显，正如金所指出的那样，"号召举行

---

① Garrow, *Bearing the Cross*, 17–18, 22–3, 49; Ling, *Martin Luther King, Jr.*, 42; Thornton, *Dividing Lines*, 62–3; King, *Stride Toward Freedom*, 44–7; McGuire, *At the Dark End of the Street*, 69.

② Joe Azbell, 'At Holt Street Baptist Church', *Montgomery Advertiser*, 7 December 1955, reprinted in Carson, *Reporting Civil Rights, Part One: American Journalism* 1941–1963 (Library of America, 2003), 228.

抗议势在必行。这些人的热情像汹涌的浪潮，能席卷一切。"[1]

在做了简短的介绍之后，会议开始了，人群中响起如雷霆般朗诵美诗《前进吧，基督战士》的声音。金回忆说："当成千上万的人们站在那里唱歌时，外面的声音使得教堂里的合唱声更加响亮……巨大的钟声在苍穹间悠然回荡……"在祷告和诵读《圣经》之后，金走向前去发表演说。他侃侃而谈，没有看演讲稿。他解释说，他们聚集于此，是要进行"非常严肃的活动"。"首先，"他说，"我们是美国公民，我们决心赋予我们的公民权利以名副其实的意义。"金宣称聚集于此"完全是因为我们热爱民主，因为我们深信让民主从一张薄纸上的文字变成脚踏实地的行动是地球上最伟大的政体形式"。然后，金概述了城市公交车长期存在的问题，并称赞罗莎·帕克斯是蒙哥马利市最可敬、最正直的公民，说她诚实，具有完美人格。之后，他说道："有一段时间，人们无法忍受被压迫的铁蹄践踏。有一段时间，人们无法忍受陷入耻辱的深渊……有一段时间，人们无法忍受从七月的明媚阳光下被驱赶到高山冬季那砭人肌骨的寒风中。"[2]

金也竭力强调，这个运动要以和平的方式进行，他们不主张任何形式的暴力："我希望整个蒙哥马利市和整个国家都知道我们信奉耶稣的教义。我们手中唯一的武器是抗议。"这是一个非常重要、非常著名的演讲，不时被人群中发出的"说的对""是的""是的，先生"等呼声和频频的掌声打断。[3]一位观察员回忆说："那天晚上，可敬的金牧师不断地做祈祷……你不得不控制着人们不要让他们打扰到他。"[4]

人们起立为罗莎·帕克斯欢呼，掌声经久不息，阿伯纳西宣布决议，呼吁"蒙哥马利市的每个公民不要乘坐公交车，直到蒙哥马利改进协会和公共汽车

---

[1] King, *Stride Toward Freedom*, 49.

[2] Azbell, 'At Holt Street Baptist Church', 229–30; King, *Stride Toward Freedom*, 50.

[3] Ralph D. Abernathy, 'The Natural History of a Social Movement' (MA Thesis, Atlanta University, 1958) in Burns, *Daybreak of Freedom*, 94; Carson, *The Papers of Martin Luther King, Jr., Volume III*, 71–4.

[4] Hampton and Fayer, *Voices of Freedom*, 24.

公司'达成协议'"。阿兹贝尔报道说，聚集的人全都站起身来，纷纷表示"一致支持"这项决议，人们甚至"兴奋地高声呼喊。许多人表示，他们永远不会再乘坐公交车"。最后，他指出，此次群众会议表明"黑人纪律严明，尽管许多白人对此颇有微词。除了丰富的情感外，黑人有着几乎像军队一样的铁的纪律"。①

受到一天抵制运动的成功和群众会议上特别感人的场面的鼓舞，蒙哥马利改进协会领导人试图发扬这种优势。他们把他们的三个核心要求通知给市委员会和公交公司官员：

公交车司机需礼貌待人。

黑人乘客从巴士后面坐起，白人乘客从前面坐起，先到者先坐，不给任何人预留座位，无论种族。

在黑人住宅社区雇佣黑人巴士驾驶员。

12月8日星期四，蒙哥马利改进协会领导人、市政官员和公交公司官员举行第一次谈判。黑人领导人乐观地认为，几天内便可商定令人满意的解决方案。但当局只同意支持礼貌待人的要求，他们拒绝做出任何实质性让步。公交公司律师的态度尤其坚决，他明确表示蒙哥马利城线没有雇佣黑人司机的计划，并强调座位安排的任何改变都会违反国家法律。他还毫不掩饰地警告说："如果我们答应黑人的这些要求，他们会大肆宣扬战胜了白人；我们绝不能容忍此类事情发生。"②4个小时的谈判没有取得任何进展，随后举行的会议结果也一样。

圣诞节那天，蒙哥马利改进协会在星期日出版的《蒙哥马利广告人》和

① French remarks in Carson, *The Papers of Martin Luther King, Jr., Volume III*, 74–5; Garrow, *Bearing the Cross*, 24; King, *Stride Toward Freedom*, 52; Abernathy in Carson, *The Papers of Martin Luther King, Jr., Volume III*, 76–8; Azbell, 'At Holt Street Baptist Church', 231.

② Thornton, *Dividing Lines*, 65; King, *Stride Toward Freedom*, 99–101.

《阿拉巴马新闻报》上刊登了半个版面的公告，述说了他们的长期不满，概述了他们的提案，并对运动的非暴力性和民主性性质做出保证。在公告中，蒙哥马利改进协会的领导人表示，他们并不是要求结束隔离，"根据这项提案，在任何时候都不出现两个种族的人共坐同一排座位的情况。"[1] 就在几天之后，全国有色人种进步协会的执行秘书罗伊·威尔金斯暗中写道，协会不为"只是为了要求更有礼貌的隔离"所做的任何努力提供支持。[2] 然而，到 1956 年 1 月底，蒙哥马利的巴士抵制运动已经演变为对巴士隔离制度的全面攻击。这在某种程度上反映了城市黑人对获得平等待遇的深切愿望，而市政当局不断拒绝做出任何有意义的让步，加之白人种族隔离主义者不断地进行破坏巴士抵制运动的活动，最终导致 1 月 30 日金的住所的爆炸事件和两天后对 E. D. 尼克松的袭击事件，这种情况迫使蒙哥马利改进协会出手采取进一步行动。

正如我们将看到的那样，固执是南部种族隔离主义者与殖民国家许多白人的共同特征。

摩勒妥协

失去阿尔及利亚，法国也将不复存在。

——法国报纸头版头条

1956 年 2 月 6 日，危机日益严重，法国新当选的社会党总理居伊·摩勒在这紧张的关头匆匆赶往阿尔及尔——法国最大也是最重要的殖民地阿尔及利亚的首都。事实上，20 世纪 50 年代的阿尔及利亚动荡不安、四分五裂，已处

---

[1] Ibid., 108.

[2] Roy Wilkins, letter to W. C. Patton, 27 December 1955, in Burns, *Daybreak of Freedom*, 110.

于崩溃的边缘。尽管《大西洋宪章》肯定了民族自决权和民主，但是，在第二次世界大战结束后的数年里，欧洲殖民者仍然牢牢地掌控着阿尔及利亚的经济和政权。虽然变革毫无意义，民族解放阵线 (FLN) 于 1954 年 11 月 1 日发动了武装反抗，目的是争取建立一个独立的阿尔及利亚。随即，反抗运动蔓延到全国各地，法国很快就卷入腥风血雨的战争之中。在 1956 年 1 月 2 日（投票日）之前的几周里，摩勒一直把这场战争称为"毫无出路的愚蠢战争"，并呼吁谋求以"人权和自由"为基础的"和解与和平"。^① 不过，这位 51 岁的总理认为结束动乱是实现和平的先决条件。他曾任校长，是法国抵抗运动英雄、法国社会党的坚定分子。他说只有结束"武装活动和盲目镇压"，才有可能举行选举、讨论可行的改革。^②

深陷民族解放阵线的反对者与殖民者有影响力的"超"派争斗的两难境地，摩勒试图推动只要秩序许可就进行自由选举的政策。同时，尽管他谈到"阿尔及利亚与法国是牢固的联盟"，并承诺殖民者可以"依靠国家"，但是，他提出的居民应该实现平等、实行民主选举和释放政治犯的建议也让许多法属阿尔及利亚人感到震惊。^③ 摩勒的态度没有起到应有的作用。于是，他上任以后，立即启用 79 岁的乔治·卡特鲁（一名战功卓著的将军和自由法国部队前总指挥官）替换了现任阿尔及尔总督雅克·苏斯戴尔——法国部队首长。对于阿尔及利亚定居者，卡特鲁早已成竹在胸。1941 年，他承认了西非独立。3 年后，身为阿尔及利亚总督的卡特鲁坚持给予 6000 多名穆斯林法国公民身份。之后，他通过谈判迎回流亡的穆罕默德五世，满足了附近摩洛哥民族主义者的要求。卡特鲁关于要"尊重阿尔及利亚人权"的言论以及他对"权利和义务平等分配"的谈话，使他在殖民者中广泛树敌。这位新任总督保证无论在任何情况下都不可能将阿尔及利亚变成一个民族国家，也不准备看到法国人沦为"少数民族"，但是，这些在阿尔及利亚的欧洲人却表示并不信服。 些殖民者中

① Evans, *Algeria*, 113–17, 145.

② Ibid., 144–5, 147.

③ Ibid., 147; 'M. Mollet Restates His Aim in Visit to Algeria', *The Times*, 6 February 1956, 7.

法国前总理居伊·摩勒，1956 年 2 月拍摄于阿尔及尔万国宫。

的极端分子甚至威胁说，如果他胆敢踏上阿尔及利亚的土地，就对他进行暴力袭击。①

就在摩勒前往阿尔及尔的前几日，那里的气氛变得狂热、焦躁。极端分子领导人在商讨要攻占万国宫（部长官邸）并擒住摩勒，将其扣为人质；有些人甚至提议暗杀卡特鲁。最后，众人达成一致意见：在 2 月 6 日星期一举行大罢工，并进行大规模抗议活动。②

阿尔及尔自由主义市长雅克·切瓦利耶以及他自己的安全事务团队和政治顾问都表示深切关心，所有人都建议将行程延期，然而，摩勒对此全不放在心上，他于 2 月 6 日下午 2 点 30 分飞抵布兰奇机场。下了飞机后，他发表了简短讲话，承认政治局势复杂，声称他与阿尔及利亚全体居民有着兄弟般的关系，并呼吁所有人保持镇静。③ 然后，摩勒坐进等候在机场的豪华轿车，前往市区。

就在 4 天之前，阿尔及尔人出人意料地表示对离任总督雅克·苏斯戴尔的"绝对支持"。来自各个阶层的成千上万的殖民者挤满街头，挥舞着法国国旗，咏唱《马赛曲》，高喊："苏斯戴尔，回来！""苏斯戴尔，主政！"英国总领事 D. J. 米尔·欧文当时恰好在附近办公大楼的楼顶，他亲眼看见了

---

① Alistair Horne, A Savage War of Peace: Algeria 1954–1962 (New York: New York Review of Books, 2006), 147–9; 'The World: Plan for Algeria', *NYT*, 5 February 1956, 182; Evans, *Algeria*, 146–7; Anthony Clayton, *The Wars of French Decolonization* (London: Longman, 1994), 29; 'France: The Algeria Hurdle', *Time*, 13 February 1967; 'General Catroux', *The Times*, 22 December 1969, 8.

② Horne, *Savage War*, 148–9; Evans, *Algeria*, 148–9.

③ Evans, *Algeria*, 149; Horne, *Savage War*, 147, 149.

这"非同寻常的场景"。他说，当苏斯戴尔一行人到达港口时，"喧嚣声震耳欲聋"。几分钟后，一群激动的人们簇拥着苏斯戴尔，他们已经穿过警察警戒线，最后，不得不眼巴巴地看着苏斯戴尔登上早已等候在那里的客轮 *SS El-Djezair* 号。[①]

普通民众对摩勒到访的反应就有所不同了。各行各业纷纷罢工，总理的车队仿佛进入了一个公共服务陷入瘫痪的城市。学校停课，电影院、加油站、商行和商店都关门歇业，很多商店的橱窗里都竖着标牌，上面写着"因为哀悼"。建筑物的阳台上挂着黑色的窗帘，摩勒的车经过时，行人都转过身来表示抗议。下午3点，总理到达死难者纪念碑前，他计划在此敬献花圈。这座纪念碑由著名艺术家保罗·朗多夫斯基（保罗最著名的作品是里约热内卢的基督雕像）设计，1928年9月正式揭幕，是为了纪念在第一次世界大战中失去生命的阿尔及利亚人（后来是第二次世界大战）。它坐落于象征城市中心的格莱埃广场上。虽然这个纪念碑设计时旨在表现欧洲人与阿拉伯人民之间的关系，却很快成为法国殖民统治的标志。如果摩勒以为他对敌人表示敬意就将获得尊重，获得解释的权利，如果他对此抱有任何希望，那么他该醒醒了，因为这种希望根本不存在。成千上万的殖民者——他们中间有工人、军人、店主和政府官员——聚集在附近，他们看到总理的车，就大声喊道："送摩勒上绞刑架！""阿尔及利亚属于法国！"摩勒走过石阶，走到纪念碑前。他脱下帽子，默默伫立。此时，人群的呼喊声、口哨声和辱骂声此起彼伏，不绝于耳。他放下花圈，转身走回他的豪华轿车。这时，众人——实际上，更多的是暴民——爆发出一阵阵愤怒的呼喊，向总理身上投掷西红柿、烂水果和土块。人群愤怒地向前冲击，场面骤然危急，安全部队（包括从法国招募的2000民兵和外籍军团的军人）用警棍、催泪瓦斯驱散人群，保护法国领导人，他现在浑身颤抖，面如土灰。他刚安全离开，众人就蜂拥而起，挤上纪念碑，将总理的花圈

---

① JF 1019/38, Confidential Cypher; JF1019/40, D. J. Mill Irving, 'Report on Departure of M. Jacques Soustelle, the Retiring Governor General of Algeria', 2 February 1956, 1-4, FO 371/119357.

撕得粉碎，场面真是令人震惊。事后，摩勒生动地回忆起面对示威者时的"满腔仇恨"，有几个新闻记者称，"侥幸躲过一劫，与死神擦肩而过"。[1]殖民者和安全部队之间在街头进行激烈争斗的同时，摩勒躲进万国宫，要求卡特鲁辞职。卡特鲁离任的消息传开后，人们按响汽车喇叭，欣欣鼓舞地呼喊着："胜利啦！胜利啦！"呼喊声响彻天空，在城市上空回荡。那天晚上，当摩勒努力劝说自己甘心忍受当天难忘的事件带来的痛苦，并对此做出让步时，他喃喃地说道："我不该妥协。"[2]

在盟军战胜轴心国后十年左右，法国力图维持其世界第二大帝国的地位，抑制风起云涌的反殖民民族主义浪潮。法兰西第四共和国是1945年在战争的废墟上建立起来的，国内领导人普遍认为，保有海外领土对法国维护其"大国"地位至关重要，也有利于抑制英美联盟的影响。法国领导人普遍认为（事后证明这纯属误导）保住殖民地对于重建遭受战争蹂躏的经济、保障固定而充足的兵源、维持其军事实力至关重要，这无疑坚定了他们要保住殖民地的决心。然而，统治阶级并不是不关心来自于帝国各地的越来越强烈的要求民族自决的呼声，也没有忘记在战时做出的给予殖民地人民更大的权利的承诺（1944年至1945年，说服约25万殖民地军队为法国军队而战）。因此，他们采取了一系列旨在满足"正当"变革要求的改革措施，但这些改革根本不会威胁法国对殖民地的统治。帝国本身被重组为"法兰西联盟"[3]；包括马提尼克和瓜德罗普的加勒比群岛以及圭亚那在内的一些老殖民地，被重组为法国行政单位，而其他殖民地被指定为"联邦"或"海外领地"；生活在法国国旗下的所有人被

---

① Evans, *Algeria*, 149–50; Horne, *Savage War*, 149–50; Thomas F. Brady, 'Mollet Menaced by Mob in Algeria; Catroux Resigns', *NYT*, 7 February 1956, 1, 5; 'France: Algiers Speaking', *Time*, 20 February 1956; 'Troops in Algiers Will Guard Mollet', *NYT*, 6 February 1956, 2.

② Horne, *Savage War*, 150; Brady, 'Mollet Menaced', 5; 'France: Algiers Speaking'.

③ 法兰西联盟（法语：Union française）是指法国第四共和体制形成之后，按照1946年10月27日宪法形成的法国和其殖民地之间的统治形态。第二次世界大战结束之后，欧洲各殖民国家陷入疲敝，各殖民地区民族独立运动激化。法国效仿英国的英联邦制度，给予殖民地和保护地平等的权利和义务。1958年，法兰西联盟改为法兰西共同体。

赋予联盟公民身份，殖民地子民的社会和法律权利得以扩大；令人深恶痛绝的刑法和强制劳动法规被废除。同时统治阶级还启动了一项重大的资本投资计划，旨在遏制非洲殖民地的贫困现象，实现其经济现代化。尽管这些努力不可谓不重要，但是，它们既没能满足殖民地人民的愿望，也没能阻止方兴未艾、如火如荼的独立运动。总之，法兰西第四共和国长期羸弱，几乎无力进行彻底变革。法国的战后宪政机制安排，在国民议会下院施加影响力，反对主要政党与共产主义政党建立联盟，为"拼凑的"联合政府提供保证，并依赖于较小党派的支持。结果是政治不稳定，仅在 12 年里就走马灯似地换了 22 个不同的政府。

跨入去殖民化时代后，法国顽固抵抗。其传统思维根深蒂固，法国人长久以来一直将帝国和法国视为"统一的不可分割的整体"，文明的使命将逐渐使法国人成为非洲人和亚洲人的一部分。这意味着在法国人眼里，脱离帝国"不是解放，而是离经叛道"。[1] 各种争论都是为了捍卫巴黎的统治。他们宣称，殖民地人民还没有为自治做好准备，急于独立就会打开混乱的大门。与此同时，鼓动立即终止法国统治的人也被指责为"恐怖分子"。[2] 法国用武力镇压反叛维护自己的利益。1947 年 3 月至 1948 年 12 月，马达加斯加发生反殖民主义起义，数千人在残酷的镇压中丧生。印度支那也发生了类似的事件，法国早在 19 世纪 80 年代就在此建立了殖民地。第二次世界大战之前的几年，越南成立了越南独立同盟会，反帝国主义战士胡志明领导了声势浩大的民族主义运动。胡志明早年曾在法国求学，信仰马克思主义。1945 年 3 月 9 日，日本人几乎不费吹灰之力地推翻了法国殖民政权，给法国以重创，颠覆了其军事优势形象，从此再未真正恢复。虽然法国殖民领地涵盖了现在越南、老挝和柬埔寨的大部分地区，但政局仍然不稳定。到 1946 年底，面对激烈的民族主义抵抗，法国发动了对越南的全面战争，试图维持其地位。这场漫长而艰苦的战争一直持续到 1954 年 5 月 7 日奠边府战役结束，法国驻军有 3 万多精锐部队向武元甲将军投

---

[1] Clayton, *Wars of French Decolonization*, 2–3.

[2] Conklin, *France and Its Empire*, 265–6.

降。两个月后，法国签署了《日内瓦协议》，宣告帝国在印度支那的统治结束。注定失败的战斗夺去了 9 万多法国人的生命——其中大多数是殖民地军队或外籍军团的成员。此外，有 30 万越南人丧生，并造成巨大经济损失。

就在法国在远东地区的殖民统治即将成为历史之际，一场重大的危机爆发了。阿尔及利亚于 1830 年至 1871 年被法国人占领，是帝国宝石，被视为法兰西民族不可或缺的一部分。事实上，阿尔及利亚北部居住着绝大多数殖民者，早在 1848 年就组成了法国的三个省。从 1881 年起，殖民地不再接受外交部的管辖，而是听命于内政部。阿尔及利亚和法国已在本质上合为一体，这一政治观念在各个政治派别之间早已成为共识。皮埃尔·蒙岱斯·弗朗斯是一位自由主义改革者，反对殖民主义，在担任总理期间，他通过谈判结束了法国在印度支那的统治。1954 年 11 月，他在国民议会宣布，"在维护国内和平的问题上任何人不得妥协，应全力维护共和国的统一和完整。阿尔及利亚各省是法兰西共和国的一部分，其居民是不可逆转的法国人。因此，他们与法国本土之间不存在分裂的可能"。[1]

虽然在官方意识形态中可能有这样一种观点，认为阿尔及利亚是"法国的阿尔及利亚"，但现实是，在 20 世纪 50 年代中期，有着两个截然不同的阿尔及利亚。阿尔及利亚的殖民者，居住在美丽的法国风格的城市，这里有宽阔的林荫大道和精致的咖啡馆，还有超过 100 万的欧洲人——大部分是法国后裔和意大利后裔，还有一些西班牙人和一小部分马耳他人——居住在欣欣向荣的乡下庄园。虽然他们只占阿尔及利亚人口的十分之一，却主宰着这个国家，控制着其政治制度和经济，对其文化和社会产生决定性影响。大约 1.2 万殖民者拥有阿尔及利亚最多的肥沃土地以及工厂和报纸业，其余的人是店主、贸易商、教师和公务员。许多人现在是第二代或第三代殖民者，他们逐渐形成一个独特的群体——法国地中海人，并对周围环境产生深刻的情感依恋。这些殖民者享有完全的公民权，在国民议会中颇具影响力，殖民者享有公民身份的所有好

① Conklin, *France and Its Empire*, 270–1; Clayton, *Wars of French Decolonization*, 13.

处，在法国本土拥有势力强大的盟友（包括军界）。由于担心在阿尔及利亚结束法国的统治意味着自己的特权地位将寿终正寝，这些殖民者愿不惜一切代价来捍卫"法属阿尔及利亚"。

与此同时，阿尔及利亚民众被剥夺各项权利，生活穷困，境况惨淡。城市人口庞大，人口不断增长，人们经常吃不饱穿不暖，难以找到工作，并且被限制在拥挤不堪的贫民窟；农村的农民生活难以维系，经常面临营养不良、婴儿死亡率高、疾病和穷困等问题。在理论上，法国法律规定所有的阿尔及利亚人都是完全公民，不分种族或民族。但实际上，在 20 世纪的大部分时间里，穆斯林若想获得公民身份，必须符合法国民事法典的规定，放弃伊斯兰教法规定的权利。很少有人愿意迈出如此激烈的一步。即使所有的阿尔及利亚人根据 1946 年新颁布的《法国宪法》的条款终于获得了公民资格，也不会有任何实质上的变化。事实证明，拟议的改革是中立的，这些移民对此早已适应，对穆斯林人的权利的限制依然存在。然而，重要的是，阿尔及利亚穆斯林对改革越来越不以为然。他们将与法国的合作视为一种形式上的合作，而这种合作只会使殖民统治合法化。而且，事实证明，他们越来越愿意为独立而战。

在法属北非，法国政府受到了复兴民族主义组织的抨击。到了 20 世纪 50 年代中期，这个民族主义组织发动了一系列反殖民武装袭击，影响范围由西部的摩洛哥扩展至东部的突尼斯。自 1912 年以来一直是保护国的摩洛哥，民族主义情绪集中指向苏丹——希迪·穆罕默德·本·优素福，他受到了富兰克林·罗斯福战时会议的支持。1944 年 1 月，库特拉党成立，要求国家在君主立宪制下施行主权。虽然法国对摩洛哥的统治不如对阿尔及利亚那样直接，而且殖民者的人口较少，影响力也没那么大，法国认为不再需要实行自治。面对日益增长的民族主义压力，政府取缔了库特拉党，遏制城市混乱，并将苏丹放逐到马达加斯加。但这些镇压措施却加剧了紧张局势，激发了纵火案、蓄意破坏和武装活动，直接损害了法国的利益。到 1955 年夏天，局势已经到了几乎无法控制的地步。7 月份，民族主义者在卡萨布兰卡策划的爆炸事件引发了殖民者的激烈反应,他们要求精英外国军团恢复秩序。接下来的一个月,在穆罕默德五世流亡两周年之际,全国各地爆发了一起又一起的暴力事件。8月20日星期六,在一个位于马拉喀什东北约140千米、居住着5000名摩洛哥人和600名法国人的小镇中,发生了最可怕的暴力事件,一群柏柏尔民族主义者袭击了法国殖民者。手持尖刀的柏柏尔部落人"穿过街道,刺死法国妇女和儿童。许多人被烧死在家中"。他们设置路障拦截汽车,不幸的乘客也被烧死。① 到这种暴力狂潮缓和下来的时候,已有49人死亡。精英外国军团随即进行了残忍的报复,参加的还有精锐的降落伞部队和其他军事力量。在摩洛哥,官方公布的死亡人数已经达到700人。6个星期后,"马格里布解放军协调委员会"和"摩洛哥解放军"在里夫和阿特拉斯山脉发动了一场新的反抗活动,法国人企图阻止民族主义浪潮的行动彻底失败。鉴于阿尔及利亚所面临的巨大挑战,法国被迫同意恢复穆罕默德五世的苏丹职位。他于11月16日返回摩洛哥,全国上下一片欢腾。法国还宣布将开始结束保护地的谈判,并于1956年3月2日承认摩洛哥独立。

与此同时,自1881年以来一直受法国统治的突尼斯,在新宪党及其广受欢迎的领导人哈比卜·布尔吉巴的领导下,掀起了民族主义运动浪潮。哈比卜·布尔吉巴于1901年出生在伊斯兰教圣城莫纳斯提尔市的一个中产阶级的家庭,是家中7个幸存的孩子中年纪最小的一个。莫纳斯提尔地处沿海,土地肥沃,橄榄树、棕榈树和葡萄园随处可见。1907年,年轻的布尔吉巴被送往突尼斯读书,根据他的一位老师回忆,他是一个"生性好动的男孩",同时也是一个"学习认真的学生"。② 虽然在1920年,他因患上结核病中断了学业,但1924年他又重新回到学校,并前往巴黎,进入索邦神学院专攻法律和政治。布尔吉巴毕业后当了一段时间的省法律顾问,但没过多久就感觉工作不满意,便开始重新定义他生命的意义,投身于伟大的事业——突尼斯民族

---

① 'Troubled Arc'; Betts, *France and Decolonization*, 99–100; Clayton, *Wars of French Decolonization*, 100.

② Hopwood, *Habib Bourguiba*, 12.

主义运动。他首先加入改革派的宪政党，后来与传统派决裂，在1934年成立新宪政党，并很快成为独立运动的核心力量。尽管在随后的20年中屡遭软禁、监禁或流放，正如布尔吉巴自己所说，他的一生非常成功，因为他使他自己和他的政党"转变为突尼斯唯一真正的发言人，是突尼斯的真正代表"。①这一成就很大程度上归功于他在国外宣传突尼斯事业，归功于他的政治头脑和超凡能力。布尔吉巴精明谨慎，善于利用任何机会，包括与法国人谈判争取自治，促进突尼斯民族主义和完全独立。1929年1月1日的报纸简要介绍了这种务实的、渐进的方法（被称为"Bourguibism"），布尔吉巴写道："我们必须前进，稳步前进；最终的选择，不是前进就是灭亡。"②布尔吉巴的影响力还取决于他的非凡能力，他能团结普通突尼斯人，使他们听从他的号召。布尔吉巴身体健壮，精力充沛，一双深邃的碧蓝色眼睛显得格外机敏，能洞察人的灵魂，他还常常身着他的标志性服装——黑色西装和红色的希沙帽子，是一个富有魅力的领袖。他演讲时妙语连珠，滔滔不绝，面部表情丰富，语调抑扬顿挫，情感丰富，时不时地做出各种手势，表示强调。所有这一切都是成功的表现。

　　第二次世界大战结束时，布尔吉巴发表了一封公开信，呼吁突尼斯独立。1949年9月，从开罗返回突尼斯后，他立即要求举行自由选举，倡议确立基于真正平等的新的法国-突尼斯伙伴关系。1950年夏天，突尼斯代表与法国政府开始在巴黎进行多轮谈判，旨在实现"内部自治"，谈判有望在某些问题上取得突破。遗憾的是，这一努力很快就诸之东流。法国政府经不住来自13万突尼斯殖民者（占有该国三分之二的农产品，控制着几乎所有的工业和大部分商业）的压力，提议"共同主权"（只是为殖民统治披上冠冕堂皇的外衣），否定了自主权。这当然被突尼斯代表拒绝，谈判于12月15日结束，双方不欢而散。由于谈判未能取得任何进展，法国方面随后向突尼斯委派了一个强硬路线

---

　　① Betts, *France and Decolonization*, 35; Kavanaugh, 'Habib Bourguiba, the Moses of Tunisia'; Hopwood, *Habib Bourguiba*, 68–9.

　　② Hopwood, *Habib Bourguiba*, 31.

分子，局势旋即以惊人的速度发生恶化。法国人以强硬手段压制不同意见，对布尔吉巴及其同事实行监禁；作为回应，民族主义者发动罢工、组织起义、举行示威。在布尔吉巴的默许下，他们也发动武装运动。小股游击队遍布农村各地。由年轻的激进分子、退役士兵组成，采用游击战术，向法国人发起攻击。武装分子，人数不过 3000 多，经常只用老式步枪，从来没有对法国的军事优势构成严重威胁，但是他们能够拖垮两个陆军师，造成很大麻烦。在接下来的几年里，接二连三的武装行动造成冲突各方数百人死亡。[①]

1954 年 7 月预示着冲突的结束已经不远了，当时新当选的法国总理皮埃尔·蒙岱斯·弗朗斯发表了《迦太基宣言》，宣布突尼斯有权要求内部自治。他在法国和突尼斯的广播演讲中承认："我们接受的教育告诉我们要以爱自由为己任，可是，我们一直受着这一信念的困扰，被剥夺享受权利的自由的同时，我们也学会了追求欲望。"他还乐观地表示，"突尼斯将与法国紧密合作，成为一个理性、进步、和平的现代化国家"。布尔吉巴在巴黎以南 110 千米的小镇蒙塔尔吉斯镇的软禁之所发表谈话，表示欢迎这一提议，说这是"突尼斯实现完全主权的重大而决定性的一步"。[②] 皮埃尔·蒙岱斯·弗朗斯之前通过谈判结束了法国在印度支那的统治，他承认维持法国统治的代价太高了。法国人从突尼斯（和摩洛哥）这个烂泥潭中解脱出来也有重大意义，这样就可以加强在阿尔及利亚的政治和军事力量，那里的局势越来越严重。到了 1955 年春天，慷慨的特赦赢得了几乎所有突尼斯游击队战士的支持，巴黎的谈判就突尼斯全面内部自治达成协议。

1955 年 6 月 1 日，数以万计的突尼斯人聚集在一起，庆祝"胜利日"。位于突尼斯市中心以东几千米处的拉古莱特港口挤满了拖船、渔船、帆船和其他船只。人们从海岸长途跋涉，迎接布尔吉巴（被尊为"国父"和"至高无上的

---

① Betts, *France and Decolonization*, 101; Hopwood, *Habib Bourguiba*, 73–6; Clayton, *Wars of French Decolonization*, 89–90.

② Clayton, Wars of French Decolonization, 91; Hopwood, *Habib Bourguiba*, 76; 'Premier Broadcasts Plea', *NYT*, 1 August 1954, 4.

奋斗者")。他在巴黎谈判之后，回到家乡。30万人排列在通往突尼斯的道路两侧，城市被鲜花装饰一新，到处飘扬着国旗。数不清的民众从全国各地赶了过来，包括伯南多的撒哈拉人、穿着棕色羊毛长袍的农民、包裹在山羊毛织成的长袖长袍里的山地居民，还有戴着红色和蓝色面纱的牧民装束的贝都因人①。布尔吉巴刚一踏上突尼斯的土地就被众人高高抬起，"人们试图亲吻他，他时而哭泣，时而欢笑"。在庆祝活动中，布尔吉巴强调，斗争尚未结束。他劝告民众，对非穆斯林应给予尊重，并敦促与法国人展开合作，同时，劝勉他的追随者们"牢记我们的战士，我们的烈士"，并表示，在漫长的建国之路上，实现自治只是万里长征的第一步。②

在短短几个月的时间里，新的突尼斯政府抓住法国在阿尔及利亚困难不断的有利时机，要求完整的主权。1956年3月20日，在与巴黎的摩勒政府进行了两周的紧张谈判之后，法国人签署了"庄严的"议定书，承认突尼斯独立。法国人的骄傲得到了满足，即便只是暂时，根据"相互依赖"的概念，两国政府一致同意共同促进共同的外交和安全利益（这使得法国能够根据谈判获得建立海军基地的准许，以及在突尼斯领土上驻扎军队的权利）。签约仪式过去两天后，布尔吉巴的政党在国民议会选举中以绝对优势取得胜利，他在5万欢呼的人群前宣布，直到阿尔及利亚——他们的"姊妹国家"——重获主权之后，他们才能真正地享受快乐。他说，"一边是突尼斯，另一边是摩洛哥，两国享有独立，而在它们之间的阿尔及利亚仍然套着殖民主义的枷锁，这实在令人难以想象"。③就在布尔吉巴说上述那番话时，阿尔及利亚的解放斗争正处在关键阶段，并发生了决定性的转折。

1954年11月1日，也就是万圣节那天，阿尔及利亚反对法国统治的武装斗

---

① 沙漠地带从事游牧的阿拉伯人。

② 'Exiled Tunisian Leader Receives Tumultuous Welcome on Return', *NYT*, 2 June 1955, 8. See also Bourguiba, *My Life*, 308.

③ Thomas F. Brady, 'Tunisian Urging Algeria Liberty', *NYT*, 23 March 1956, 10; Hopwood, *Habib Bourguiba*, 81; 'Tunis Goes to the Polls', *Manchester Guardian*, 26 March 1956, 7.

争拉开序幕，激进的民族主义者向法国三个部门同时发起攻击。在阿尔及利亚东北部的奥兰省，两个农场遭到袭击，农作物被烧毁，电话线被切断，一位名叫洛朗·弗朗索瓦的法国青年被枪杀。破坏主要针对铁路线、仓库和电力变压器，也包括警察和军人（造成一些人死亡）。阿尔及尔的广播电台、煤气厂和石油库被炸毁。在西北部的阿里斯镇，枪击事件频频发生；与外界的联系被切断了好几个小时，一些殖民者躲进当地的堡垒里，像是吓掉了魂。在当天最令人震惊的事件中，一辆前往阿里斯的公共汽车在一处路障遭到拦截，车上有一人是赴麦加朝圣的萨多克，他是个农村酋长，忠于法国人。他质问反抗分子，为什么拦截他，结果被一连串的自动武器打成了"筛子"。在这次袭击中丢掉性命的还有一对年轻的法国夫妇——24岁的"瘦高个""书呆子"，居伊·曼尼罗特，还有他21岁的理想主义妻子珍妮。曼尼罗特夫妇刚刚度完蜜月回来，他们三个星期前才在一个农村找到当老师的工作。居伊胸前中弹，倒在路边失血而死；受伤的珍妮在遭枪击5小时后被安全部队送到医院，医生挽救了她的生命。这一阶段共发生七十起独立的袭击事件，造成9人死亡、4人受伤，财产损失达2亿法郎。

策划多起行动的民族解放阵线发表宣言，呼吁要恢复阿尔及利亚政府的主权、民主；维护所有人的基本自由，而不分种族或宗教信仰；要求动用一切手段解决争端，争取解放，并敦促法国当局在承认阿尔及利亚主权的基础上，承认阿尔及利亚国家地位，释放所有政治犯并立即开启谈判，否则，将发生进一步的流血事件。宣言还呼吁阿尔及利亚人在民族解放阵线的领导下举行集会："这是你们的责任和义务……拯救我们的国家，恢复自由。"[①]在接下来的一年里，民族解放阵线（及其军队，国民解放军或 ALN）成为阿尔及利亚民族主义的主导力量。民族解放阵线地位提高的标志是它在1955年4月作为官方"观察员"受邀出席亚非国家会议（万隆会议）。这次会议上有来自非洲、亚洲和中东地区的二十多个国家的领导人，会议的宗旨是促进经济和文化合作，反对殖民主义和剥削。民族解放阵线通过利用世界舆论寻求国外

---

① Ibid., 115–16.

盟友的支持，并寻求机会在国际舞台上对法国政府施压，使其陷入尴尬境地，达到使阿尔及利亚的斗争战略"国际化"的目的，并且取得了初步成功。就在几个月后，民族解放阵线在外交上赢得第二次成功——迫于参加万隆会议的国家的压力，联合国大会第一次就阿尔及利亚独立问题进行了辩论。

民族解放阵线的第二个战略是武装斗争。受到越南民族主义运动的胜利以及肯尼亚、突尼斯和摩洛哥反对殖民统治起义的启发，该组织把武装运动作为核心手段。事实上，许多民族解放阵线武装分子将起义视为有效的心理战术，它有助于帮助阿尔及利亚摆脱殖民统治。正如一个政治活动家所说，"武装起义将治愈我们所有的创伤，我们所有的屈辱……我们要昂首面对一切，我们要做历史的弄潮儿，坚决完成历史赋予我们的使命。"[1] 每一个民族解放阵线组织都是独立行动，相互保密，他们使用破坏、爆炸和其他武装活动引起全国恐慌，给人以不安全感，试图迫使法国人承认阿尔及利亚独立，而不是试图夺取领土的控制权。但是，法国政府寸步不让——内政部长弗朗索瓦·密特朗宣称"唯一的谈判是战争"。[2]

1954 年 11 月 1 日的攻击只是一场持续的游击战争的开始。在接下来的几个星期里，特别是从 1955 年春天开始，民族解放阵线就开始了一系列的武装行动。4 月份发生了 196 起袭击事件，5 月份有 455 起，6 月和 7 月更多，达 900 多起。首先集中在国家东部，反抗活动逐渐蔓延到阿尔及利亚各地。大部分的武装行动是针对阿拉伯土著居民的，民族解放阵线决心用行动威慑潜在的告密者，并把警察或行政官员作为攻击目标，设法分化阿尔及利亚社会，"摧毁欧洲人与当地人的所有联系点"。欧洲人也成为攻击目标，他们的葡萄园、农作物和仓库被摧毁，牲畜遭到摧残，农民被谋杀，法国军队受到伏击，警察遭到攻击。民族解放阵线的武装行动的效果在 1955 年 6 月正式彰显出来。面临越来越大的压力，北康斯坦丁地区的民族主义者宣布对殖民者进行"全面战

---

① Evans, *Algeria*, 120.

② Conklin, *France and Its Empire*, 271.

争"。他们的战略极其冷酷："对于殖民主义的集体镇压政策，我们必须向对
我们人民犯下罪行的欧洲人、军人和国民回应以集体报复。对于他们，没有怜
悯，没有宽容！"[1]

8月20日，这个政策的威力已经显现出来。在君士坦丁地区，用棍棒、
铁叉和大刀武装起来的人对城镇和村庄的大约30个殖民者发动袭击。在菲
利普维尔，这是一个"充满快乐，空气中散发着芬芳气息"的港口城市，但
是，轻松宜人的蔚蓝海岸气氛被袭击打破，袭击者向咖啡馆投掷手榴弹，将
开汽车的人从车里拖出来，"用刀子甚至剃须刀割破他们的喉咙"。[2]法国空
降兵闻讯赶到时，他们发现"到处散落着尸体"。在埃尔哈里亚附近的采矿社
区，就在中午之前，当镇上的妇女们开始准备午饭时，四个武装团队，每一
个在15至20人之间，向欧洲人发动了突然袭击。这次袭击夺去了37个欧洲
人的生命，包括10个15岁以下的孩子。这次行动很明显是有计划的，而且
许多参与其中的当地人（包括工友）之前表现得非常友好，与欧洲人相处融
洽，这就使得行动更加令人震撼。民族解放阵线的袭击总共造成123人死亡，
其中有71名欧洲人、31名士兵和21名阿尔及利亚人。[3]法国人对此不屑一
顾。菲利普维尔的一名士兵这样描述道："我们接到命令，打死我们遇到的每
一个阿拉伯人……之后的2个小时，我们听到的都是自动步枪向人群射击的
枪声。"第二天早上，几百名囚犯被带到当地的一个足球场，被机关枪扫射而
亡。开火10分钟后，一切都结束了。尸体堆积如山，他们不得不用推土机掩
埋。仅在埃尔哈里亚被枪杀的阿拉伯民众就有80人，野蛮的报复行动致使
3000多阿拉伯人死亡。

虽然民族解放阵线的行动造成欧洲人和阿拉伯人之间的相互恐慌、不信任
和仇恨的气氛，但法国军队和保安部门的反应冷酷而残暴，不分青红皂白，在无
形中推动了许多普通民众进入革命阵营。随着阿尔及利亚社会的四分五裂，妥协

---

[1] Horne, *Savage War*, 119.

[2] Ibid., 120.

[3] Evans, *Algeria*, 141.

已变得不可能。阿尔及利亚总督雅克·苏斯戴尔最初提出"一体化"政策，根据这个政策，政府将吸纳更多的当地政治代表参政，加强教育设施建设和实施反贫穷计划，这些都受到所有阿尔及利亚人的支持。然而，当血腥的暴力事件在君士坦丁上演之后，他把注意力转移到了瓦解民族解放阵线的阵营上。据苏斯戴尔的说法，1955 年 8 月 20 日，武装冲突不仅摧毁了房屋，遗弃了可怜的支离破碎的尸体，也抛弃了"信心，希望，和平"。在血腥中收获的只有仇恨。

这是居伊·摩勒就任总理之职几个月后所面对的严峻形势。一方面，殖民者怀疑民族主义者，相信经济繁荣和他们的自身安全——甚至是生命——依赖于维持法国统治，并且越发反对任何关于"妥协"的谈论。另一方面，民族解放阵线成为民族主义运动的主导者，决心采取一切必要手段确保阿尔及利亚独立。

回顾过去，1956 年 2 月 6 日对欧洲人来说明显是一个值得刻骨铭记的日子。对于那些希望进步的人，法国总理的屈辱无疑是巨大的打击。几天之内，摩勒宣布，将向阿尔及利亚派遣一支 50 万人的军队（1954 年末，军队人数已达 5 万，其中只有 1.2 万人进入战备状态）。3 月 12 日，法国国民议会通过了《武装力量特别权力法案》，授予政府合法权利，政府可以采取任何必要措施"重建秩序"。现在的情况已经十分明了，消灭民族解放阵线是压倒一切的头等大事。民族解放阵线以牙还牙，谴责摩勒策划"对阿尔及利亚发动全面战争"，声称"凶残和盲目的镇压已经无情地降落在我们的民众身上"，并宣称："我们虽然没有拿起武器推动在阿尔及利亚进行自由选举，但是，我们会拿起武器帮助我们的国家恢复独立和自由。"[1] 在随后的几个星期里，民族解放阵线发动了一系列旨在削弱国家经济的抵制运动，发动学生罢课，命令阿尔及利亚足球队从法国所有联赛中撤出，并指示男子漠视将他们编入预备役序列的努力。除了呼吁民族主义、民族骄傲和宗教自由外，民族解放阵线也以多种手段寻求民众的支持。

---

① Evans, *Algeria*, 172

秘密报告

第二十次代表大会就像中子炸弹爆炸一样，它深刻地影响着人们。尽管建筑物完好无损，但巨大的变化发生了……最重要的是在人们的心灵和意识中，感觉到了这种变化。

——罗伊·亚历山德罗维奇·梅德韦杰夫

1956 年 2 月，国际共产主义运动代表聚集在莫斯科参加苏联共产党第二十次代表大会。2 月 14 日上午，大会正式拉开帷幕，约有 1400 名代表进入克里姆林宫大厅，代表们军装上的元帅军衔标志和将军军衔标志熠熠发光，主席台上方高耸着列宁的塑像，令人印象深刻。但是当参加过西班牙内战的退伍军人维托里奥·维达利——他代表自己家乡的里雅斯特——看到眼前的景象时，注意到事情有些不对劲。虽然斯大林的肖像通常被悬挂在苏联和东欧的公共场所、商店和办公室，但是，在克里姆林宫大厅，却一幅也看不到。会议正式开幕，尼基塔·谢尔盖耶维奇·赫鲁晓夫——苏联共产党中央委员会第一书记——简要提到了 1952 年 10 月以来去世的那些共产党领导人，但他决定将因酗酒而身亡的捷克斯洛伐克共产党领导人克莱门特·哥特瓦尔德，以及许多人从未听说过的日本的德田克柳奇，与领导苏维埃社会主义共和国联盟 30 年、给人们带来美好生活的约瑟夫·斯大林一起相提并论，令人感到十分怪异。当他们起立表达敬意的时候，许多代表惊讶地看着对方。维达利指出："这件事很奇怪，如此仓促。"就像赫鲁晓夫"害怕"或"害羞"一样。[1]

大会按计划进行着，斯大林正被从共产主义英雄的万神殿的圣坛上拉下来。例如，中央委员会报告指出，各国有可能走不同的道路实现社会主

---

[1] Vidali, *Diary*, 14–15; Taubman, *Khrushchev*, 270; William J. Tompson, *Khrushchev: A Political Life* (London: St Martin's Press, 1997), 153.

苏联共产党中央委员会第一书记尼基塔·谢尔盖耶维奇·赫鲁晓夫于 1956 年 2 月在苏联共产党第二十次代表大会上发表讲话。

义，并否定斯大林在 1946 年 2 月提出的判断：一场新的世界大战是不可避免的，从而与斯大林主义的正统政治观点决裂。两天后，第一副总理阿纳斯塔斯·伊万诺维奇·米高扬解释说："大约有 20 年我们失去了集体领导，走上个人崇拜的错误道路"。他还对斯大林在 1951 年发表的著作——《苏联社会主义经济问题》①表示不屑。但是，在没有最后定论的情况下，人们的心头笼罩着困惑的疑云——有好几次，在提到斯大林时，听众欢呼雀跃，或报以雷鸣般的掌声。

　　2 月 24 日星期五，英国记者约翰·雷蒂注意到，"位于老广场的苏联共产

---

　　①　斯大林就 1951 年 11 月苏联政治经济学教科书未定稿讨论会发表的若干书面意见的汇编。斯大林在这本最后的著作中对苏联 30 多年社会主义建设的经验和战后资本主义的发展进行了理论概括。

党总部的窗户在凌晨时分灯火通明，黑色豪华轿车停在四周"。他听到那个建筑里不时传来莫名其妙的响声，考虑到党代会刚刚结束，他觉得非常奇怪。[①]但是，雷蒂不知道，那是在为秘密的"封闭式"会议做最后的准备，只有苏联的代表才会出席。

2月25日凌晨，极度兴奋的赫鲁晓夫发表了讲话。据一位旁观者称，赫鲁晓夫讲话时情绪激昂，他在讨论斯大林在第二次世界大战期间对苏联的损失应承担的责任时，全然背弃了真实的历史。[②]他说，斯大林事实上忽视了德国即将在1941年春天对苏联发动袭击的反复警告，致使苏联全无准备，面对战争束手无策，并坚持发动造成成千上万苏维埃战士不必要牺牲的军事行动。赫鲁晓夫甚至嘲笑斯大林竟然试图在全球范围内策划行动，并谴责他"在整场战争中，没有一次敢于上前线"。[③]

赫鲁晓夫还对斯大林精心打造的列宁的指定接班人形象给予了毁灭性攻击，他透露说，布尔什维克领导人将晚年的斯大林描述为"过分粗鲁"，并建议将他替换，由"更宽容，更忠诚，更善良，对同志更加体贴，脾气不那样反复无常的人"担任党的总书记。[④]

在演讲的大部分时间里，代表们只是默默地听着。有时候，有人发出怀疑和愤慨的嘟哝声。有些人突感身体不适，不得不被人扶出礼堂。共青团官方报纸的编辑季米特里·戈留诺夫听到赫鲁晓夫披露的秘密时，服下一些硝酸甘油丸，他担心他脆弱的心脏在震惊之下会经不住刺激而衰竭。当赫鲁晓夫的讲话完全结束后，"大厅里一片死寂……听不到椅子挪动的声音，听不到咳嗽声或耳语声。没有人去看他身边的人——或者是因为这一切发生得太突然，或者是因为困惑和恐惧。太令人震惊了。"布尔什维克党的官方杂志《共产党人报》

---

① John Rettie, 'How Khrushchev Leaked his Secret Speech to the World', *History Workshop Journal*, 62 (2006), 187, and Richard Gott, 'John Rettie (obituary)', *Guardian*, 20 January 2009.

② Taubman, *Khrushchev*, 273.

③ Khrushchev, 'The Cult of the Individual'.

④ Ibid.

主编谢尔盖·梅森特克离开克里姆林宫时，面如土色，缄口不语，不知道接下来会发生什么事情，"我们应该怎么办？"[1]

对于赫鲁晓夫对斯大林进行攻击这件事，他的一位传记作家做了如此描述："这是他曾经做过的最勇敢、最肆无忌惮的事情。"[2] "秘密报告"的消息在1956年春天和初夏传播开来，在苏维埃联盟内部引起混乱，引发了东欧各地民众的起义浪潮，从某种意义上来讲，造成了无可挽回的后果。很多人想不明白赫鲁晓夫为什么要这么做。

在华盛顿特区，关于莫斯科的戏剧性消息在3月初传来，艾森豪威尔总统及其高级顾问正在努力寻找令人满意的解释。例如，中央情报局局长艾伦·杜勒斯在3月22日举行的国家安全委员会会议上提出，苏联领导人是企图"与过去完全决裂，以赢得广泛尊重"。他搞不清楚他们是否会"让此事的影响范围比原先预想的那样不断扩大"，他甚至指出，此番言论可能是苏维埃领导人醉酒后发表的。[3]

事实上，这个"秘密报告"正是苏联进行改革的一个关键标志（通常被称为"去斯大林化"）。当斯大林于1953年3月去世时，新的苏联领导层继承了一系列艰巨的问题。最迫切的问题是需要改革古拉格这个开销巨大且不可持续的机构。同时，苏联也面临着重大经济挑战，不只是住房和消费品长期短缺，农业也存在着巨大危机。至于外交关系，苏联面临着东欧各附属国（特别是波兰和匈牙利）日益严重的经济和政治上的不满；与南斯拉夫的关系紧张；由美国领导的西方联盟，态度坚定地遏制共产主义的扩张，并削弱莫斯科的影响。

---

[1] Taubman, *Khrushchev*, 273–4.

[2] Ibid., 274.

[3] 'Memorandum: Discussion at the 280th Meeting of the National Security Council, Thursday, March 22, 1956', 5, 6, in Ann Whitman File, NSC Series, Box 7, 280th Meeting of NSC, March 22, 1956, Dwight David Eisenhower Presidential Library (Eisenhower Library). On word of the speech reaching the US see *Foreign Relations of the United States*, 1955–1957, Volume XIV, Soviet Union; Eastern Mediterranean, 72.

苏联刚开始指派内务人民委员部国家安全总局局长拉夫连季·帕夫洛维奇·贝利亚负责应对这些挑战。例如，1953 年 3 月 27 日，他颁布赦免令释放了所有服刑 5 年以下的古拉格囚犯，以及孕妇、带着 10 岁以下儿童的母亲和 55 岁以下的男子；还承诺审查"政治犯"案件，对刑事司法制度进行更广泛的改革。通过大赦最终释放了 100 多万囚犯。4 月初，贝利亚宣布结束若干形式的惩罚和审讯，包括长时间剥夺睡眠、残酷殴打和各种让人不舒服的"压力姿势"。与此同时，在外交方面，他寻求与南斯拉夫和解（1948 年莫斯科突然与之断交）。他还推动苏联放松对东欧附属国的控制，因为意识到在东欧实行的中央经济规划导致效率低下，基本商品长期短缺，人们对生活水平差表现出强烈的不满（包括未批准的罢工）。他甚至考虑放弃东德共产主义政府，以换取赔偿，建立一个独立、非军事化和中立的德国。但是，贝利亚并不自由。作为斯大林的秘密警察局长，他参与黑暗行动，臭名昭著。但是，他希望通过与过去政策和斯大林划清界限，提高自己的地位，加强权力掌握。例如，释放前古拉格囚犯，其中许多是不重要的罪犯，让他们进入主要城市，给贝利亚使用内务部军队维持秩序提供了完美借口（这些军队，如果必要的话，可以用来打击他的政治对手）。

贝利亚于 6 月 26 日被捕，随后在圣诞节前夕被一位三星级上将执行死刑。他被指控为"人民公敌"，这实际上是赫鲁晓夫策划的内部政变。不过，改革进程并没有因此而终止。安全部门改组，成立了一个新的国家安全委员会（克格勃），由苏联党中央直接领导，以防它成为被某一个人利用的私人工具。与其前身有权定罪处罚不同，克格勃的职权仅限于侦查逮捕。政府进行了重组，向各部长下放权力，并提出对农业和工业进行改革。1955 年 5 月，赫鲁晓夫率领苏维埃代表团前往贝尔格莱德与斯大林的死对头约瑟普·布罗兹·铁托进行了成功的会谈。

尽管背弃斯大林主义政策的举动越来越明显，苏联领导层还没有开始对斯大林本人进行重新评估。然而，到 1956 年，这个问题就变得紧迫了。首先，成千上万的古拉格囚犯得以释放，包括要求恢复名誉的政治犯，这意味着斯大林大面积镇压的详情开始在普通人群中传播。赫鲁晓夫相信真相最终会浮出水面，他认为党的领导层最好直面这个问题。正如他对他的主席团同志所说："如果我们在大会上不说真话，那么在一段时间后，我们也将被迫说出真相。""但是，"他警告说，"到那时，我们就没有机会做报告了，我们将成为被调查的人……我们将会被指责为同谋。"①赫鲁晓夫似乎对斯大林去世后被曝光的秘闻感到震惊，甚至有人认为他的"秘密报告"是忏悔自己的罪恶的一种方式，说出实情是为了转化自己的身份，证明自己是一个正派的人。最后，也是最重要的，在消除斯大林主义的"污点"时，赫鲁晓夫看到了重回列宁主义原则的机会，激发了他将布尔什维克事业放在第一位的积极性。他认为，重回列宁主义将重振共产主义体制，使其充分发挥潜力，可以表现出对资本主义的优越性，改善普通公民的社会、文化和经济生活。

　　"秘密报告"的最终版本被限制在一定范围内。首先，赫鲁晓夫将报告的重点放在 1934 年以后的岁月，从而忽视了因强制推行农业集体化运动以及尝试在苏维埃实行经济现代化的自上而下的努力给广大人民带来的巨大苦难。赫鲁晓夫认为，尽管可怕的死亡人数令人心悸，但是当时采取那些政策措施是必要的。其次，赫鲁晓夫在报告中没有表达对普通受害者的应有同情。他在报告中主要关注遭到清洗的数千名无辜的党的官员，忽视了数百万死亡的普通公民。鉴于赫鲁晓夫的目标是重启苏联项目，他的报告有很大的局限性也就不足为奇了。毕竟，对过去发生的事情进行全面、坦率地揭露，不仅会有损他自己的形象，也会破坏他的大多数（如果不是全部）同事的形象。

　　在"秘密报告"结束时（讲话引来雷鸣般的掌声），赫鲁晓夫宣布"我们不能让此事脱离党的宗旨，特别是不要向新闻界公布"，他警告说"不要授予

---

　　①　Nikita Khrushchev, *Khrushchev Remembers: The Glasnost Tapes* (Boston: Little, Brown and Company, 1990), 43.

敌人把柄"。他接着说，"我们不应该在他们眼前洗我们的脏衣服"。① 尽管这次讲话没有在苏联媒体上公布，而且，直到 20 世纪 80 年代领导层才予以承认，但其内容却迅速传播开来。在东欧领导人离开莫斯科之前，一个指定的小组获得了这些文件，随后编辑稿被发给外国领导人（有一份最后落入美国中央情报局手中）。"封闭式"会议的细节也被泄露给了新闻界；3 月 17 日，一些英国报纸报道了与斯大林决裂的消息；6 月份，《纽约时报》和伦敦的《观察家》发表了讲话稿副本。在苏联，最高苏维埃主席团批准了赫鲁晓夫的建议：将讲话稿下发给各加盟共和国、市、区党委。他们的任务是组织会议，把报告的内容传达给党员，以及共青团员。还指出要让包括工人、白领人员和集体农民在内的党外人士参加。据估计，有 3500 万人（大约六分之一人口）于 3 月在工厂、政府机构、办公室、学校以及苏联的各大农场召开的会议上听取了"秘密报告"的内容。

在这些人中就有梅德韦杰夫，他后来作为政治撰稿人和持不同政见者而闻名遐迩。在 3 月初，列宁格勒附近一所学校的校长梅德韦杰夫突然收到了紧急通知。"我接到通知：第二天下午 4 点，所有的教师在旁边砖厂的俱乐部集合。"在那里，老师们和工厂工人们，农场管理人员和普通党员，一起聆听区委领导对赫鲁晓夫的报告内容的宣读。显而易见，没有机会提出问题，"我们不允许记笔记"。梅德韦杰夫的父亲于 1941 年死在劳改营，他解释说，人们都"默默地，几乎是惊骇地凝神静听"。最后，"有好长一段时间，房间里鸦雀无声。然后我们都默默地离开了"。②

虽然许多地方上的领导人不鼓励讨论，但有些领导人则不满意地提出质疑，这通常引发更广泛的争论。一份呈送给中央委员会的报告指出，在党的有关会议上，人们最关心的问题是："为什么赫鲁晓夫的报告内容如此有

① Khrushchev, 'The Cult of the Individual'; Karl E. Loewenstein, 'Re-emergence of Public Opinion in the Soviet Union: Khrushchev and Responses to the Secret Speech', *Europe-Asia Studies* 58, no. 8 (December 2006), 1334.

② Medvedev, 'The Twentieth Party Congress', 97.

限？""为什么没有自我批评或对报告进行公开讨论？"其他一般性的疑问包括："其他主席团成员有什么过错？""报纸怎么对民众欺骗这么久？""赫鲁晓夫为什么等了这么久才告诉我们这些可怕的事情？""中央委员们为什么在斯大林墓前哭泣？"[①]有时，讨论反映了人们对一些事件的特别关注。例如，在乌克兰，人们在问《苏德互不侵犯条约》的签署是否是一个错误，还有人问那些被流放的人的事情（对此，赫鲁晓夫显然不想再提）。与此同时，成千上万封信飘进莫斯科，要求将斯大林的遗体移出列宁墓。他的遗体用水晶棺安葬在红场上的列宁墓之中，停放在列宁的遗体旁边。克格勃保存着斯大林的塑像和肖像被拆除或毁坏的报告，甚至有人鼓动宣布斯大林为"人民公敌"。这种源源不断的批评开始使得高级官员们感到惊恐。有人记录说："各级党组织会议上出现了煽动性甚至有害的言论，而且，总是得不到果断反驳和政治评价。"[②]

3月底，莫斯科著名的热技术研究所在举行讨论时上演了最富有戏剧性的一幕：在当地党基层组织的会议上，4位年轻学者对赫鲁晓夫的报告进行了一番别出心裁的批评。一位初级研究员 R. G. 阿瓦列洛夫问，为什么在第二十次党代会上没有就"秘密报告"进行讨论。他还建议，为了防止今后滥用权力，工人应该武装起来。阿瓦列洛夫的同事、物理学家尤里·奥尔洛夫说，"权力掌握在一群无赖和恶棍手里"，而党就是"被奴隶的灵魂打死的"，他呼吁所有共产党人保证不要重复以往的错误。[③]

然而，并不是所有人都热衷于与斯大林划清界限。在最初的时候，尽管大多数人似乎已经做出了反应，他们既感到震惊又感到困惑，但是，还有一些人表示坚决捍卫斯大林。譬如说，有些人拒绝接受斯大林对滥用酷刑、刑讯逼供、残酷镇压和其他罪行负有责任；还有一些人认为他的成就远远胜过任何错

---

① Hornsby, *Protest, Reform and Repression*, 36; Cynthia Hooper, 'What Can and Cannot Be Said: Between the Stalinist Past and New Soviet Future', *The Slavonic and East European Review*, vol. 86, no. 2 (April, 2008), 314–15.

② Iurii Akisiutin, 'Popular Responses to Khrushchev' in William Taubman, Sergei Khrushchev and Abbott Gleason, eds, *Nikita Khrushchev* (New Haven: Yale University Press, 2000), 187.

③ Hornsby, *Protest, Reform and Repression*, 38–9; Akisiutin, 'Popular Responses', 187.

误。米哈伊尔·谢尔盖耶维奇·戈尔巴乔夫当时是俄罗斯南部斯塔夫罗波尔的一位年轻的共青团官员，他注意到虽然年轻的一代和受过良好教育的与会者对赫鲁晓夫的报告表示欢迎，但其他人则拒绝相信报告中提到的事件，或者根本充耳不闻，视而不见。有一些人质疑赫鲁晓夫的动机，想不明白，"为什么他当时保持沉默，现在却把屎盆子都扣到斯大林一个人头上，难道就是因为他已经死了"。①

斯大林的故乡格鲁吉亚的父老乡亲们对斯大林还是一如既往的忠诚，他们继续对他们"最著名的儿子"表示崇拜。像苏联各地的人们一样，这个核心共和国的公民许多年来被灌输个人崇拜的思想，他们相信斯大林神话，相信斯大林是伟大领袖，是共产主义运动的英雄。因此，他们难以接受整个世界观已破碎的事实。许多格鲁吉亚人还认为赫鲁晓夫的报告是对民族骄傲的侮辱，违反了他们尊重死者的文化传统。3月5日——斯大林逝世的第三个周年纪念日——第比利斯爆发了怀念斯大林的示威游行，游行持续了好几天。人们在库拉河畔官方建立的斯大林纪念碑前放置了花圈，成千上万的人——其中有学生、店主和工人——手捧画像，挥舞旗帜，走上街头，放声高唱，高声呼喊："伟大的斯大林万岁！打倒赫鲁晓夫！"②有些人手持棍棒、刀和匕首——暴力冲突爆发了。几名拒绝将车辆交给示威者的卡车司机被殴打，有一人甚至被扔进河里；警察受到攻击，记者受到威胁。抗议者要求当地报纸刊登缅怀斯大林生平事迹的文章，要求电影院播放美化斯大林的军事纪录片。其他人则呼吁将赫鲁晓夫撤职。甚至还有将格鲁吉亚从苏维埃分离出去的言论。

街道上设置了路障，许多企业和政府服务都陷入瘫痪，抗议者和警察之间的冲突越来越激烈，这个城市就要失去控制。据一名高级军事指挥官说，到了3月9日晚，"还没有命令。城市完全陷入无政府状态。汽车、卡车、出租

---

① Akisiutin, 'Popular Responses', 185.

② Medvedev, 'The Twentieth Party Congress', 97–8; Taubman, *Khrushchev*, 286–7; 'Georgians Resent Their Idol's Overthrow', *The Times*, 19 March 1956, 10. See also Kozlov, 'Political Disturbances in Georgia', 112–35.

车、公交车和有轨电车等交通工具都掌握在反抗者手中""小汽车鸣着喇叭在城市里不停地绕来绕去"。就在午夜之前，愤怒的人群走近通讯大楼，在那里，一名抗议者代表在提出向莫斯科发电报的要求时被扣留。一位党报新闻记者描述了当时的情形：人们向前冲击大楼，起初被枪托砸退，但是后来示威的人群用一切可用的东西——拳头、刀、石块、皮带，反击回去，军队开火了，造成7人死亡，另外还有几人受伤。[①] 随后的几个小时里，整个城市不断发生冲突，其中包括《共产党人》报社和斯大林纪念碑附近的一个公园。当局调来坦克和摩托化步兵恢复秩序。当这一切结束时，已造成300人死亡、1000人受伤，还有数百人被逮捕。[②]

回到克里姆林宫，苏联领导人感到极度不安。斯大林的骚乱事件，以及一个历史学家所描述的"批评浪潮"，提供了一个鲜明的例证：赫鲁晓夫的报告会造成社会不稳定，削弱党的权威。到了12月份，卡冈诺维奇警告说，任何公开批判斯大林的做法都会"引起民众对我们整个事业的正确性的怀疑"。[③] 到了此时，就连赫鲁晓夫也担心他的所作所为给民众的打击太大。由于担心苏维埃社会主义共和国联盟的基石会受到威胁，领导层就停止了对斯大林的批评运动。所有党组织都被警告不要容忍"敌对行为"，而《真理报》刊登的一篇社论呼吁结束"过度自由主义"，批评那些抓住"秘密报告"的问题不放、借机发表反党言论、制造诽谤的人。6月底，中央明确指出，绝对不能容忍借助"个人崇拜"问题，诋毁苏联制度的行为。[④] 最后，一场运动（成千上万的人因"危害国家罪"锒铛入狱）扭转了潮流。但是，在苏联，抑制异议的任务将更加困难，代价将更高。

---

① Ibid., 124–6.

② Medvedev, 'The Twentieth Party Congress', 97–8; Taubman, *Khrushchev*, 286–7; 'Georgians Resent Their Idol's Overthrow'; Kozlov, 'Political Dis-turbances in Georgia', 112–35.

③ Taubman, *Khrushchev*, 278.

④ Taubman, *Khrushchev*, 287. See also Hornsby, *Protest, Reform and Repression*, 54–78.

大规模抵抗

> 现在，阿拉巴马州的白人有三个选择。卖掉房屋，离开阿拉巴马州；留在这里，被羞辱；或者拿起刀枪。
>
> ——州代表 W. L. 马丁

1956 年 3 月 12 日，美国参议院临时议长瓦尔特·F·乔治站起身，以他标志性的慢条斯理而正式的方式发言，宣读《宪法原则宣言》。该文件被称为《南方宣言》，它对 1954 年最高法院对布朗诉托皮卡教育管理委员会案的裁定——以托皮卡教育管理委员会为代表的公立学校"黑白分校"违宪，公共教育事业绝不允许"隔离但平等"原则存在——进行猛烈抨击。20 世纪 50 年代的参议院钟爱仪式和礼节，讲究礼仪和尊重，更像是绅士俱乐部。那么，南方最伟大的演说家乔治讲话时用低沉而郑重的语调就不足为怪了，因为，这一时刻极其重要，连他讲话的措辞都经过精心挑选。但是，毫无疑问，《南方宣言》不过是种族隔离主义的口号。

乔治于 1878 年 1 月 29 日出生在韦伯斯特县，父亲是租地农场主，是佐治亚州红土地真正的儿子。乔治是全国有权势的政治家之一，他在 1901 年毕业于法学院，1917 年被任命为佐治亚州高等法院助理法官，并于 1922 年首次当选参议院议员，1956 年担任颇有影响的参议院外交关系委员会主席。虽然乔治没有多少时间与南部的一些同事一起发表一些强硬的、种族迫害的言辞，但是他一直把白人至上的理论奉为圭臬。正如他所说的那样，南方人一直"非常勤奋，非常精明，不会违反任何法律精神"，但那会"导致黑人相信自己与白人平等。即便如此，我们仍会继续这样做下去"。于是，乔治非常乐意凭借自己的声望捍卫《吉姆·克劳法》。

虽然在乔治的参议院办公室召开会议期间，《南方宣言》已经定稿，但文本主要由他的佐治亚州同事理查德·拉塞尔，以及南卡罗来纳州的斯特罗姆·瑟蒙德和弗吉尼亚州的哈里·布尔德——南方声望最高的种族隔离捍卫者——三人设计。《南方宣言》中使用的语言反映了他们不切实际的世界观，高等法院对布朗案的裁定被视为"侵犯"国家和人民权利，是"明显滥用司法权力"。此外，他们声称，这项裁定和民权运动者的行动，在整个南方"造成混乱"，"破坏了白人和黑人之间的友好关系"。《南方宣言》的支持者表示要向那些宣布反对种族融合的州致敬，承诺"采取一切合法手段撤销布朗案裁定"，并"设法防止在执行中使用武力"。

除了那 3 个南方参议员，还有 70 多名众议员（包括阿拉巴马州、阿肯色州、佐治亚州、路易斯安那州、密西西比州、南卡罗来纳州和弗吉尼亚州的全体代表）均在《南方宣言》上签了字。《南方宣言》设法谋求南方白人站在完全反对废除种族隔离制度的大旗后面。支持这个文件与否，成为政治试金石。正如阿拉巴马州议员卡尔·埃利奥特所说："你要么支持他们，要么反对他们。如果你反对他们，你就完了。"[①]通过发出南方白人决心抵制布朗案裁定的强烈信号，《南方宣言》的起草者们希望组织联邦政府执行裁决。

《南方宣言》在大规模抵抗运动中占有核心地位。大规模抵抗运动是在 1956 年初发起的旷日持久的政治运动，其目标是反对种族融合，阻挠新兴的民权运动。宣言的发表促进了南方全面加强种族政治。几个月前，有几个南方州的立法机关对布朗案裁定进行攻击，并表示蔑视。例如，在南卡罗来纳州，立法者们对这一裁定进行谴责，称其"企图改变宪法的真正意图，用心明显，非常危险"。种族隔离主义者尽力使反对布朗案裁定的行为合法化，严重依赖"干预"理论。弗吉尼亚州《里士满新闻领袖报》的杰出青年编辑以及事实上的"知识剑客"詹姆斯·基尔帕特里克，将这一理论从迷惘中拯救出来，该理论认为，如果联邦政府超过合法权限范围，各州的立法机关就有权进行干预，

---

① Anthony Badger, 'The South Confronts the Court: The Southern Manifesto of 1956', *Journal of Policy History*, vol. 20, no. 1 (2008), 126, 130. Elliott quote taken from David Brown and Clive Webb, *Race in the American South: From Slavery to Civil Rights* (Edinburgh: Edinburgh University Press, 2007), 277.

以保护他们公民的自由权利。

南方政治家对 19 世纪的宪法理论充满热情，他们通过了许多法律，并设法寻求法律补救，进行大规模抵抗。例如，许多州采取措施，使当地学区能够通过使用一套复杂的标准分配学生来维护隔离制度，而无须提及种族。州长也被授权关闭任何一所种族融合学校，并可以转移公共资金以支持私立白人学校。美国最大的民权组织——全国有色人种进步协会也受到攻击。例如，州检察官试图强迫其交出成员名单。意识到这样做会使会员面临骚扰、失业甚至身体暴力等风险，协会拒绝接受他的要求。但这招致更严重的制裁，协会被全面禁止在阿拉巴马州运作，并发现自己在其他几个州进行的守候行动代价高昂、无望取胜。

除了美国参议院或南方州政府营造的负面氛围之外，事实证明，与干预相比，"大规模抵抗"更多的是进行恐吓。在南方大小城市，人们为所谓的白人公民委员会维护《吉姆·克劳法》进行斗争的行为提供资助。第一个白人公民委员会在 1954 年 7 月成立于密西西比州的印第安诺拉，两年内就在南方各州编织了拥有超过 90 个组织的庞大网络，成员多达 25 万人。[1] 委员会得到高职业阶层——银行家、律师、医生、当地的政治家和企业主——的大力支持。一位调查记者说，"这是公民午餐俱乐部的精华"。他们还表达反对种族融合，捍卫各州的权利，反对华盛顿政府权力过分集中的主张。他们选择的武器是经济胁迫（拒绝信贷或解除工作），他们压制持不同意见的白人，恫吓民权活动人士、黑人选民和将子女送到种族融合学校的父母。尽管白人公民委员会向公众承诺完全采用和平与合法的方式，自己也精心设计了受人尊重的形象，但由于经济压力和暴力之间的界限很容易模糊，他们便借机不断煽动种族仇恨。[2]

---

[1] Lewis, *Massive Resistance*, 39–40; J. Edgar Hoover, 'Racial Tension and Civil Rights', 1 March 1956, 16, statement presented to Cabinet, 9 March 1956, in Ann Whitman File, Cabinet Series, Box 6, 'Cabinet Meeting of March 9, 1956', Eisenhower Library. See also Neil R. McMillen, *The Citizens' Council: Organized Resistance to the Second Reconstruction, 1954–1964* (University of Illinois Press, 1994 edition).

[2] Lewis, *Massive Resistance*, 42, 44.

南方白人之所以反对民权运动，有许多诱因。首先，像南非或阿尔及利亚的白人一样，许多人绝对不愿意放弃从白人至上制度中得到的政治经济权力和地位，特别是在黑人占人口相当比例的农村。其次，支持各州的权利和对联邦政权威胁的恐惧也很重要。其他人根本无法想象要是持续了半个多世纪的生活方式有一天结束了，对白人意味着什么，况且，他们心里都有根深蒂固的征服黑人文化的意识。种族隔离主义者指出，肯尼亚的暴力反抗，是白人统治弱化的结果。[1]

大规模抵抗运动在某种程度上受到了政治精英的驱使，他们担心普通南方白人不足以维持现状。当然，在高等法院宣布布朗案裁定之后的几个月里，很多人似乎都以自己的方式屈从了废除种族隔离的决议。但毫无疑问的是，有相当多的白人支持种族隔离，民意调查显示，在阿拉巴马州、佛罗里达州、佐治亚州、路易斯安那州、密西西比州和南卡罗来纳州有 90% 的白人反对种族融合。南方白人对《吉姆·克劳法》表示支持的主要原因在于对不同种族间通婚的普遍而根深蒂固的担忧。《亚特兰大宪政报》自由编辑拉夫·麦吉尔于 1956 年 4 月在一篇文章中写道，"当孩子们都从同一个桶里喝水时，很多南方人本能地害怕会发生什么"。他说："许多人说种族融合意味着'混血种族'，他们的担忧完全合乎情理。"麦吉尔指出，"推理并不总是正确的"，并不能"削弱信仰或恐惧的力量"。[2]

全国有色人种进步协会的总部设在纽约西 40 街，它的执行秘书罗伊·威尔金斯观察到，大规模抵抗运动的声势越来越大。威尔金斯称，抛开对宪法原则的争论，南方的阻挠者只是要阻止非洲裔美国人享有上流社会公民身份，无论这身份是什么。这位 55 岁的前记者，从 1931 年开始在协会工作，1955 年春

---

① Ibid., 73; Thomas Noer, 'Segregationists and the World: The Foreign Policy of the White Resistance' in Brenda Gayle Plummer, ed., *Window on Freedom: Race, Civil Rights, and Foreign Affairs*, 1945–1988 (Chapel Hill: The University of North Carolina Press), 159 note 2.

② Ralph McGill, 'The Angry South', *Atlantic Monthly*, April 1956, 33. See also Halberstam, 'The White Citizens' Councils', 299.

天出任领导职位，有充分的理由对此表示担心。《南方宣言》旨在协调对南方各州民权运动的抵制。1956年，大量证据表明，在地方一级，隔离主义者正在大踏步前进。事实上，由几个星期前在塔斯卡卢萨的阿拉巴马大学废止种族隔离的事件可见，南方各州种族矛盾激化的态势已经非常鲜明。

塔斯卡卢萨，坐落于阿拉巴马州中西部的沃里尔河畔，人口有5600万，城市以一位被击败的16世纪美洲原住民酋长的名义命名。1910年，该市人口不足1万人。20世纪初期，它已经摆脱了对棉花贸易的严重依赖，成为一个工业和制造业中心。到20世纪50年代，除了拥有千人规模的古德里奇橡胶厂，还有造纸厂、化工厂、炼油厂和铸造厂。煤矿分布在北部和东部地区，而小农场则主要在南部和西部。非洲裔美国人占全市人口的30%左右。这个州的许多杰出政治家都出自位于市中心以东约1.5千米处的阿拉巴马大学，虽然这所大学的教授可能不是特别优秀，但其声誉远比"南方国家俱乐部"好得多。阿拉巴马大学校园占据沃里尔河附近的大片高原，四方形院子里长满参天的橡树，建筑具有典型的新古典主义风格。

1956年2月，这个出尘脱凡和富有魅力的地方发生了一场令人震撼的种族冲突，冲突的双方是倡导平等的非洲裔美国人和《吉姆·克劳法》捍卫者。在1月底，这所拥有125年历史的大学宣布，它将首先招收一个非洲裔美国学生。该生名叫奥瑟琳·露西（家人和朋友都叫她的中间名朱妮塔），出生于1929年10月5日，是家里10个孩子中年纪最小的一个，在阿拉巴马州西南她父亲的农场长大。露西曾在塞尔玛大学就读两年，之后于1949年转学到伯明翰的迈尔斯学院，目的是将来成为一名老师。她是一个虔诚的基督徒，定期在当地的浸信会教堂做礼拜。她还加入了全国有色人种进步协会，尽管她天性腼腆，但还是被选为当地的基督教女青年会主席。在迈尔斯学院，她与宝利·安妮·迈尔斯成为莫逆之交，她们是在演讲课上相识的。

迈尔斯于1932年7月14日出生在蒙哥马利附近的一个棉花种植园，5岁时搬到伯明翰。1949年高中毕业后，她到一家餐馆打工，攒钱上大学。迈尔斯在纪念学院读书期间，曾为领先的全国有色人种进步协会活动家鲁比·赫尔利工作，赚取学费和生活费。迈尔斯的志向是成为一名记者，她经常给《伯明翰世界》投稿。《伯明翰世界》的编辑埃默里·杰克逊积极倡导黑人平等。迈尔斯很快就参与了新兴的民权运动，并于 1951 年至 1952 年任全国有色人种进步协会州青年理事会主席。迈尔斯身高 1.72 米，是一个时尚、自信、顽强的年轻女子，在许多方面与谦逊、保守的露西形成鲜明的对比。1952 年初夏，迈尔斯问露西，她是否愿意上阿拉巴马大学。起初，露西被这个建议吓了一跳，甚至认为她的朋友可能是在开玩笑。意识到她是认真的时候，露西同意了，两个女孩相约一起申请。

在因种族的原因申请被拒绝后，两人向法院提起诉讼。在全国有色人种进步协会的支持下，经过冗长的法律斗争，最终得到联邦法院的有利裁决，阿拉巴马大学同意接收露西。不过，学校以"行为和婚姻状况"为由拒绝了迈尔斯，因为在最初提交申请时，她已怀孕，而且婚姻状况模糊（她已经结婚，正在离婚，丈夫是爱德华·哈德森，犯有重罪）。大学当局希望，没有了更强势、政治活跃的迈尔斯的支持，露西会重新审视自己的入学决定。但是，实际情况令他们很失望。

露西在密西西比州迦太基的一所高中教了 4 年英语，现在想重新融入校园生活，一心一意地学习、交朋友，其真诚令记者们感动。正如她所说，她只是想有机会学习，之后她会"为阿拉巴马州效力"。[①]露西可能有些腼腆，但她并不幼稚。26 岁的她很清楚，她被阿拉巴马州的旗舰学校录取是黑人自由斗争的重大胜利。虽然她可能会"用柔和的音乐语调"回答记者的问题，但是，在整个事件中，她表现出非凡的勇气和决心。

露西成功地在教育学院注册学习图书馆科学，2 月 3 日上午，她在多伦多的塔斯卡卢萨校区上了第一堂课。因为大学以她将会加剧种族紧张态势为由拒绝为她提供食宿，她被迫住在 100 千米之外的伯明翰，和她的妹妹埃塞尔以及妹夫一起住在白色整洁的两层公寓套房中。露西穿着时尚的橙色连衣裙、雨

<hr/>

① Peter Kihss, 'Negro Co-Ed Asks End of Suspension', *NYT*, 8 February 1956, 22.

衣，戴着帽子，晚上 9 点抵达尤金·A·史密斯大厅，去听地理和地质学的入门讲座。她一个人坐在前排中间，没有注意到因她的出现而走出教室抗议的学生。上第二节课时，老师介绍了儿童文学，有两个女生坐在她旁边的座位上，后来在书店里她收到了祝福和支持的信息。在下午的政治学课堂上，她对查尔斯·法里斯教授的表现特别好奇，教授跷着二郎腿坐在课桌上，一边给学生上课一边抽烟。除了几个男生低声谴责外，整节课在相对平静中过去了。然而，2 月 4 日，也就是第二天深夜，露西在大学度过第二个平静的日子，回到伯明翰睡着后，有 1000 人在校园里举行示威，他们烧毁十字架，向市中心前进，高呼："阿拉巴马属于白人！奥瑟琳·露西滚蛋！"①

抗议活动的领导人之一是 19 岁的二年级学生，名叫伦纳德·威尔逊。威尔逊做事一本正经，是一位坚定的白人至上主义者，他在高中的最后一年，曾争取将阿拉巴马州的黑人送回非洲。现在，站在为了纪念塔斯卡卢萨战争死难者而修建的城市年代旗杆基座上，他面对众人讲了几个笑话，然后才发表了支持种族隔离的抗议言论。在结束时，他要求抗议者星期一上午在此处集合，抗议露西进入大学。

2 月 6 日星期一是一个"充满愤怒和暴力的日子"。吃完早饭后，露西已经得到答复说，最近的骚乱只不过是大学生发泄一下闷气罢了，大约 7 点 30 分，她被一个名叫亨利·纳撒尼尔·吉恩的黑人商人开车接走，前往塔斯卡卢萨。即使在心情最好的时候，露西也不特别爱说话，今天坐在凯迪拉克里，一路上她更是一句话也没有。到了校园，露西注意到气氛很"安静"。汽车接近史密斯大厅——一座黄砖建筑，坐落在校园的东北角，她看到一群面露怒色的学生们心不在焉地等在外面。事实上，他们没有注意到露西，直到她登上前门的台阶。此时，她心里陡然感到忐忑不安，短短几分钟内，她可以听到众人喊了千万遍，"打死黑鬼！"面对潜在的危险，露西变得非常紧张。下课后，大学的女生训导长莎拉·希利建议他们从后门离开，避开敌对暴徒的

---

① 'Alabama U. Rally Protests a Negro', *NYT*, 5 February 1956, 60.

阿拉巴马大学的学生于 1956 年 2 月 6 日在抵制奥瑟琳·露西进入大学的示威游行中，焚烧宣扬废除种族隔离的文学作品。

注意。因为有附近橡胶厂工人的加入，现在已经聚集了 3000 人。和露西在一起的有希利以及另外一名官员和几名便衣警察，众人向他们投掷石块、鸡蛋、泥球，还有人在咒骂，露西被塞进一辆等候在那里的车里，有几个人被打中了。石块砸破了挡风玻璃和几块窗户。露西现在已经克服了恐惧。

到达格雷夫斯厅听下一节课时，露西的车子再次受到了攻击。一大块石头打破了后窗玻璃，她下车的时候，一块石头打在左手臂上，一枚鸡蛋溅在她漂亮的绿色外套上。她可以听到大楼里传出一阵阵可怕的有节奏的呼喊声："抓住她，杀死她！抓住她，烧死她，打死她！"① 最后，下午 1 点多，她离开校园，感谢上帝，她还活着。

那天晚上，校方宣布校董会决定，为了她的自身安全，为了其他学生和教职人员的安全，露西暂停上课。虽然她要求迅速恢复学业，想证明暴力不该影响正常秩序，但还是不被允许恢复学业。由于种族主义者不愿为废除种族隔离制度说话，以及大学校长 O. C. 卡迈克尔领导不力，校董会被强硬派控制。2 月 29 日，在联邦法院下达让她恢复学业的书面通知后，校董会将露西彻底除名，理由是她对大学官员提出了"毫无根据、无耻无理的指控"。（她在 2 月 10 日提起诉讼，指控校董会为把她排除在校门之外寻找借口，有意默许骚乱。）②

全国有色人种进步协会被这突如其来的变化所困扰。正如罗伊·威尔金斯所说："自 1950 年以来，已有 2000 多名黑人学生进入以前只招收白人的大学学习，相安无事……阿拉巴马州在程序上和其他地方没有什么不同……"③

---

① *L'Unità*, 15 February 1956; 'Alabama Negro Co-Ed Spirited to Safety', *News & Observer*, 7 February 1956; Peter Kihss, 'Negro Co-Ed Is Suspended to Curb Alabama Clashes', *NYT*, 7 February 1956, 1, 25; Clark, *The Schoolhouse Door*, 71–80.

② 'Alabama U. Replies', *NYT*, 11 December 1956, 44; Wayne Phillips, 'Ala-bama to Heed Courts on Taking Negro Students', *NYT*, 4 March 1956, 1; 'Troubled Educator', *NYT*, 8 February 1956, 22; Clark, *The Schoolhouse Door*, 23–6, 30–6, 80–2, 88, 94–8.

③ 'Statement by Roy Wilkins to United Press', 13 February 1956 in NAACP Part 20, Reel 6, General Office Files, Reprisals, Alabama, University of Alabama, Autherine Lucy, Jan.–Feb. 1956; and Letter, Roy Wilkins to Owen Tudor, 14 March 1956, in NAACP Part 20, Reel 6, General Office Files, Reprisals, Alabama, University of Alabama, Autherine Lucy, Mar. 1956.

不过，惊诧并没有掩盖他们的愤怒。一个地方分会主席宣称，"有组织的恐怖主义现在正在全国铸造黑暗幽灵"。威尔金斯说，大学向暴徒投降是耻辱。他还将暴乱归咎于愈演愈烈的大规模抵抗运动，认为"高级政府官员继续蔑视法律，才酿成暴力事件"。[1]

许多美国人和全国有色人种进步协会怀有同样的不满和愤怒。劳工活动家、宗教领袖、大学生、自由派政治家、社论作家和普通公民一起表达了对发生的事情的惊骇。一位纽约州人在给艾森豪威尔总统的一封信中谴责三 K 党[2]的公开暴力行为，并说："对此，每一个正派的、有民主意识的美国人都应该感到震撼。"他认为，这种公然蔑视法律的行径，只会鼓励这些种族主义分子在未来加剧恐怖行为。[3]一些南方白人也反对暴乱。《塔斯卡卢萨新闻》在社论专页谴责校董会堕落，而大学的学生自治协会通过了谴责暴力行为的决议。500 名学生（入学学生总数为 7000 人）联名写了请愿书，要求恢复露西的学业。[4]

当时，美国自诩为"自由世界"的领导人，正设法在非洲和亚洲新兴国家中间赢得人心，不过，高调的种族暴力行为却威胁着其声誉。许多自由主义政治家和社论作家对塔斯卡卢萨暴乱事件感到遗憾，认为这一事件可能会对美国的海外声望造成损害。他们的担心不无道理，奥瑟琳·露西案已成为一个国际著名讼案。莫斯科广播电台抓住这个事件大做文章，认为这是美国虚伪本性的证据，整个欧洲、拉丁美洲的重要报纸以及埃及、尼日利亚和印度等国家的重要报纸，均对此事进行了跟踪报道，大肆批评，一家报纸甚至声称美国种族关

---

① Letter, Roy Wilkins to H. Claude Hudson, 14 February 1956 in NAACP Part 20, Reel 4, General Office Files, Reprisals, Alabama, General, 1956–59.

② 三 K 党是美国的一个奉行白人至上和歧视有色族裔的民间排外团体，也是美国最庞大的种族主义组织。

③ Letter, Ben Atkins to President Eisenhower, 7 February 1956, 1, in 'Lucy, Autherine (1)', Central Files, Alphabetical File, Box 1894, Eisenhower Library.

④ 'What a Price for Peace', *Tuscaloosa News*, 7 February 1956, 1; 'Students Denounce Violence' and Peter Kihss, 'Negro Co-Ed Asks End of Suspen-sion', *NYT*, 8 February 1956, 22; Wayne Phillips, '500 Sign Petition to Readmit Co-Ed', *NYT*, 21 February 1956, 23; Murray Kempton, 'When the Riots Came' (February 1956), in Carson, *Reporting Civil Rights*, Part One, 241–8.

系比南非联邦更糟糕。①

对于南非政府来说，这场危机表明一个遥远的希望，即美国在面对多种族社会的困难时可能会采取教条态度，但在短期内有不少人担心——在许多美国盟友中大有人在——种族困难可能会破坏美国的国际领导地位。②这对南非的种族隔离制度的反对者而言是有意义的借鉴。南非非洲人国民大会的阿尔弗雷德·哈奇森写信给露西，向她表示敬意和声援，声称"她给种族主义怪物以狠命一击，将自由斗争提升到了一个新的高度"。哈奇森说："在世界各地，自由的火焰已经点燃……崭新的太阳冉冉升起……我们的黎明不再遥远。"③

可以理解的是，民权领导人试图将冷战思维变成他们的有利条件。露西本人回击了种族隔离主义者对她以某种方式帮助了美国的敌人的指控。她通过美国政府的广播电台《美国之音》向全世界传播了一个信息：她长期以来一直努力进入阿拉巴马大学，她一直按照"美国精神"行事。④同时，马丁·路德·金在蒙哥马利发表谈话宣称："我们在南方……尊重法律，更健全的法律，我们

① Mary Dudziak, *Cold War Civil Rights: Race and the Image of American Democracy* (Princeton: Princeton University Press, 2000), 141; *Ohio Sentinel*, 11 February 1956, 1; 'Harriman Assails "Mob Rule" in South', *NYT*, 16 February 1956, 20. For the international dimension of the Lucy incident see also 'Moscow Notes Dispute', *NYT*, 9 February 1956, 26; Michael L. Hoffman, 'Lucy Case Draws Soviet Criticism', *NYT*, 17 March 1956, 10; and The American Jewish Committee, memorandum from Paris Office to Edwin J. Lukas, re: European Reactions to Racial Discrimination in the United States, 5 March 1956 in NAACP Part 20, Reel 6, General Office Files, Reprisals, Alabama, University of Alabama, Autherine Lucy, Apr. 1956–1958; Azza Salama Layton, *International Politics and Civil Rights Policies in the United States*, 1941–1960 (Cambridge: Cambridge University Press, 2000), 101–2, 118–22.

② J. E. Holloway, 'J. E. Holloway (Ambassador) to Secretary for External Affairs (Pretoria) Re. Racial Conflict in the United States', March 23, 1956. National Archives Pretoria – SAB – BTS, 1/33/13, vol. 2, Negro Problem in USA, 1953–1958. I am grateful to Nick Grant for bringing this source to my attention.

③ Alfred Hutchinson, 'Against the College Colourbar: A Letter to the Negro Woman Student Who Challenged the Alabama University Colourbar', *Fighting Talk*, May 1956, vol. 12, no. 5 edition.

④ Statement by Autherine Lucy in NAACP Part 20, Reel 6, General Office Files, Reprisals, Alabama, University of Alabama, Autherine Lucy, Apr. 1956–1958.

有优越的民主形式，我们的国家完全可以成为自由世界的领导者。"①

　　那些希望州或联邦强有力的行政领导能够解决危机的人们将大失所望。阿拉巴马州州长吉姆·福尔索姆在佛罗里达州饮酒钓鱼，泰然自若地面对这场危机。作为种族温和派，福尔索姆享有盛誉，虽然强硬派种族隔离主义者的压力日益加重，但他断然拒绝用州警察强制执行种族隔离的要求。他说："正常情况下，所有种族的人都不会过于喜欢对方。"②艾森豪威尔总统也拒绝介入。总统在堪萨斯州的一个种族隔离的小镇中长大，对南方白人有着几分同情。他私下里说布朗案裁定的反对者"不是坏人"，他们所关心的只是他们甜美的白人小女孩不要坐在大块头的黑人身旁。尽管在种族问题上，艾森豪威尔会感到不舒服，但他致力于建立这样一个社会："判断或衡量一个人，主要看他是一个什么样的人，而不是看他的肤色、种族或宗教信仰。"他提出要以循序渐进的方式来实现这一目标，认为"那些试图告诉我可以用武力去做这些事情的人纯属疯子"。③

　　艾森豪威尔的态度也受到他强烈信念的影响，即政府的机动空间在很大程度上受美国联邦体制的限制。白宫在2月8日的记者招待会上，这样描述骚乱："我们大家都感到遗憾，但总统表示只要该州从上至下，能够回到正确的轨道上来，我们可以不采取任何干预措施"。④白宫很清楚，阿拉巴马大学的问

　　①　*Ohio Sentinel*, 11 February 1956, 2 in NAACP Part 20, Reel 6, General Office Files, Reprisals, Alabama, University of Alabama, Autherine Lucy, Jan.–Feb. 1956.

　　②　Howard, *Patterson for Alabama*, 95–7; 'US University Segregation', *The Times* (London), 8 February 1956, 8; Roy Wilkins, Telegram to Jim Folsom, 6 February 1956, in NAACP Part 20, Reel 6, General Office Files, Reprisals, Alabama, University of Alabama, Autherine Lucy, Jan.–Feb. 1956.

　　③　David A. Nichols, *A Matter of Justice: Eisenhower and the Beginning of the Civil Rights Revolution* (New York: Simon & Schuster, 2007), esp., 6, 99, 103–4; Chester J. Pach, Jr. and Elmo Richardson, *The Presidency of Dwight D. Eisenhower* (Lawrence: University Press of Kansas, 1991), 137, 140, 142–6, 148–9; Dwight D. Eisenhower, 'Annual Message to the Congress on the State of the Union', 5 January 1956, in *Public Papers of the Presidents of the United States: Dwight D. Eisenhower*, 1956 (US Government Printing Office: Washington, DC, 1958), 25.

　　④　The President's News Conference, 8 February 1956, in *Public Papers of the Presidents of the United States*.

题不在联邦政府的管辖范围内，因此，任何干预都将"解释为违反各州的宪法权利"。① 由此可见，艾森豪威尔有意将此事留给阿拉巴马州的政治领袖、大学官员和联邦法院解决。由于推翻将露西开除的决定的司法努力以失败告终，大学终于能够把只招收白人学生的体制维持到 1963 年。毫无疑问，种族隔离主义者在塔斯卡卢萨取得了重大胜利，他们的成功将会进一步激发 1955 年晚些时候就学校废除种族隔离制度的尖锐冲突。但他们并不总是占优势。随着蒙哥马利事件的发生，他们这种不妥协态度可能会适得其反。

1 月 30 日，马丁·路德·金的住所遭到炸弹袭击，而两天后遭到袭击的是劳工组织者和全国有色人种进步协会资深活动家 E. D. 尼克松的家，作为该市领导人采取强硬态度的回击。由于谈判未能结束巴士抵制运动，以及与 3 名蒙哥马利改进协会牧师达成协议的企图未果被曝光于世，市长 W. A. 盖尔感到愤怒和尴尬，采取了强硬的态度。1 月 23 日，他在当地电视台播放的谈话中，宣称："我们对这个抵制运动容忍的时间已经够长了，现在是时候坦诚以对了……黑人领导人的所作所为已经证明，他们对结束抵制运动并不感兴趣，他们要无休止地延长抵制，从而引发种族冲突。"据盖尔说，蒙哥马利的白人面临的真正问题并不是城市公交车座位惯例这样一个棘手的问题，而是社会结构是否会"忍受一群黑人激进分子破坏黑人和白人之间已经存在了好几代的良好关系"。盖尔挑衅似地宣布，"白人们不关心黑人是否再次乘坐城市公交车"，他还表示，除非蒙哥马利改进协会准备结束巴士抵制运动，否则，没有进一步讨论的可能。第二天，盖尔和他的同事弗兰克·帕克斯宣布，他们会像他们的同事克莱德·塞勒斯一样，加入白人公民委员会。②

强硬政策的第一个目标是蒙哥马利改进协会的汽车合用组织。这个为非洲裔美国人提供从家往返工作地点的交通系统对巴士抵制运动能否坚持长久至关重要。一群有才华的管理人员维护和实施高度复杂的接送时间表，并通过筹款

---

① Form letter, Maxwell M. Rabb, Secretary to the Cabinet, in 'Lucy, Autherine' (1), Central Files, Alphabetical File, Box 1894, Eisenhower Library.

② Thornton, *Dividing Lines*, 74.

活动进行支持，以支付保险费、燃料和维修费用，提供支持的还有数十名司机（和他们的车辆）。总而言之，这充分展现了蒙哥马利黑人的聪明才智和组织能力。在 1 月份的最后一个星期，警察开始逮捕正在全城各地指定接客点等车的非洲裔美国人，并指控他们"游手好闲"。志愿者司机也成为攻击目标，他们被拦下要求出示驾照、保险单据，说明工作地点；许多人被指控违规驾驶。在这样的压力下，有些人悄然退出，蒙哥马利改进协会不得不向其他人反复保证，将为他们提供法律、经济和精神上的支持。[①]

　　2 月 10 日晚上，在蒙哥马利体育馆举行的公民大会提出，要突出白人的意见。根据《纽约时报》的报道，"大约 1 万名阿拉巴马人踩着脚，高声欢呼着涌进礼堂……挥舞着联邦旗帜，随着乐队奏响 Dixie（南方国歌），齐声欢呼"。那气氛更像是举行一场福音奋兴运动而不是在召开政治会议。州参议员和阿拉巴马州公民中央委员会领导人萨姆·恩格哈特宣称"隔离是南方的惯例，我们不打算取消"，这拉开了大会帷幕。密西西比州的参议员詹姆斯·伊斯特兰则呼吁白人建立统一战线，避免被各个击破。蒙哥马利市警察局局长克莱德·塞勒斯建议，"任何希望废除种族隔离的非洲裔美国人都应该去没有种族隔离的地方"。此话一出便赢得众人的普遍支持，人们开始高声呼喊："让他走，让他走。"塞勒斯在讲话结束时，高呼："我们的战斗口号是维护国家权利，白人至高无上。"[②]

　　在这个吸引各行各业的人参加的集会上，有人散发了传单，宣称"在人类历史的大事中，有必要消灭黑人种族。应该采用各种适当的方法，包括枪支、弓箭、弹弓和刀具"。传单上的话语还传达着，"在巴士抵制运动的各个阶段，白人公民受到虚伪、讨厌、臭气熏天的黑鬼的欺压、贬低"，并警告说，"如果我们继续帮助那些非洲食肉者，有朝一日我们醒来时会发现，坐在白宫里的人

---

　　① 　King, *Stride Toward Freedom*, 116–17; Garrow, *Bearing the Cross*, 55; Thornton, *Dividing Lines*, 73–4.

　　② 　Wayne Phillips, '10000 in Alabama Hail Segregation', *NYT*, 11 February 1956, 1, 4.

变成了马丁·路德·金"。[1] 没有证据可以证明这个臭名昭著的文件得到公民大会的支持。毫无疑问，当成千上万的蒙哥马利白人在看到《蒙哥马利广告人》上刊登的文章时，都惊呆了。虽然这是一个极端的例子，但在这样一个公开会议上散发这种传单让人感到越来越浓的种族敌对气氛。[2] 在巴士抵制运动开始的几个星期里，当地公民大会的成员已经增至 1.5 万人。[3]

虽然该组织采用合法、和平的策略，但毫无疑问，它具有挑衅性的言论和对白人至上理论的坚定支持，激发了种族紧张关系。[4] 蒙哥马利市最重要的黑人领袖乔·安·罗宾逊注意到，在他们采取强硬政策之后，当黑人经过拥挤的汽车时，白人开始对黑人怒目而视。有人会骚扰走在街上的黑人，他们高喊"走，黑鬼，走了"；有人会向黑人身上投掷烂水果、鸡蛋、装满水甚至是尿液的气球。[5] 一个老年人在描述当时糟糕的心情时说："在过去的 11 个星期里，我听到的'黑鬼'字眼比我一辈子听到的都要多。"[6]

2 月，这个城市为终止巴士抵制运动向法院提起诉讼。第一个被起诉的目标是才华横溢的年轻黑人律师弗雷德·格雷，他在俄亥俄州克利夫兰的凯斯西储大学学习法律，毕业后回到家乡蒙哥马利市，并积极投身于如火如荼的民权革命。格雷是全国有色人种进步协会成员和受命教长，并担任蒙哥马利改进协会的首席顾问。[7] 2 月 8 日，他们宣布格雷的兵役状况已经晋升为一

---

[1] 'A Review of the Declaration of Segregation' in NAACP Part 20, Reel 5, 'Alabama-Montgomery Bus Boycott, 1956, folder 1'.

[2] Bayard Rustin, 'Montgomery Diary', *Liberation*, vol. 1, no. 2, April 1956, 9.

[3] William A. Emerson, Jr., 'For Nation: Montgomery', c.5 March 1956, 7, in Newsweek Atlanta Bureau, Box 4, Folder 21, MARBL.

[4] Hoover, 'Racial Tension and Civil Rights'.

[5] Robinson, *The Montgomery Bus Boycott*, 125–8.

[6] William A. Emerson, Jr., 'For Nation: Montgomery' (c. late February), 12 in Newsweek, Atlanta Bureau Records, Box 4, Folder 21, 'Alabama, Montgomery, Bus boycott Drafts, January 1–November 26, 1956, MARBL.

[7] 'Biographical Sketch of Attorney Fred D. Gray', 1–2, in NAACP Part 20, Reel 5, Alabama–Montgomery Bus Boycott, 1956, folder 2.

类 A 级应征者（无限制地服兵役），而后撤消了他的牧师身份。10 天后，大陪审团以莫须有的罪名控告他在一起诉讼案件中未经原告同意就提起诉讼。如果被判有罪，他将被取消律师资格。① 在 2 月 22 日，约有 100 名蒙哥马利改进协会的激进分子（包括约二十几名牧师），依据晦涩的州反抵制法案遭到起诉，被处以 6 个月的监禁，并处罚金 1000 美元。在他们的宣判书中，大陪审团陪审员指责全国有色人种进步协会在蒙哥马利市煽动"不信任、厌恶和仇恨"的情绪。他们说，"我们依照惯例和法律施行隔离，我们打算将其维持下去"。②

这些白人隔离主义者认为不断对黑人进行威胁、骚扰、施暴会破坏甚至终止巴士抵制运动，但是，他们大错特错了。正如马丁·路德·金在 1 月底对他的支持者说的那样，市参议员的强硬政策必将失败，因为"当一个人无路可退时，他最需要的就是勇气"。③ 面对大规模抵抗运动的压力，蒙哥马利市的黑人没有退缩，而是回应以勇气和决心。的确，他们似乎已经从对手的敌对行动中获得了无穷的力量。蒙哥马利改进协会运输委员会负责人鲁弗斯·刘易斯注意到，当金的房子遭到炸弹袭击后，整个黑人社区表现得就像自己的房子被炸毁一样。虽然这次袭击的目的是为了恐吓，但却产生了相反的效果："此事激励社区内的黑人，站立起来，不逃跑，不躲避。"④ 此事也帮助蒙哥马利改进协会确定了直接向隔离制度发起攻击的策略，而不再继续寻求妥协。因此，2 月 1 号，弗雷德·格雷在联邦法院提出诉讼，要求宣布巴士

---

① Rex Thomas, 'Negroes in Bus Boycott Undismayed Despite Mounting Legal Reprisals' (AP), *The State* (South Carolina), 26 February 1956, 14A; Donnie Williams with Wayne Greenhaw, *The Thunder of Angels: The Montgomery Bus Boycott and the People Who Broke the Back of Jim Crow* (Lawrence Hill Books, 2007), 162; Garrow, *Bearing the Cross*, 63.

② '115 Indicted in Montgomery Bus Boycott', 23 February 1956 (Associated Press); Garrow, *Bearing the Cross*, 64.

③ 'Notes of mass meeting at First Baptist Church', 30 January 1956, in Burns, ed., *Daybreak of Freedom*, 131.

④ Hampton and Fayer, *Voices of Freedom*, 28.

隔离法违宪。[1]

鉴于乔·安·罗宾逊在抵制运动之初和日后汽车日常运行方面发挥的关键作用,她成为种族隔离主义者的眼中钉。骚扰一开始是没完没了的交通罚单;接下来是威胁电话。当一块砖头投进她的玻璃落地窗内的时候,罗宾逊开始担心自己的安全。一天晚上,她听到外面一阵骚乱,就在车棚附近,她的那辆崭新的克莱斯勒就停在那里。当罗宾逊从窗户向外瞧时,她看到两名警察。第二天早上,她发现她的汽车被强酸侵蚀了,"车上遍布一美元大小的洞,汽车的顶部、整个敞篷和汽车的一侧,到处都是"。罗宾逊流下了眼泪,但是,她很快就把痛苦转变成了自豪,"我说,'嗯,你知道,这些都是美丽花斑。'大家都想知道那辆车怎么了,我很高兴地说,'是这么回事,警察往车上倒了酸,车被烧了,但却成了美丽的花斑。'"[2]

蒙哥马利改进协会领导人的大规模控诉运动证明种族隔离主义者判断错误。最重要的是,它起到了为抵制运动进行广泛宣传的作用(《纽约时报》首次在头版发布了关于巴士抵制运动的新闻报道,而 ABC 电视台更是做了重点报道)。支持和捐款的消息从全国各地蜂拥而至,许多宗教团体对针对蒙哥马利市黑人牧师的迫害行径表示愤怒。[3]最终,他们把黑人领袖变成殉道者,大规模控诉运动实际上有助于将黑人团结在一起。[4]2 月 22 日,蒙哥马利改进协会在县法院外举行集会,许多被起诉的人自愿到达,穿着他们最好的礼拜服或教士所带的硬白领。"那气氛就好像这是公众假日,许多被告都笑逐颜开,彼此开着玩笑,相互拍打背部。甚至有人表示,一些蒙哥马利改进协会的激进分

---

① Garrow, *Bearing the Cross*, 61; Thornton, *Dividing Lines*, 77.

② Hampton and Fayer, *Voices of Freedom*, 31.

③ Garrow, *Bearing the Cross*, 66, 69; 'Wilkins Asks for Funds for Bus Case Defense', 25 February 1956, in NAACP Part 20, Reel 5, 'Alabama-Montgomery Bus Boycott, 1956, folder 1'. See various letters, telegrams and resolutions of support in NAACP Part 20, Reel 5, 'Alabama-Montgomery Bus Boycott, 1956, folder 1'.

④ Emerson, 'For Nation: Montgomery'.

子对自己不够重要、没有被起诉而感到闷闷不乐。"① 鉴于南方监狱对非洲裔美国人来说非常危险，这些场面就显得非常有意义。据一位观察家说，蒙哥马利市的白人对黑人表现出来的蔑视感到震惊，这个城市的黑人的表现令人激动。② 第二天下午，非洲裔美国人聚集在第一浸信会教堂，在群众集会开始之前，唱赞美诗、祈祷。晚上 7 时，情绪激昂的人群激情沸腾，被起诉的黑人领导人走向教堂前方。大约 5000 人，有男有女，还有儿童，顿时欢呼起来，一些妇女甚至让自己的宝宝碰触经过他们身边的领导人。正如马丁·路德·金所说："曾经恐惧的人已经发生改变，以前面对起诉浑身战栗的人们，现在因为自由而被捕感到自豪。"③

　　一个星期后，大规模起诉产生的特殊影响仍然相当可观。在霍尔特街浸信会教堂举行的群众大会上，一批又一批的牧师纷纷走向讲台，宣布他们不怕坐牢，巴士抵制运动必须继续下去。一位牧师面对欢呼的人群说："不论敌人会做什么，我们都不再害怕……我们关心的是，如何做出贡献，让世人永远铭记。"④ 另一个人宣称，逮捕领导人不会结束抵制，因为"这是你们自己的运动……你们是自己的领导者"。正如金自己所说："我们满腔热情，我们锲而不舍，一定要把抵制继续下去。"他解释说，这次的抵制运动已经不止在蒙哥马利开展，他告诉众人，"全国各地的朋友都在说着一句话，'开弓没有回头箭'"。⑤

① Garrow, *Bearing the Cross*, 65; Williams, *Thunder of Angels*, 170–4; King, *Stride Toward Freedom*, 137–8.

② Rustin, 'Montgomery Diary', 8.

③ King, *Stride Toward Freedom*, 138.

④ Rex Thomas, '"Not Afraid", Say Indicted Ministers' (AP), *Birmingham Post-Herald*, 28 February 1956, 1.

⑤ 'Notes on MIA Mass Meeting at Holt Street Baptist Church, by Donald Ferron', in *The Papers of MLK*, vol. III, 144.

1956
The World in Revolt

春天

向往自由

长途跋涉

对斯大林的攻击，造成不信任、混乱、尴尬和愤怒。

——美国情报报告，1956 年 3 月

1956 年 4 月 25 日，纽约著名出版社哈伯兄弟出版公司出版了图书《长途跋涉》，这是一个真实故事，讲述了一位波兰军官从苏联古拉格集中营大胆逃脱的经历。这本书由前波兰军官斯拉沃米尔·拉维奇撰写。1939 年 11 月，他被俄罗斯人抓获，被指控为间谍。经过秘密警察的严厉审讯和强制性审判之后，他被判处 25 年的强迫劳动。拉维奇在回忆录中，详细描述了苏联警察对他的殴打和逼供。拉维奇被迫在一个窄小的空间里忍受了 6 个月。"那是一个烟囱般的小屋，人在里面只能站着，墙壁像石头棺材一样令人感到压迫。上方 6 米处有一个小得看不见的窗户，射进一束散射光……我们站着排便，站在我们自己的污秽物中。从来没有人清理过那些污秽物。"①

拉维奇在书中描述道，1941 年 4 月，经过西伯利亚劳教所的令人回味的生活之后，他和 6 位同伴大胆地决定奔向自由。他们在距离北极圈以南约 650 千

---

① Slavomir Rawicz, *The Long Walk: The True Story of a Trek to Freedom* (London: Robinson, 2007), 6, 7.

米的雅库茨克附近的营地 303 号铁栅栏下成功地掘了一个洞，这几个逃亡者用了将近一年的时间走了约 6500 千米到达英属印度，到了那里他们安全了。他们一路艰难跋涉，途中经过人迹罕至、酷热难耐的戈壁沙漠，以及海拔极高、极凶险的喜马拉雅山的诡异山口。其中有三人长眠于路途之中。拉维奇的这本自传体小说在出版后引起了不小的轰动。R. L. 韦斯特在《曼彻斯特卫报》中写道："我所读过的现代历险故事，无论是从其给人带来的激情，还是其表现出来的顽强英雄主义启示，均无法与之相媲美。"[1] 同时，《纽约时报》将拉维奇描述为"情感丰富的并拥有钢铁般灵魂的诗人"。[2]

3 月 22 日，美国中央情报局局长艾伦·杜勒斯在国家安全委员会会议上告诉艾森豪威尔总统，赫鲁晓夫对斯大林的发难给东欧的共产党人提出了一个特殊的难题。他指出："这些人几乎都是斯大林时期的产物。"[3] 在东德、波兰、匈牙利等地，不仅是当地政权的存在要归功于苏联（在 1944 年至 1945 年，苏联为他们提供了至关重要的军事和政治支持），就连他们的领导人也要对斯大林无限忠诚。

在"秘密报告"的消息传到东欧集团以后，东欧的共产党积极分子、工人、学生开始打探详情，提出尖锐的问题，并开始要求变革。例如，在捷克斯洛伐克的什捷季造纸厂，积极分子质问"为什么在斯大林死后三年（他们被告知调查斯大林同志一案耗时良久），才披露这些事实"。在皮尔森大型斯柯达工厂，一位官员无法回应工人提出的对斯大林进行评论和揭露的要求，他只承诺"两周左右后再答复"。与此同时，在匈牙利，许多公民对"谴责斯大林"表示赞同。在波兰，人们对"秘密报告"的反应最为直接。

波兰的波莱斯瓦夫·贝鲁特是欧洲的几位"小斯大林"之一，被"秘密报告"直接送命。他在苏联共产党第二十次党代会期间感染肺炎，正在莫斯科医

① R. L. West, 'Out of Siberia', *Manchester Guardian*, 13 April 1956, 6.

② Nash K. Burger, 'Books of the Times', *NYT*, 28 April 1956, 30. See also Harold Nicolson, 'Four Thousand Miles', *Observer*, 8 April 1956, 13; R. D. Charques, 'Enduring to the End', *Times Literary Supplement*, 27 April 1956 (Issue 2826), 249.

③ 'Meeting of the 280th NSC', 7, in Ann Whitman File, NSC Series, Box 7, '280th Meeting of the National Security Council, 22 March 1956', Eisenhower Library.

院看病。赫鲁晓夫对斯大林发难，令他震惊不已，导致心脏病发作。这位波兰领导人再也没有醒过来，最后于 3 月 12 日殒命。他的继任者爱德华·奥哈布在谈到赫鲁晓夫的报告时这样描述道："就像是用锤子击中了头。"虽然意识到"不可避免地会发生并发症"，但他认为，还是"像我们看到的那样说出真相"为好，并希望党和社会在受到打击之后，会"焕然一新"。奥哈布和他的一些比较开明的同事们还认为，赫鲁晓夫对斯大林的诋毁和贝鲁特的死亡对他们而言是一个黄金般的机会，他们可以借机阐明自己的改革主张，从而延续公众的支持。①

3 月 21 日，波兰统一工人党（PZPR）的领导人发动了一场群众性运动，分发了 1.5 万份赫鲁晓夫报告的波兰文翻译文本，让党内积极分子学习。3 月下旬和 4 月，他们在全国各地召开了数千次会议，允许非党员参加，让与会者阅读报告，并进行讨论。这些会议经常持续数小时以上，波兰人表达了他们的困惑和疑虑。对许多人来说，斯大林的形象和声誉被"诋毁"是一次不小的打击。

对其他人来说，公开讨论"秘密报告"提供了提出尖锐问题并进行有力辩论的机会。例如，3 月 26 日在西兹技术大学举行的一次"气氛激烈的"会议上，波兰共产党积极分子要求反对斯大林主义，并谴责苏联对波兰的武装控制（波兰国防部长康斯坦丁·诺维奇·罗科索夫斯基是苏联元帅）。但会议最后在深夜两点不欢而散。同时，格但斯克造船厂的工人大肆奚落赫鲁晓夫对斯大林独自行事的解释，他们问："他如何能决定一切？政治局其他成员都是干什么吃的？"②其他人表示了对民族主义的关切，在他们看来，波兰统一工人党对莫斯科的严重依赖是对波兰主权的侵犯。总理约瑟夫·西伦凯维兹甚至在一次与波兰建筑师的座谈会上受到与会者的挑衅。由于害怕引来太多的异议，中央委员会限制对"秘密报告"的传达范围，但为时已晚。非官方的副本在黑市上以惊人的价格进行交易。正如一个年轻的波兰人所说："这里的人民已经恢复了信

---

① PawełMachcewicz, 'Social Protest and Political Crisis in 1956' in A. Kemp-Welch, *Stalinism in Poland,* 1955–1956 (New York: St Martin's Press, 1999), 103.

② Kemp-Welch, 'Khrushchev's "Secret Speech"', 189, 190, 193.

心，他们不怕向当局说出真话，只要他们认为自己是正确的。"①

在整个春天，波兰陷入了"公众批评的狂欢"，新闻界尤为明显（波兰报纸被认为是颠覆性的，立即受到匈牙利当局和捷克斯洛伐克当局禁止）。许多人撰文批评秘密警察，谴责扭曲斯大林主义的行为，说这会使人民"丧失信心，意志消沉"。

其他地方也出现了不同的声音。在罗兹的五一节游行中，有些学生高举横幅，上面写着"打倒暴君"和"打倒独裁者"。那个月晚些时候，在克拉科夫举办的一年一度的学生节上，数以百计的学生涌上街头，举行游行，要求修改宪法。电车窗被砸碎，一些学生甚至试图闯入广播电台，播放爵士音乐。在整个波兰，俱乐部、戏剧团体如雨后春笋般纷纷涌现，出现了讽刺评论，作家和艺术家也纷纷发表意见。简·科特是一位杰出的戏剧批评家，他感叹这样一个事实："每当事实成为障碍的时候，事实就改变了。如果真正的英雄成了障碍，那么他们就没有存在的理由了。"而诗人安东尼·斯隆尼斯基则指责波兰统一工人党，干涉艺术形式，扭曲国家的文化生活。②

在华沙秘密警察总部，陆陆续续传来报告，市民们拒绝给他们提供情报，甚至以前可靠的线人也不再与他们合作。一些波兰人公开表示敌意。安全部门因滥用权力（包括酷刑、诬陷和监禁成千上万的无辜民众）受到严厉批评，并因数以千计的政治犯大赦受到影响，士气低落。一名来自南方小城镇的年轻的波兰技术人员表示，安全部队官员"好像被阉割一样"，失去了昔日的气势。这样一来，普通党员要求提高透明度，党的所有职位都要民主选举产生。同时，尽管波兰统一工人党继续展开将天主教会边缘化的运动，不过也敌不过成千上万虔诚的波兰人开始争取宗教自由、要求庆祝圣日、公开使用基督

---

① 'Anti-Stalin Campaign Gives Poles New Hope', 24 May 1956 [Electronic Resource]. HU OSA 300-1-2-71381; Records of Radio Free Europe/Radio Liberty Research Institute: General Records: Information Items; Open Society Archives at Central European University, Budapest.

② aul E. Zinner, ed., *National Communism and Popular Revolt in Eastern Europe: A Selection of Documents on Events in Poland and Hungary, February–November*, 1956 (New York: Columbia University Press, 1956), 48, 49, 51.

教符号的热情。

波兰农民对农业合作社、集体农场和苛刻的日用品配额怨气重重，而工业工人也对煤炭短缺、低下的生活水平，以及工资太低愤愤不平。波兰中央委员会在报告中提到"现在面临着许多苦难"，许多人指责陷入困境中的政府。工人也借助官方对"个人崇拜"的批判挑战工厂官员，指责他们冷漠、独裁、无能。[1] 普通波兰人面临的困难因所谓的"黄幕"商店的存在而加剧，那里存留着只供给高级官员而大多数市民只能在梦里见到的商品。此时的风气相对自由开明，有人会听见电车上的乘客嘲弄"个人崇拜的商店"，将其与纳粹占领期间"只供给德国人"的"麦尔"商店相提并论。[2] 4 月，《直率》杂志刊登了一篇措辞尖锐的批评文章，说的是一个身着貂皮大衣的女人，乘坐一辆军用汽车，到摆满了肉食和其他奢侈用品的商店购物。然而，在街道对面，有一大群女人只能在一个市政商店外，站在凛冽的寒风中排队，而商店的货架空空如也。

对于许多波兰人来说，他们对美好未来的希望——改革和实现真正的波兰版社会主义，都集中在波兰统一工人党前总书记瓦迪斯瓦夫·哥穆尔卡身上。哥穆尔卡在 1948 年被解职，三年后因被指控为"右翼民族主义"而被捕坐牢。哥穆尔卡是铁托的支持者，他违背正统斯大林主义，鼓励私营工业企业，反对农业集体化。虽然他在 1954 年年底被释放出狱，但直到 1956 年 4 月才对外公布（尽管几个月以来这已是众所周知的事实）。但是，爱德华·奥哈布声称，给哥穆尔卡定下的间谍罪和颠覆政府罪是"间谍狂躁气氛"的产物，他认为，由于他"思想观念错误"，被开除党籍是有道理的。尽管如此，要求为哥穆尔卡恢复名誉，甚至要求他复职的呼声一浪高过一浪，其势已不可阻挡。有一封寄给《人民论坛报》的匿名信，内容如下："我们想走自己的路……维斯洛威（哥穆尔卡）同志必须复职，必须给了他应得荣誉和尊重……独立的、真正的、人民的波兰万岁。"[3]

---

① Kemp-Welch, 'Dethroning Stalin', 1266.

② Machcewicz, *Rebellious Satellite*, 81.

③ Machcewicz, *Rebellious Satellite*, 83, also 82–5.

东欧其他地方对"秘密报告"的反应至少现在不是那么引人注目了。瓦尔特·乌布利希在东德遇到的反对就比不上波兰,在那里(直到1961年8月建成柏林墙),反对政权的人能逃到西方——1956年有31.6万人。在其他地方,人们更多的是感觉困惑、愤怒和迷惘。4月16日,保加利亚的维尔科·契尔文科夫提出辞去总理职务。就在10天前,他因鼓励对自己的"个人崇拜"而受到谴责。虽然他试图保持任职,但是,莫斯科希望改善与南斯拉夫的关系,便取消了对契切尔文科夫的支持(他们还安排南斯拉夫代表团在索菲亚,目睹对契尔文科夫的羞辱)。

同时,匈牙利的拉科西·马加什曾一度对"斯大林最好的学生"这个绰号感到骄傲,闻讯十分愤怒,他警告苏联未来的领导人尤里·弗拉基米罗维奇·安德罗波夫:"你不应该这么心急。你在国会所做的一切将会给你带来灾难,尽管不知道那会是什么。"[①] 从莫斯科回来后,拉科西准备躲过即将来临的暴风雨。当向匈牙利中央委员会通报苏联共产党第二十次代表大会的情况时,他选择强调自己对"列宁主义集体领导"的热情,而对赫鲁晓夫关于"个人崇拜"的持续批判一带而过。匈牙利高层正式通过一项决议:虽然承认要对经济政策进行调整,而且可以做更多的工作来使党民主化,但肯定了他们的整体做法是基本正确的。他们还表示,要谴责在纳吉·伊姆雷短暂的总理任期(1953年6月至1955年4月)内引进的"右翼扭曲思潮"。在此期间,作为所谓的"新发展蓝图"的一部分,纳吉试图将重点从快速工业化进程转向提高国民生活水平,宣布结束强制农业集体化,并鼓励文化自由。拉科西还试图向匈牙利人隐瞒"秘密报告"的消息。当细节开始泄露(通过新闻、收音机和口口相传)时,他批准出版了一本"秘密报告"的修订版本,在大街上被众人嘲笑为"儿童版"。所有这些措施都没有阻止要求施行莫斯科新线路的进程,也没有阻止民众对生活水准、官僚主义的控诉。

---

① John P. C. Matthews, *Explosion: The Hungarian Revolution of* 1956 (New York: Hippocrene Books, 2007), 103.

3月28日，在北部城市埃格尔举行的一次党的会议上，拉科西感到压力越来越大，他被迫为前内政部长拉伊克·拉斯洛恢复名誉。拉伊克曾经协助刺探国家安全部（AVO，后来被重组为AVH）——匈牙利秘密警察发现，那是拉科西最强大的对手之一。1949年10月，经过残酷的审讯和审判，拉伊克·拉斯洛被冠以"铁托分子""国际间谍"和"社会主义的敌人"等罪名遭处决。拉科西解释说，现在看来，这些指控完全是凭空捏造。为了得到高级安全官员的支持，他试图将责任归咎于匈牙利秘密警察头子皮特。拉科西的个人权威逐渐消失殆尽。3月30日，在一次作家协会会议上，一位年轻的文学评论家指责匈牙利领导人是"手上染满鲜血的犹大"。[①] 就在前几天，在布达佩斯第十三区召开的一次会议上，27岁的历史老师乔治·利特万转向拉科西所在的主席台，直言不讳地告诉他："拉科西同志，匈牙利人民不再相信你。"[②] 利特万不害怕被逮捕，也不介意坐牢甚至被绞死。他的话意味深长。的确，许多普通的匈牙利人公开诋毁曾经令人谈之色变的领导人，戏称他是"秃头凶手"。5月18日，拉科西在布达佩斯做报告时，被迫承认过去的错误，并承担了拉伊克·拉斯洛被处死的一些责任。但是他继续警告人们提防"右倾观点"，并且谴责国内反动派、内部敌人，以及西方持有反对意见的人。然而，许多党的积极分子公开呼吁"审判凶手"。拉科西似乎正在打一场毫无成功希望的仗。[③]

在拉科西认下部分罪行两天后，一场庆祝春天来临的学生狂欢嘉年华，自1948年以来首次在布拉格举行。捷克斯洛伐克青年联盟（CSM）一直把恢复节日作为提高自己在学生中间的信誉的手段。当局最终默许了。那天下午，在乌云密布的天空下，这座城市的人们沿着街道排列成3000多米长的队列，为5000多名学生欢呼，欣赏色彩缤纷的花车。下午一点以后，以"国王"和"皇后"为

---

① Cartledge, *Will to Survive*, 440; Zinner, ed., *National Communism and Popular Revolt in Eastern Europe*, 323.

② Cartledge, *Will to Survive*, 440; Aczél and Méray, *Revolt of the Mind*, 395; see also George Gomori, 'Gyorgy Litvan', *Guardian*, 30 November 2006.

③ Miklós Molnár, *Budapest 1956: A History of the Hungarian Revolution* (London: George Allen & Unwin, 1971), 83.

漫画家大卫·洛笔下的拉科
西·马加什（中）等人被倒
挂在晾衣绳上。

首的游行队伍从旧城广场出发。许多参与者穿着漂亮的衣服，戴着各式各样的面具，打着标语，举着横幅。他们走过布拉格最时尚的大街——巴黎街，然后穿过伏尔塔瓦河右岸的德沃夏克路堤。随后，学生们前往美丽的斯瓦特普鲁克·切赫桥。大桥造型新颖，体现着新艺术主义风格，桥头耸立一座巨大的1.7万吨的大理石材质的斯大林纪念碑——这是一年前刚刚落成的。接着，游行队伍转向河的左岸，进入朱利叶斯·富奇克文艺休憩公园，举行游行后的派对。

学生狂欢嘉年华的起源可以追溯到中世纪，传统上是用来派送教授、庆祝学生生活、进行轻松恶作剧的。但在1956年，它开始具有明显的政治倾向。《纽约时报》记者悉尼·格鲁森描述道，一群学生或头戴高顶丝质礼帽，或身穿漂亮的绸衣，走在"理论"的标语之后；第二组学生，衣衫褴褛，高举着写有"实践"字样的横幅。同时，一系列标语挑衅地指向1952年的几次公开审判："什么更好？""不重要的罪犯被绞死了，那些重犯会逍遥法外吗？""大人物被绞死了，小人物就鸠占鹊巢？"还有一些针对新时尚的带刺的评论，指责"个人崇拜"的顽症。学生们还喊出了口号："现在我们比以前吃得少，但是我们更快乐！""不要建学生宿舍，为'至尊荣耀'建造纪念碑！"众所周知，人们似乎在发泄不满情绪。

　　这种公开表达反对意见的手段虽不寻常，但并不感到意外。据一位观察员说，就在一个星期之前，布拉迪斯拉发的学生的表现形式就"更自由"。在他们的游行队伍中，有一组学生身负重重的锁链，被压得深深地弯下腰，后面跟着一个标有"学术自由"字样的棺材。另一队学生经过时，高举条幅："原则立场坚定，而房屋倒塌！"事实上，这些学生是在捷克斯洛伐克的大学内举行会议，对生活条件、课程质量和学术自由被限制进行批评。这些集会中最重要的是4月26日晚上举行的一场集会，布拉格查尔斯大学的数百名学生参加了捷克斯洛伐克青年联盟地方分会会议。座无虚席的会场令人震惊，在几个小时之内，与会者讨论一项又一项决议，然后一致通过。学生们要求对教育体制和课程进行全面改革，要求员工参与经济决策，坚持党组织和领导干部要"从上至下接受全面的监督"，极力主张国民议会对人民负责。学生们呼吁要积极鼓励营造讨论和批评的气氛，还要求放宽旅游限制。他们批评"机械地套用苏联经验"（认为对国家造成了极大的伤害）的做法，进一步要求"苏联国歌和苏联国旗只有在直接涉及苏维埃联盟时才可以使用"。也许，其中最大胆的一步是，学生直接抨击了国家政权及其领导人，捷克斯洛伐克共产党总书记安东尼·诺沃提尼说："他们要求对1952年的公开审判进行完全透明的调查，并要求采取措施保证严重违法的行为不会再次发生。"[1]会议的部分报告内容于4月28日刊登在《今日青年阵线报》，决议案副本被邮寄给各家报纸、党组织和政府部长。由于没有得到任何形式的正式答复，加之说服报纸公布决议未果，一些学生决定自己传播消息；在几天之内，包括俄斯特拉发和比尔森在内的一些大学通过了类似决议。然而，政府态度坚决，没有丝毫让步的意思。5月12日，教育部部长甚至告诉学生说，他们没有被警察殴打，应该算是很幸运了。4天后，政府调集军队镇压布拉迪斯拉发举行抗议活动的学生。

　　越来越多的人表示异议，不仅有学生，还有作家、学者、艺术家、党员

---

① Faculty of Mathematics and Physics at Charles University, Prague, 'Resolution adopted by the Faculty Organization of the Czechoslovak Youth Union', 26 April 1956.

和一些工作人员，面对这种情况，捷克斯洛伐克的领导人始终不肯让步。波兰和匈牙利出现的令人震惊的传言，坚定了他们的决心，他们想将国内滋生不满情绪的责任归咎于从西德军事基地偷渡到捷克斯洛伐克的"敌特""罪犯"和"人渣"身上。[①] 这种不妥协的做法也用于应对由赫鲁晓夫的"秘密报告"产生的后果。布拉格的领导人强调，莫斯科的自由路线不应该走得太远。例如，他们提醒说："我们的敌人想说服我们，随着国际紧张局势的缓解，和平共处应该在意识形态领域发挥作用。他们希望我们在意识形态上解除武装，以便将我们击败。"[②]

后来有传言说，当局解散了麻烦不断的捷克斯洛伐克青年联盟查尔斯大学分部，这场风波在暑假开始之前被遏制。此事证明，在维持政策现状方面，捷克斯洛伐克的领导人比波兰和匈牙利的领导人能力更强，这受益于共产主义在该国的公众支持率（捷克斯洛伐克共产党在 1946 年的自由选举中的公众支持率为 38%，社会主义政党总投票比例达到了 69%。相比之下，匈牙利共产党的支持率只占 17%）。更重要的是，由于诺沃提尼在斯大林去世后才上台，因此，他可以在斯大林主义中脱颖而出。

脱离帝国

帝国的原有概念——征服、统治和剥削——在一个觉醒的世界迅速消亡。

——克瓦米·恩克鲁玛

1956 年 4 月 19 日，黄金海岸首府阿克拉的立法议会公布了结束英国在西

---

① 'Czechs Warned, Too', *Manchester Guardian*, 3 July 1956, 7.

② Flora Lewis, 'Red Czechoslovakia Is a Drab Gray', *NYT*, 3 June 1956, 42. Matthews, *Tinderbox*, 56–7.

非殖民地统治的具体计划。新宪法将授予国家议会"最高立法权"，议会每五年选举一次，政府除了国内事务外，还要对国防和外交政策负全责。经公民投票，新国家还将包括英属多哥兰——东部 33670 平方千米的领土，由英国在联合国的支持下管理。新独立的国家国名定为加纳——这个名字使人联想到西非伟大的中世纪帝国，旨在激励新一代的非洲人，使他们按照自己的意愿重塑非洲大陆。几个星期后，殖民地国务大臣艾伦·伦诺克斯－博伊德通知众议院说："如果大选在黄金海岸举行，女王陛下的政府将准备接受要求独立的议案……议案将在新当选的立法机关中以合理的多数通过，然后，宣布确定的日期。"[1]

在第二次世界大战后的几年中，覆盖全球表面四分之一的帝国太阳开始陨落。帝国的殖民地、属国、保护国和自治领土曾遍及北美洲、加勒比海、太平洋、地中海、非洲、亚洲、远东和澳大拉西亚[2]，曾经有 4 亿多人生活在英联合王国的国旗下。纳粹德国战败 20 年之后，它几乎被一扫而光——在世界历史上令人瞩目，令众多历史学家百思不得其解。经济实力当然起了重要作用。例如，英国在 1945 年的尴尬局面导致了增加由殖民地供应重要食品、原材料和日用品的份额。这个所谓的"第二次占领殖民地"激起当地人反对英国的统治，使脆弱的殖民统治制度更加紧张。此外，英国战后时期经济相对衰退，意味着维持帝国的负担日益加剧，与之相关的回报越来越有限。在国际层面上，超级大国美国与苏联（两国均在意识形态上反对殖民主义）之间的对抗以及联合国的影响力日益增强（《联合国宪章》确立了"权利平等和自决"的原则），标志着世界进入一个新纪元——一个真正的帝国理应承担一定的国际责任。那么，这个选择就是"首先要逃走，要么就等着与冰山发生不可避免的碰撞"。[3]

"帝国终结"的最重要因素——至少在确定事件传播的速度时——可能是

---

[1]　CAB 129/83/4, 'The Gold Coast', 5, National Archives.

[2]　澳大拉西亚一般指大洋洲的地区。

[3]　Darwin, *The End of the British Empire*, 60; Darwin, 'Decolonization and the End of Empire', 548.

方兴未艾的反殖民主义浪潮。一批又一批的民族主义领袖利用英国的军事和经济困难，趁殖民地政府组织薄弱且长期资源不足之际，抓住时下自决和民主言论流行的机会，克服了重重困难——特别是种族和宗教分裂，以及大多数殖民地国家的边界不确定，动员群众，尽快结束殖民统治。他们的努力引发了多米诺骨牌效应，几乎所有英国的重要海外领地在 20 世纪 60 年代中期都宣布独立，远远超出英国政府的预期。

英国在 19 世纪初期开始经营的殖民黄金海岸是一片美丽而迷人的土地，包括三个性质截然不同的地区。一是殖民地。人口密集的沿海地区（它占据了阿克拉市、海角海岸和塞科迪市）到处是干旱的灌木丛，主要种植棉花树和椰子树。二是中亚阿桑特地区。这里有广袤的热带森林和可可农场。三是北方领地。这里有一望无际的热带草原，居民主要以耕种维持生计。到 20 世纪中期，这个西非殖民地成为英帝国最先进的殖民地。凭借可可豆，以及黄金和钻石的出口，黄金海岸的经济得以蓬勃发展，有着众多的城市人口、发达的慈善救济机构、完善的州立学校体系，以及发展迅速的铁路和公路网络。与大多数其他非洲殖民地不同，黄金海岸的 400 万人口，绝大部分方言相似，习俗相近，文化相同。这里没有树大根深的白人定居者，情况也不复杂。与其他地方不同，黄金海岸基本没有去殖民地化的障碍。

在伦敦，决策者们知道第二次世界大战不但使非洲人（特别是返回家园的军人）增强了政治意识，而且促成了对殖民主义抱有敌意的国际气氛。他们也十分清楚，殖民地的社会和经济发展需要土著居民的参与。因此，他们为非洲殖民地制定了"新"政策，促进"有效的地方代议制政府"的形成，增强其执政能力，逐步使其承担"地方事务的全面责任"。尽管在 20 或 30 年内，可能实现"内部自治"，但是，我们今天所理解的"独立"最初并不在决策者的考虑范围内。①

在黄金海岸，总督艾伦·伯恩斯爵士鼓励施行一系列政治改革，并于 1946

---

① Hyam, *Britain's Declining Empire*, 139–41.

年引入一部新宪法，宪法委员会首次在选举中获得了多数席位。伯恩斯起初很有信心，因为结果表明"人民"真的"很开心，很满意"，但是，这种信心很快烟消云散了。1947 年，曾经在牛津大学接受教育的律师 J. B. 丹卡博士创建了联合黄金海岸公约组织（UGCC），要求在最短的时间内实现自治。1948 年 2 月底，阿克拉发生骚乱，起因是对经济现状的种种不满（高通货膨胀率和消费品短缺）。骚乱持续了数周，造成 29 人死亡，200 多人受伤。国家处于紧急状态。而后，在 1949 年 6 月，年轻的中尉克瓦米·恩克鲁玛组建人民党 (CPP)。其目的是"为加纳人民争取独立而不懈斗争"，而恩克鲁玛则以"自治政府"这个不太引人注目的口号召集他的军队。[①]

著名的非洲裔美国作家理查德·赖特是这样描述恩克鲁玛的："身材瘦小，皮肤黑而光滑。脸盘大大的，一双眼睛看似在沉思，却又透着几分警觉。嘴唇厚厚的，头发浓密而卷曲。双手缓慢而不安地移动，显得有几分紧张。"[②]他于 1909 年 9 月出生在恩可拉福尔村，这个村庄位于加纳西南部，离海边只有几千米，到处可见低矮的小泥屋和一片片竹林。恩克鲁玛在阿克拉的阿奇莫塔威尔士精英学院接受培训，成为一名老师，然后前往宾夕法尼亚州林肯大学研习神学（上大学时经常出去打工，当过旅馆服务员和洗碗工，还在街角卖过鱼）。1945 年 5 月，他到伦敦学习法律，并迅速投身于反殖民主义和泛非主义事业中。1947 年，他回到阔别 12 年之久的家乡，倾尽才华帮助丹卡执行《联合黄金海岸公约》。但是，恩克鲁玛是一位马克思主义者，在第一次世界大战之后的几年，他憧憬着一个骄傲、团结和独立的非洲，这一愿景的倡导者是出生在牙买加的黑人民族主义者和世界黑人进步协会主席马库斯·加维；他还受到圣雄甘地的开创性思维的启发——以非暴力手段反对大英帝国的统治。很快，他就对联合黄金海岸公约组织的可敬的中产阶级"傀儡"（如他所说），以及他们

---

① Austin, *Politics in Ghana*, 7–9, 11; Hyam, *Britain's Declining Empire*, 146–48; Brendon, *Decline and Fall*, 516–19; 'Constitution of the Convention Peo-ple's Party' in Nkrumah, *Autobiography*, 291.

② Brendon, *Decline and Fall*, 517.

以渐进主义方法结束殖民地统治的思想大失所望。反过来，丹卡及其同党把恩克鲁玛看成是一个危险的狂热分子。1949 年 6 月，他们解除了恩克鲁玛的联合黄金海岸公约组织秘书职务，但恩克鲁玛马上成立了一个对抗组织——人民党，正式向群众宣传自己的思想。

毫无疑问，英国人愿意与丹卡和他同志中的温和派谈判，并且在私下里贬低恩克鲁玛，称他为"我们当地的小希特勒"。[①]但是，1950 年 1 月的那次成功的国民反抗运动，和当年的全国市政选举表明，人民党是一股不可小觑的力量。在 1951 年的大选中，它赢得了国民议会 38 个席位中的 34 个席位。恩克鲁玛在他的监狱牢房（他因支持群众抗议活动获刑 3 年）里指挥选举工作，他将指示写在厕纸上设法传出去；他在阿克拉的选举中以 20780 票对 1451 票击败他的竞争对手联合黄金海岸公约组织，获得胜利。[②]1949 年 8 月，接替伯恩斯当州长的查尔斯·诺布尔·阿登爵士，最后选择与恩克鲁玛合作，也就不足为奇了。

1951 年 2 月 12 日下午 1 时，这位人民党领导人走出詹姆斯堡监狱的大门，受到众人热烈欢迎。他上了一辆敞篷车，驱车前往附近的竞技场参加集会。几年后，恩克鲁玛写道："很难用语言描述当时的经历。汽车以蜗牛般的速度缓慢行驶，就像一艘船在巨浪滔天的海面上被强大的海流牵引着。眼前数千名支持我的人，他们的欢呼声震耳欲聋，令我眼花缭乱。"第二天上午，恩克鲁玛走进克里斯琴斯城堡的庭院，这个 17 世纪的商栈是殖民地政府的所在地。这是他第一次到这里来，"碉堡上城垛的石头泛着白光，前院的布局令人印象深刻，这宏伟壮观的建筑美得令人称奇，我仿佛来到一个全新的世界"。[③]刚进到

---

① Hyam, *Britain's Declining Empire*, 148, 150; Brendon, *Decline and Fall*, 517–19; Nkrumah, *Autobiography*, 66–78; Austin, *Politics in Ghana*, 12.

② Brendon, *Decline and Fall*, 519–20; Austin, *Politics in Ghana*, 88–90, 103; Nkrumah, *Autobiography*, 110–22; David Birmingham, *Kwame Nkrumah: The Father of African Nationalism* (Athens: Ohio University Press, 1998), 34–5.

③ Nkrumah, *Autobiography*, 135, 137. On the veracity of Nkrumah's account of his release see Birmingham, *Kwame Nkrumah*, 36–7.

里面，屁股还没有把椅子暖热，他就受邀成为政府事务领导。一年后，这个职位升格了，恩克鲁玛成为殖民地总理。1954年第二次大选胜利之后（这次人民党赢得国民议会104个席位中的72个席位），英政府任命了全非洲内阁，黄金海岸的全面自治也似乎指日可待。具有讽刺意味的是，结束大英帝国统治的最大障碍却来自殖民地本身。

　　1954年9月19日上午，成千上万的阿桑特人穿着传统丧服，聚集在阿散蒂地区的神圣的亚厘河的源头。将近中午时分，古代的战斗号角和呐喊声响彻四方："阿散蒂勇士，我们前进，决不回头。"伴随着战鼓的节拍，一面巨大的旌旗临风招展，绿色象征着茂密的森林，金黄色象征着矿产资源，黑色象征着阿散蒂的祖先。在旗帜的中心，可可树之下，是该地区象征财富的可可豆荚，还有豪猪——曾经是强大的阿散蒂军队的象征。截止到目前，广大民众已经赞同组建民族解放运动组织（NLM）的计划，旨在将黄金海岸从独裁统治下解救出来。民族解放运动组织主要要求给农民支付可可钱，恩克鲁玛政府最近做出规定：每60磅可可，付72先令。价格翻了一番。黄金海岸出台了一项新的联邦宪法，将保证各地区的自主权。尽管对可可价格的不满是直接的催化剂，但民族解放运动组织的成立反映了对经济剥削和腐败的深刻关切，以及对阿克拉集权的真正担忧。事实上，广大阿散蒂人对黄金海岸的魅力领袖并不信任，正如英国的一份报告所说，阿散蒂的国王阿散蒂土王相信，世上只有"阿散蒂民族主义"，而没有"加纳民族主义"；"恩克鲁玛博士是一个疯子，一旦他在一个独立的黄金海岸掌握权力，他在阿散蒂的对手就会被割断喉咙"。[①]

　　面对愈演愈烈的街头暴力——包括向汽车和住宅投掷燃烧弹，以及脱离联邦的不祥流言，双方最终达成妥协。虽然不会制定联邦宪法（恩克鲁玛和英国人相信一个统一的政府效率会更高），但是这些地区有更大的发言权。恩克鲁玛虽然十分不情愿，但还是同意举行大选，以解决宪政危机，并获得争取独立的民主权力。

---

　　① CO 554/805, no. 22, in Rathbone, *BDEE*, 112.

1956 年的竞选异常激烈。民族解放运动组织谴责人民党为"盗贼、流氓、叛徒、恶棍"。它在阿散蒂中心地带的集会吸引了包括年轻人、老人、市场妇女、农民、小商人、老师和职员在内的热情观众,人们向阿散蒂土王和金凳(神圣的王位)表示忠诚,宣扬阿散蒂的军事实力。同时,人民党也对选民表明自己的态度。

你所要做的就是问自己两个问题:

(1)我是否想要自由和独立,让我和我的孩子可以在加纳这个自由独立的主权国家生活?

(2)我是否想回到帝国主义、殖民主义和部落封建制度的日子?

恩克鲁玛和他的支持者声称,获得独立以及击败妄想分裂国家的"破坏者"和"部族主义者"的唯一办法,是投票支持人民党。恩克鲁玛在整个竞选活动中重整旗帜。例如,在阿克拉举行的一次选举大会上,他告诉他的同胞们说:"已经到了山穷水尽的地步。我们要么走向通往自由之路的金色大门,要么原地踏步,畏缩不前,现在一切都由你们决定。"[1]

7 月 17 日星期二,黄金海岸的民众去投票站投票。《泰晤士报》驻殖民地记者为读者描绘了一幅异国情调的画面:"在南方的港口和城镇,在带有阳台的两层楼房……尽管有许多'女商人'穿是漂亮的花'衣服',但是,绝大多数男性选民进来时身穿欧洲生产的西装,或着短裤和单针衫。"相比之下,"在阿散蒂的泥泞村庄中,参加选举的种植可可豆的农民穿着色彩明亮的宽袍,衬托出他们肌肉强健的身躯"。尽管担心暴力袭击,但选举日当天有序和平。投票率不高,约有一半的注册选民将选票放在带有党派标志的盒子中(红色公鸡代表人民党,绿色和黄色可可树代表民族解放运动组织),然后将拇指染上擦不掉的墨水。人民党表现强劲,在阿散蒂获得了 43% 的民众选

---

[1] Nkrumah, *Autobiography*, 269.

当伦敦宣布黄金海岸即将独立之后，弗朗西斯·恩威亚·克瓦米·恩克鲁玛赢得胜利。

票，最终夺取了新国民议会中 104 个席位中的 71 个席位，并迅速通过了一项要求独立的决议。[①]

　　1956 年 9 月 18 日中午，弗朗西斯·恩威亚·克瓦米·恩克鲁玛在议会大厅郑重宣布，殖民地国务大臣刚刚正式发布公告，确认"女王陛下政府将第一次有机会向英国议会提交一份要求黄金海岸独立的草案，经议会批准之后，女王陛下政府批准黄金海岸于 1957 年 3 月 6 日全面独立"。恩克鲁玛回忆说："有好几秒钟，整个议会大厅一片沉寂，人们面面相觑，目瞪口呆。旋即，众人爆发出震耳欲聋的欢呼声。"他的许多同志都流下激动的泪水。在一片混乱之中，恩克鲁玛被抬向街头，欢呼的人群聚集在一起，庆祝着来之不易的胜

---

　　① Austin, *Politics in Ghana*, 354, 355.

利。恩克鲁玛后来写道："这是我一生中最重要的胜利时刻。"①

1956 年，英帝国势力在其他地方也面临压力。这一年年初，苏丹正式独立。苏丹自 1899 年以来，是英埃"共同统治的国家"，当然，事实上就是一个英国殖民地。1956 年 1 月 1 日，经过复杂的外交谈判，埃及撤出自己的主权要求，苏丹共和国诞生了。之后的 3 月 1 日，约旦 20 岁的国王侯赛因解除了阿拉伯军团司令约翰·巴格特·格列布中将的职务。格列布被埃及人指责为"帝国主义蝎子"，是英国在中东地区的代言人，他被迫离开，这成了当时的英国首相安东尼·艾登及其政府的耻辱。但是，在 1956 年最初几个月，大英帝国最为严峻的挑战来地中海的塞浦路斯岛。

3 月 9 日下午 3 点，塞浦路斯大主教、塞浦路斯东正教精神领袖马卡里奥斯三世，由他的宫殿坐车赶到尼科西亚机场，飞往雅典，出席几个会议——与希腊支持者商讨塞浦路斯问题。一个多小时后，当马卡里奥斯走上柏油路时，突然发现自己被英军包围，而后被引领到跑道上的一个隔离区域，然后被捆绑起来，塞进黑斯廷斯二型运输机。在亚丁停顿加油后，马卡里奥斯的飞机在内罗比降落。在那里，一个武装护卫队把他护送到了蒙巴萨市肯塔基港。马卡里奥斯被移交给皇家海军监管，他们登上"法达湖号"（HMS Loch Fada）护卫舰，航行 1448 千米，抵达印度洋塞舌尔群岛最大的海岛马希岛。他将被软禁在殖民地长官的乡间别墅桑苏西（英国内阁否决了一项较早的计划，将马卡里奥斯软禁在一个更朴素的住宅，当他们发现这个地方竟被命名为"巴士底狱"时，不禁大惊失色）。塞浦路斯总督、陆军元帅约翰·哈丁爵士在广播中发表讲话，就将马卡里奥斯流放到印度洋一事，指责这位大主教"在警察和士兵被残忍害死时保持沉默，在妇女和儿童被炸弹炸死或致残时保持沉默……他的沉默被他的子民理解为对暴行的宽容，甚至是对暗杀和投掷炸弹的赞许"。②

---

① Nkrumah, *Autobiography*, 284–6.

② Nancy Crawshaw, *The Cyprus Revolt: An Account of the Struggle for Union with Greece* (London: George Allen & Unwin, 1978), 168–9.

塞浦路斯在 1878 年由奥斯曼帝国割让给英国，长期被其统治者忽视，在20 世纪 50 年代却成为重要的战略资产。凭借这个岛的机场，英国皇家空军轰炸机可以攻击苏联南部的战略目标（包括油田）；这个皇家殖民地也可以在中东为英国提供重要的立足点，尤其是当他们的影响力受到挤压时。但此时，英国不仅要面对殖民地自决的要求，还要应付希腊与塞浦路斯合并运动，这在世界范围的宗主国中是独一无二的。这种情况是伦敦方面所不能接受的，尤其是因为这将为其他地区（特别是直布罗陀）提供一个危险的先例，并激怒岛上的土耳其少数民族和安卡拉政府。实际上，英国陷入两个北约盟国的夹缝之中，希腊拥护希腊与塞浦路斯合并运动，支持塞浦路斯在联合国的事业，而土耳其则希望看到土族塞人的权利受到保护。鉴于希腊政局长期不稳定，英国人也担心，希腊与塞浦路斯合并运动可能导致伦敦突然面对与其在军事和岛上战略利益持敌对态度的雅典政府。

尽管如此，希腊人支持希腊与塞浦路斯合并运动，这股力量不容小觑。1950 年 1 月，东正教组织全民投票，共有超过 21.5 万名男女（大约有 96% 的希腊成年人）投票支持与希腊联盟。公元 45 年，由使徒圣巴拿马创立的塞浦路斯教会在岛民生活中占据举足轻重的地位。5 世纪，罗马皇帝芝诺授予它独立地位，赋予其精神和世俗事物的独立管辖权，并授予大主教如下特权：允许他携带权杖，而不是传统的牧杖；在法衣里面穿着皇帝专用的紫色，用朱笔签署法令。1950 年 6 月 28 日，马卡里奥斯三世在 39 岁时当选为新大主教，并很快成为希腊与塞浦路斯合并运动的精神和政治领袖。

马卡里奥斯是一个牧羊人的儿子，原名米哈伊尔·克里斯托多洛·穆斯科斯，于 1926 年进入著名的奎科斯拜占庭修道院，然后去雅典大学深造，接下来又到波士顿的一所神学院学习。这位民族主义者风华正茂，精力充沛，见多识广，知识渊博，极富个人魅力。英国诗人詹姆斯·芬顿写道："长袍，头饰，虬髯，微笑，处处彰显英气；他成就斐然，是时势英雄。"马卡里奥斯更是一个坚定的福音宣教士，在担任圣巴拿巴大主教期间，他承诺说："不要让我闭上眼睛睡眠，直到插上金色翅膀的太阳出现，宣布实现民族解放的那一天。"①遗憾的是，对英国来说，希腊与塞浦路斯合并运动不仅限于精神层面。

1955 年 4 月 1 日（愚人节），塞浦路斯斗士国家组织（EOKA）开始了"将塞浦路斯从英国的枷锁中解放出来"的运动，炸毁了尼科西亚、利马索尔和拉纳卡的政府大楼。这个组织的领导人乔治·格里瓦斯上校是狂热的希腊与塞浦路斯合并运动支持者。格里瓦斯于 1898 年出生在塞浦路斯东部法马古斯塔，在十几岁时迁到希腊。一位记者如此描述："他年纪在 56 岁上下，高约 1.68 米，脸庞宽大，大耳垂肩，面部表情严峻，蓄着标志性的小胡子，头戴贝雷帽，沉稳，顽强，能力超群，是勇敢无畏的职业战士。"②他是希腊军队的现役军人，在第一次世界大战期间曾转战巴尔干地区，1921 年至 1922 年在小亚细亚地区，1940 年在阿尔巴尼亚阵线。格里瓦斯先生是一个神秘莫测的人物，在抵抗纳粹占领（他的确切作用依然神秘）期间闻名遐迩。而后，在 1944 年爆发的内战期间，他领导了一支极右翼准军事部队，致力于恢复希腊君主制。在尝试从政失败之后，格里瓦斯将重点转移到希腊与塞浦路斯合并运动，并开始制定游击队行动计划，旨在将英国人从他的出生之地驱逐出去。发生在 1955 年 4 月的袭击标志着持续的武装运动开始了。英国决心将塞浦路斯排除在"帝国收缩进程"之外，但塞浦路斯人认为他们"非常有资格决定自己的未来"。这次运动恰恰反映了这两种信念之间的冲突。英国拒绝塞浦路斯进行自决，加剧了他们的愤慨情绪。其他地方的帝国收缩进程在悄然进行——当然，最主要的是在黄金海岸。英国人决心粉碎叛乱，部署了数千人的部队，采取了一系列镇压措施，包括未经审讯羁留，禁止罢工和集会，干扰无线电广播，宵禁，关闭"麻烦"学校，任意使用死刑。这些政策，只是让事情变得更糟。

局势的恶化使得马卡里奥斯大主教和殖民地大臣艾伦·伦诺克斯－博伊德能够在 1956 年 2 月底之前，就严峻的形势进行最后一次谈判。伦诺克斯－博

---

① Brendon, *Decline and Fall*, 615; Holland, *Britain and the Revolt in Cyprus*, 24–5.

② Holland, *Britain and the Revolt in Cyprus*, 29–30; Robert Stimson, 'Grivas: Wanted Man of Cyprus', *The Listener*, 29 September 1956, 408.

伊德身高 1.95 米，温文尔雅，充满生气，魅力四射，有着超强的记忆力。伦诺克斯－博伊德于 1931 年 10 月首次入选下议院议员，在第二次世界大战期间曾经在皇家海军服役，1954 年 7 月底被任命为殖民地大臣，按照他同时代的迈克尔·富特的说法，他是"一个没有任何限定性条件的真正的保守党"。[①] 但是，在殖民地大臣这个职位上，作为帝国的顽固派，他的务实态度令人惊讶；在尼科西亚会谈前夕，他呼吁首相安东尼·艾登认同这个事实：任何形式的复兴国民议会都应吸纳占多数的希腊人。由于担心自己党内的消极反应，首相拒绝了这个"拉拢人的办法"，召开了首脑会议。这次在英国圣公会官邸举行的谈判很快就破裂了；伦诺克斯－博伊德对大主教说的最后一句话是"愿上帝拯救你的子民"。[②]

英国人深信，马卡里奥斯是塞浦路斯斗士国家组织武装运动的同谋，现在要把他流放。这一推理的根据是：1952 年 7 月，马卡里奥斯与格里瓦斯一起宣誓发出了"神圣的誓言"，支持希腊与塞浦路斯合并运动，而马卡里奥斯虽然从未明确地支持暴力运动，不过他宣称"我们会接受援助，即使他的双手肮脏"。[③] 英国人还声称，马卡里奥斯在塞浦路斯斗士国家组织的成立和主要行动规划中发挥着主导作用，或者格里瓦斯只是这位高级教士的"追随者"，两人之间的关系令人捉摸不透。在谈判进行的过程中，2 月 29 日，塞浦路斯斗士国家组织的炸弹震撼了尼科西亚，此事提醒了马卡里奥斯：为了恐吓英国人，他有"被出卖"的危险。

将大主教流放可能会使英国保守党和新闻界中的右翼人士感到兴奋，但在其他地方却会招致愤怒。坎特伯雷大主教杰弗里·费舍尔博士对教会领导人遭监禁深表不安，说世界上许多人会把英国的做法视为"亵渎神圣"。与此同时，

---

① Murphy, *Alan Lennox-Boyd*, vii–viii, 33, 66, 102, 110.

② Murphy, *Alan Lennox-Boyd*, 104; Holland, *Britain and the Revolt in Cyprus*, 113–14.

③ Holland, *Britain and the Revolt in Cyprus*, 29, 30; Brendon, *Decline and Fall*, 616.

前首相艾德礼伯爵也挖苦地说："过去的反叛者迟早会成为英国首相。"[1] 在美利坚合众国，一位记者警告说："从奥瑟琳·露西所在的国家发出的建议可能在英国不会被接受，甚至在很大程度上被忽视了。"许多美国人认为，英国人在地中海地区实行的殖民帝国主义是最后一站了。纽约市长表示要声援塞浦路斯人的事业，劳工领袖乔治·米尼要求塞浦路斯进行自决。在伦敦的令人沮丧的备忘录中，政府部门官员通报说，英国人犯了一个可能使情况恶化的"严重错误"。[2]

丹麦、荷兰和西班牙新闻界也有强烈的批评声音，而《挪威日报》指责英国施行老式殖民主义。苏联的新闻报道出人意料地采取了克制态度，可能是由于赫鲁晓夫和布尔加宁不久将对英国进行正式访问的缘故吧。然而，在波兰，批评的声音非常尖锐。《人民论坛报》谴责将马卡里奥斯残酷流放的行为，并说英国人是伪君子。英国曾谴责波兰政府软禁华沙大主教斯特凡·威斯津斯基，现在伦敦却把一个高级教士关押了起来！

东地中海的反应更为激烈。在克里特岛伊拉克利翁，英国领事馆被洗劫一空，英国欧洲航空公司的办公室遭到袭击，雅典爆发了愤怒的示威游行，塞萨洛尼基有 2000 名学生在街头设置木制路障，并与警方发生冲突。与此同时，塞浦路斯举行了全面罢工，城市陷入瘫痪，英国军队在利马索尔遭遇石块袭击，随即向数百名抗议者发射催泪瓦斯弹，并用警棍驱赶、殴打抗议者。同时，塞浦路斯斗士国家组织宣称"为了自由的塞浦路斯战斗到最后一口气；他们加紧了行动，袭击英国人的房屋，攻击英军士兵和军事基地。塞浦路斯斗士国家组织还处置可疑的通敌者。例如，在一个名曰霍拉的小村庄，"三个蒙面男人走进咖啡店，命令所有客人双手放在墙上站好，然后挑出来三个人，告诉他们：'你们是叛徒，必须付出代价。'其中两人被枪杀，第三人被子弹打在手

① Kennett Love, 'Britain's Primate Deplores Exiling of Cyprus Cleric', *NYT*, 16 March 1956, 1, 4.

② Cooke, 'Makarios a "Martyr"'; 'Action on Makarios Dismaying to U.S.', *NYT*, 10 March 1956, 2; 'Washington to Foreign Office', 10 April 1956, FO 371/123882/RG1081/706.

上，捡回一条命"。①

格里瓦斯的目的是"对敌人进行攻击，攻击，再攻击，永远不给他们喘息的机会，无论他们身在何处……只有发起无处不在的攻击，我们才不会遭受攻击"。②塞浦路斯斗士国家组织在岛上进行炸弹袭击、枪杀、伏击和破坏，目标是岛上的警察部队（越来越依赖于临时调派的英国军官和当地土耳其新兵）以及英国军队。格里瓦斯的军事力量，虽然现役军人的人数从来不会超过 200 多名现役军人，但人人敢于冒险。3 月 3 日，塞浦路斯斗士国家组织的一枚炸弹在尼科西亚机场摧毁了一架爱马仕飞机，由于发生不可预见的延误，机上 68 名乘客才幸免于难。两个半星期后，他们在总督的床下面放置炸弹，差一点儿将其炸死。5 月 10 日，两名塞浦路斯斗士国家组织的战斗人员被绞死在尼科西亚中央监狱的庭院里，随后，作为报复，格里瓦斯处决了两名英国人质。

在阿尔及利亚，随着冲突的加剧，双方都发生了骇人听闻的暴行。例如，7 月 8 日，在岛上待了 5 个月的海关官员乔治·卡比里和他的妻子马乔里开车到凯里安海岸野餐时遭到伏击。当汽车行驶到一条僻静、绿树成荫的小路上时，他们受到手持自动武器、霰弹枪和手榴弹的塞浦路斯斗士国家组织枪手的袭击。怀有身孕的 31 岁的马乔里当场毙命，她的丈夫死于路边。10 月 23 日，雷夫科尼奥高中足球场边的水龙头下面埋有一枚大型炸弹，在军队橄榄球比赛结束时被引爆（两个年轻女孩通过挥舞手帕发出信号）。爆炸事件造成 2 名年轻士兵死亡，另有 4 名士兵受重伤。对这次袭击，英国人毫不掩饰地表示愤怒。格里瓦斯回忆说："军队冲进村庄，见人就打，遇人就踢，他们砸毁窗户，洗劫商店……逮捕每一个可以找到的人，将他们带到乡村广场，让他们双手举起，靠墙站立，然后，用脚踢，用拳打，用枪托砸。"③

---

① FO 371/123880/RG1081/652, Washington to Foreign Office, 29 March 1956; 'Greek Rioters Stone Troops', *Manchester Guardian*, 11 March 1956, 1; 'Bomb Attacks on Families', *Manchester Guardian*, 16 March 1956, 1; 'Cyprus Crippled in Protest Strike; British Use Force', *NYT*, 11 March 1956, 1, 9.

② Foley, *Memoirs of General Grivas*, 67.

③ Foley, *Memoirs of General Grivas*, 96.

在整个"塞浦路斯紧急状态"时期，英国人在英帝国（最臭名昭著的是在肯尼亚，在试图粉碎茅茅党的过程中，国家几乎变成了一个警察国家），常常采取镇压措施，包括集体惩罚、报复、严酷审讯，甚至残暴地折磨被捕人员。艾伦·斯塔夫在伞兵团服役，他描述了在该岛北部的特维贝萨附近的一次行动的经历，他的部队发现了 5 名藏在谷仓里的塞浦路斯斗士国家组织的士兵，同时发现的还有枪支、炸弹和弹药。"我们只是负责看守这些家伙，等着警察到来，他们是特别支队。他们真的打了那些人的屁股；我可以听见他们在哭泣。我们都不喜欢这样……"虽然这样的战术使得塞浦路斯斗士国家组织的战斗力下降，但也引起了他对英国人的憎恨，加强了人们对格里瓦斯的支持，"我们现在都是塞浦路斯斗士国家组织的一分子！"[①]

结束英国在塞浦路斯的统治的斗争持续了 4 年，有 500 多人丧生（其中 230 人是平民），另有 1200 人受伤，其中许多人伤势严重。[②]正如法国人在北非经历的一样，坚持维系帝国的统治可能是一件痛苦而血腥的事情。

帕莱斯特罗大屠杀

每有一个抵抗战士被送上断头台，就屠杀 100 名法国人。

——民族解放阵线，1956 年 6 月

1956 年 5 月 18 日，21 名法国后备役军人在距离阿尔及尔东南部 80 千米附近的帕莱斯特罗崎岖的乡间道路上进行例行巡逻。在穿过杰拉拉村进入陡峭

[①]　Brendon, *Decline and Fall*, 621–2; George Clay, 'More Murders in Cyprus', *Observer*, 3 August 1958, 1; David Bonner, *Executive Measures and National Security: Have the Rules of the Game Changed?* (Aldershot: Ashgate Publishing, 2007), 166.

[②]　'Casualty Tables' in Crawshaw, *The Cyprus Revolt*, Appendix 6.

1956 年 5 月，在阿尔及利亚帕莱斯特罗附近的民族解放阵线的一次伏击中，一些年轻的法国士兵丧生，图中是他们被覆盖着国旗的棺木。

荒凉的峡谷之后，这些人遭到阿里·霍贾指挥的民族解放阵线 ① 武装成员的伏击。阿里·霍贾是一个有感召力的人物，他在 1955 年被法国军队开除。几分钟内，就有 17 个士兵被击毙——大多是近距离射击，还有 4 人被俘。当天晚上，法国军队发现巡逻队没有返回基地，就拉响了警报，并派出搜索队。在搜索队到达伏击地点时，他们被眼前的惨相惊呆了，至少有两具尸体已经残缺不全了——睾丸被切了下来，尸体里塞满了石头。② 作为回应，第 10 空降师指挥官贾可·马苏，派出 7 个营，连同数架直升机，寻找失踪的士兵，追捕死亡事

---

① 指成立于 1954 年的阿尔及利亚民族解放阵线。当阿尔及利亚于 1962 年 7 月获得独立后，民族解放阵线被宣布为全国唯一政党，1977 年改名为阿尔及利亚民族解放阵线党。

② Michael Clark, 'French Soldiers Lost in Algeria', *NYT*, 20 May 1956, 9; Horne, *Savage War of Peace*, 152–3; Evans, *Algeria*, 166; Joshua Cole, review of Raphaëlle Branche, *L'Embuscade de Palestro: Algérie 1956* (Paris: Armand Colin, 2010), *H-France Review*, vol. 11 (July 2011), no. 161, 1.

件的凶手。在随后的冲突中，有 10 多个武装分子、50 位村民被杀，数百人被捕。但是，阿里·霍贾设法逃避制裁。在 4 名失踪的法国士兵中，有一人被救出，一人死在自己人的枪口下，另外 2 人活不见人、死不见尸。[①]

春天发生在帕莱斯特罗的暴力事件并不太厉害。在冲突发生的时候，每天都有袭击、破坏和谋杀。例如，5 月 6 日的报告如下。

> 在阿尔及尔，法国警察受伤，医院被投掷炸弹。
>
> 在武装分子于奥兰省撒巴德附近实施的两次伏击中，有 16 名士兵丧生，14 人受伤，9 人失踪；40 名武装分子在军事反击中丧生。
>
> 武装分子烧毁 5 辆汽车，4 名乘客被绑架。
>
> 20 名武装分子在突尼斯边界附近的杰斯托丧命。
>
> 武装分子在奥兰附近捣乱，国际列车出轨，无人受伤。[②]

在接下来的几天里，数十个农场受到袭击，数千棵葡萄树和果树遭到破坏，40 多个军事指挥官和 60 名平民遇害（其中 17 人是法国人）。[③]

由于对营救任务耸人听闻的报道，帕莱斯特罗屠杀事件广受关注，激怒了法国舆论，迫使当局采取更加严厉的对策。一个排的损失清楚地说明战争的规模和恐怖程度，这是法国军队迄今为止最大的一次人员损失，而刚到阿尔及利亚两个星期的年轻后备役人员，几乎都是巴黎郊区的顾家男人。他们被用极其残酷的暴力方式杀害，而且对待他们尸体的残忍手段简直骇人听闻。事件发生在一个特别敏感的时刻，民意调查显示，63％的法国民众认为，阿尔及利亚问

---

① Horne, *Savage War*, 153; Cole, 'review', 1–2; JF1013/6, 'Monthly Report for Algeria, May 1956', Appendix 2, 'Principal Military Events and Anti-Terrorist Measures – Algeria, May 1956', 3, FO 371/119348.

② JF1013/6, 'Monthly Report for Algeria, May 1956', Appendix 2, 'Principal Military Events and Anti-Terrorist Measures – Algeria, May 1956', 1, FO 371/119348.

③ Ibid., 1–2, FO 371/119348, National Archives, Kew.

题是全国"最重要的问题"（而年初只有 25%），反战情绪愈演愈烈。[1] 在这些年轻士兵丧生的当天，有许多人聚集在格勒诺布尔堵火车，因为他们认为火车在向阿尔及利亚运送预备役人员（实际上乘坐的是通勤者）。当警察用催泪瓦斯驱散人群时，人们向他们投掷砖头和石块。包括 60 名警察在内的 90 人在冲突中受伤，23 人被捕。[2] 不幸的是，心怀不满的后备役人员正成为反战抗议活动的急先锋。他们谴责摩勒等高级官员，呼吁和平，对抗警察，蔑视军纪。批评也来自有影响力的作家和知识分子。例如，在《观察家》的一篇社论中，克劳德·布尔迪特警告说："10 万名年轻法国人受到陷入阿尔及利亚的'肮脏战争'的威胁，为了几乎无人支持的事业，他们失去生命中最好的年华，也许会受伤，也许会遇害。"[3] 一位名叫克劳德·杰拉德的记者，是法国前抵抗运动领导人和荣誉军团勋章获得者，她与阿尔及利亚民族解放阵线的成员一起度过了 10 天，对他们的事业大加赞赏。她在接受伦敦《观察家》的采访时说："我觉得我看到一个国家的诞生。我十分热爱我自己的国家，我要谴责他们因为爱他们的国家而牺牲自己的生命。"[4] 这两个人很快就遭到逮捕，布尔迪特被指控"扰乱军心"，杰拉德被指控攻击"国家安全"。[5]

面对民族解放阵线的强势行径，法国当局利用帕莱斯特罗的问题，鼓励人们爱国和团结。阿尔及利亚新任总督罗伯特·拉科斯特，满腔愤怒地抨击民族解放阵线，宣称"我们正在发动的战争……是以文明反对无政府主义，以民主反对独裁"。[6]

---

① Merom, *How Democracies Lose*, 101–2.

② '90 Hurt in Riots', *The Manchester Guardian*, 19 May 1956, 1; 'French Riot Delays Troops for Algeria', *NYT*, 19 May 1956, 1; Evans, *Algeria*, 164–5.

③ 'Algeria: Logic v. Scruples', *Time*, 16 April 1956. See also Evans, *Algeria*, 163.

④ 'The Press: No Man's Land', *Time*, 11 June 1956; 'Across the Rebel Line in Algeria', *Observer*, 27 May 1956, 1, 6.

⑤ 'Algeria: Logic v. Scruples', *Time*, 16 April 1956; 'The Press: No Man's Land', *Time*, 11 June 1956; 'Crisis for M. Mollet', *Manchester Guardian*, 30 May 1956, 1 and 'Mlle Gérard to be Tried in Paris', *Observer*, 3 June 1956, 4.

⑥ Evans, *Algeria*, 166–7; Irwin Wall, *A Diplomatic Revolution: Algeria's Fight for Independence and the Origins of the Post-Cold War Era* (New York: Oxford University Press, 2002), 106.

拉科斯特在第一次世界大战和法国抵抗运动中功勋卓著，他气质不俗，"积极乐观，处事严谨"。①拉科斯特致力于阿尔及利亚改革，他的最终目的是建立一个以宽容、相互尊重和政治平等为基础的新的法兰克－穆斯林社会；尽管如此，像大多数同事一样，他认为，必须首先打击民族解放阵线。但是，这种做法忽略了这样一个事实：绝大多数阿尔及利亚人要求建立一个完全独立的阿拉伯国家，而殖民者拒绝任何妥协。法国希望赢得人心而做的努力也遭到民族解放阵线的破坏，后者坚决打压任何提倡合作的阿尔及利亚人。例如，初夏时节，一群民族解放阵线的战斗人员渗透到阿尔及利亚北部海岸卡比利亚的圣吕西安镇，那里有 16 个农民最近同意参加法国的土地再分配计划。当他们离开时，4 个农民死了，其他 12 人退出合作项目，政府工程陷于瘫痪。②但是为了平定国家局势而采取的越来越严厉的措施最终注定，要为阿尔及利亚问题找到一个自由的"解决办法"。

春末，法国卷入了一场全面战争，35 万军队应对 2 万多民族解放阵线战斗人员。每天军费开支 170 万美元（相当于今天的 1400 万美元），成本高得令人眼花缭乱，部分原因是法国企图依赖资源密集型的"四面体"战略征服阿尔及利亚。在这个体系下，有时候只有 10 个人守卫的小型强化哨位，设置在指定地区的关键位置——农村、农业中心、主要路口和指挥系统，通常相距三四千米。四面体的设计旨在保护法国人的人身安全和财产安全，同时，法国人定期安排巡逻，打出自己的旗号，扶助当地人，并表示如果他们敢挑战民族解放阵线，他们将获得支援。③有直升机和轻型飞机支援的陆军部队对民族解放阵线部队进行定期攻击，在整个阿尔及利亚施行一系列重大安全措施，包括在城镇和所有主要道路上设置检查站、实行宵禁、定期截停和搜查。

不过，法国军队打的不是一场常规的战争。这就产生了一个独特的环境，战场和家庭之间的传统划分界限不复存在了，"敌人"在不断移动，难以捉摸，

---

① Horne, *Savage War of Peace*, 154; Evans, *Algeria*, 154.

② 'Algeria: The Reform That Failed', *Time*, 6 August 1956.

③ 'A General Report on the Algerian Situation, 25th June, 1956, by Brigadier A. C. F. Jackson, C.B.E., Military Attaché, British Embassy, Paris', 6–7, in FO 371/119362; 'Algeria: Wasting War'.

经常处在看不见的地方，甚至可以融入当地的平民当中。预备役人员——通常不会说阿拉伯语或柏柏尔语，并且对以前友好的阿拉伯人突然将枪口对准欧洲人的报道感到不安——被要求将每个阿拉伯人视为可能的武装分子，而且，民族解放阵线的强势行径激起他们报复的欲望。事实上，法国士兵经常发现自己竟然容忍暴行发生，甚至参与其中。

酷刑屡见不鲜。审讯疑似民族解放阵线囚犯的常见技巧包括：殴打他们的脚，直到皮开肉绽，然后将他们扔进冷水中；灌水（通常使用软管），直到灌满胃和肺部；反复将囚犯的头按进水槽中，直到淹个半死；通常用便携式陆军信号磁电驱动电极触碰身体的敏感区域（耳垂、手指、嘴，当然还有生殖器）。①

到了夏天，有关法国人暴行的报告被送到英国驻阿尔及尔新任总领事罗德里克·萨雷尔面前。萨雷尔此时 57 岁，毕业于牛津大学，于 1936 年进入领事馆，先后在中东和北非地区任职。8 月底，萨雷尔与一位天主教牧师进行了一次令人揪心的谈话，后者说他收到驻扎在阿尔及利亚的士兵来信。这些士兵的证词不仅证实了法军长期使用酷刑的传言，更为严重的是，他们描绘了法国军事行为令人不安的画面。萨雷尔仿佛看到，"一间又一间农舍只因怀疑里面住着嫌犯就被用迫击炮摧毁……士兵肆意抢劫村民的财产"。另外一封信上写道，两个年轻的士兵在巡逻时，看见一个牧羊人全无恶意地背对着他们坐着。他们商量是否要干掉他，而后决定掷钱币定生死。他很不幸运，随即被枪杀。还有一封信引用了一个军官说过的话："在我的部队，至少还没有人敢明目张胆地强奸妇女。"萨雷尔解释说："看完这些信，对'安抚'运动的现实感到失望。"② 在认识到法国军队面临的困难时，萨雷尔担心这样的行为会有损法国的道德地位，而且，可能会适得其反。

萨雷尔的担忧不无道理。烧毁整个村庄、即时处决、大规模逮捕、酷刑和

① 'A General Report on the Algerian Situation, 25th June, 1956, by Brigadier A. C. F. Jackson, C.B.E., Military Attaché, British Embassy, Paris', 6–7, in FO 371/119362; 'Algeria: Wasting War'.

② Roderick Sarell obituary, *Daily Telegraph*, 25 August 2001 Thomas, *Fight or Flight*, 318. JF1019/210, letter from Roderick Sarell, 31 August 1956, 1–2.

抢劫遭到阿拉伯人的一致反对。在一场特别残酷的法国人袭击民族解放阵线的事件中，有几个当地妇女被打死，一个民族解放阵线战斗人员宣称："他们现在更憎恨法国人。愚蠢的混蛋正在帮我们赢得战争。"[1] 然而，在决心安抚国家的同时，法国人不断施压。

例如，在帕莱斯特罗大屠杀之后的几天里，有 6000 多人的部队和 1500 名宪兵袭击了阿尔及尔的卡斯巴，这里是民族解放阵线的温床。他们在蜿蜒的、人口稠密的街道进行地毯式搜索，逮捕了将近 500 人，并检获了大量武器以及民族解放阵线的文件。虽然这次复杂的行动没有造成过多的人员伤亡，但不可避免地给阿尔及利亚人造成了很大的痛苦。6 月 19 日，两个民族解放阵线的成员——艾哈迈德·扎贝恩和阿布德尔卡德尔·费拉迪，被拖入阿尔及尔巴尔贝鲁斯监狱的石庭院。两人都被绑住双手和双脚，头部固定起来，等待断头台的刀刃落下。"砰"的一声，刀刃落了下来，在臭名昭著、人满为患的监狱里的囚犯都听到这令人毛骨悚然的声音。他们是第一批被执行死刑的民族解放阵线的囚犯，接下来，还会有更多。[2]

一直以来，黑脚仔（法国移民）一直都在呼吁对扎贝恩和费拉迪进行判决（扎贝恩曾经杀死一个守门人，而费拉迪曾参与伏击，夺取了一名欧洲女子和一名 7 岁女孩的生命）。随着帕莱斯特罗大屠杀带来的痛苦，这些要求和呼声也愈演愈烈。虽然费拉迪的情况特别敏感——他在被捕过程中多处受伤，一只眼睛瞎了，腿也跛了，总督拉科斯特依然驳回了阿尔及尔大主教等人呼吁要对费拉迪宽大处理的请愿。处决费拉迪令大多数欧洲人感到高兴，但是民族解放阵线认为这是在向他们宣战。在处决费拉迪之后散发的传单中，民族解放阵线声称，现在已经别无选择，只有"以一暴还一暴"，并威胁说："每有一个抵抗

---

[1] Horne, *Savage War*, 171–4; Evans, *Algeria*, 169–71.

[2] Horne, *Savage War*, 153, 183; Thomas, *Fight or Flight*, 178; Evans, *Algeria*, 181; Michael Clark, 'Two Algerian Terrorists Executed, First Since Revolt Began in '54', *NYT*, 20 June 1956, 4; 'First Executions in Algeria', *Manchester Guardian*, 20 June 1956, 9.

战士被送上断头台，就会有 100 个法国人被屠杀，不分青红皂白。"①

　　民族主义者立即寻求机会兑现他们的承诺。到了 6 月 24 日，他们在阿尔及尔进行了 20 多次袭击，造成 10 人死亡，数十人受伤。例如，在 6 月 20 日傍晚，十几个武装分子，两人一组，手持武器，潜入巴布埃厄德社区，杀死 3 个欧洲人，伤 14 人，其中包括一个十几岁的女孩。第二天，一个名叫马塞尔·加巴尼亚蒂的 20 岁学生在市里骑摩托车时被枪杀。这些报复行为都是随机的，不分青红皂白，将这个城市推向了深渊。

　　8 月 10 日晚上，由黑脚仔极端分子布置在卡斯巴赫市中心的威力强大的炸弹，毁坏了德比斯河上的几座房屋，夺走了包括妇女和儿童在内的 70 个阿尔及利亚人的生命。6 个星期后，民族解放阵线以同样的方法做出回应。29 岁的萨阿迪·雅克菲是一个面包师的儿子，也是个热心的足球运动员，他在卡斯巴建立了规模庞大、精心策划的民族解放阵线网络。9 月 30 日晚上，他派出 3 名年轻女子——佐赫拉·德里夫、贾米拉·布希雷德和萨米亚·拉科哈达里，去完成一项自杀式任务。德里夫是阿尔及尔大学的一名法律系学生，她对法国的顽固态度感到非常愤怒，并对扎贝恩和费拉迪遭到处决感到义愤填膺。她解释说："在所有的战争之中，这是最残忍的。"她还说，阿尔及利亚人因宵禁、截停、搜身等措施带来侮辱，造成不便，然而，"欧洲人，在宁静的地方……过着和平惬意的生活，他们去海滩，去看电影，去跳舞，去度假"。三个女子打扮得妖艳迷人，皮肤白皙而洁净，去掉面纱，染上头发，穿上漂亮的夏装，轻而易举地穿过城市中众多的安全检查站。她们将一公斤重的炸弹自动定时器设置在下午 6 点 30 分，小心地放在海滩袋里，用毛巾、防晒霜和沙滩装遮住。然后，拉科哈达里走进时尚的米歇尔街上的咖啡厅。这个地方是欧洲学生的最爱，几对年轻夫妇已经随着自动点唱机中播放的曼波音乐翩翩起舞。同时，德

---

　　① Michael Clark, 'Algerian Rebels Warn of Revenge', *NYT*, 22 June 1956, 6; Guy Pervillé, 'Le terrorisme urbain dans le guerre d'Algérie (1954–1962)' in Jean-Charles Jauffret, ed., *Militaires et guérilla dans la guerre d'Algérie* (2001), 454. See also Horne, *Savage War*, 183. The French phrase is 'Pour chaque maquisard guillotiné, cent Françis seront abattus sans distinction'.

里夫走向比若的奶吧,这里是欧洲家庭在海滩度过一天后放松身心的地方。几个啜饮奶昔的年轻孩子向她这边瞅来,这让她犹豫了一下,但是她回忆起死在底比斯街瓦砾中的人,便硬起心肠。6点20分,付钱后,她离开了,并把她的包放在了桌子下面。几分钟后,两枚炸弹都被引爆。奶吧的景象令人毛骨悚然,墙壁的玻璃被炸得粉碎,大片的玻璃碎片在大厅里四下横飞……袭击造成3人死亡,另有50人受伤;十几个人,包括一些孩子,不得不截肢。如果不是第三个爆炸装置上的定时器出了故障,伤亡人数会更多。这个计时器被留在法国航空公司市区办公室的等候区。①

即使暴力失控事件层见叠出,还是有人表示希望通过谈判解决。然而,10月22日星期一发生的一系列不同寻常的事件将所有谈判前景彻底毁灭。

当天下午晚些时候,由摩洛哥阿特拉斯航空公司经营的一架从拉巴特飞往突尼斯的包租飞机DC-3在巴马帕尔马加油站起飞。机上有4个民族解放阵线的流亡领导人,其中包括艾哈迈德·本·贝拉。贝拉,1918年圣诞节诞生于奥兰省,身材高大,体格健壮——作为一个年轻人,他是一个出色的足球运动员(1939—1940年赛季,效力于法国马赛队)。他在第二次世界大战中毫不犹豫地拿起武器,投身于保卫法兰西的战斗中,极为勇敢。他说:"战争只有一次……这是反对法西斯主义的斗争,我知道法西斯主义意味着什么。"贝拉于1940年被授予法国军功十字章,他在保卫自由的法兰西的战斗中表现出色,戴高乐亲自为他颁发象征军人最高荣誉的军功勋章。第二次世界大战结束后,从小就反对殖民统治的贝拉投身于阿尔及利亚民族主义运动,并于1954年成为民族解放阵线的创始人之一。贝拉被推举为该组织的军事领导人,也是其最有名的人物之一。

10月22日,贝拉和他的同志们前往突尼斯参加领导人会议,这次会议由

---

① Horne, *Savage War*, 184–6; Evans, *Algeria*, 181–2; James Gannon, *Military Occupations in the Age of Self-Determination: The History Neocons Neglected* (Westport, CT: Praegar Security International, 2008), 49; '3 Killed, 63 Injured by Bombs in Algiers', *NYT*, 1 October 1956, 10; JF1019/214, 'Report on two serious explosions which took place on Sept 30 in Algiers', FO 371/119363.

摩洛哥的穆罕默德五世和突尼斯的哈比卜布尔吉巴提议召开，目的是在北非联合体的框架内讨论阿尔及利亚独立的提案。北非联合体是一个"马格里布联盟"，将与法国建立合作关系，并尊重欧洲移民的权利。

　　不过，对于法国军方来说，这架飞机上的重要人物是不可放过的靶子。情报部门报告说，民族解放阵线领导人不会像原先计划的那样，与穆罕默德五世乘坐同一架飞机，于是他们酝酿着一个大胆的计划。在鹰派武装部队指挥官马克斯·勒琼的支持下（不过，似乎没有得到总理居伊·摩勒的批准，他也不知情）他们向法国飞行员加斯顿·格雷尔发出命令，要求他前往阿尔及尔。但是，格雷尔拒绝了，法国预备役部队的格雷利耶担当此任。为避免引起怀疑，飞机改变了路线，他唤来飞机上的22岁的空姐克劳丁·兰伯特，要求她分散乘客的注意力。"勇敢，沉着，冷静。"他告诉她说，"今天晚上，你将被写进历史。"① 《纽约时报》的随行记者托马斯·布雷迪，描述了兰伯特如何与阿尔及利亚人一起高歌猛进，如何保持冷静。飞机由一架战机护送，在阿尔及尔降落，她对乘客说："请系好安全带，熄灭香烟。我们将到达突尼斯。"② 晚上9点，骗局才被揭穿，停机坪上停着坦克、装甲车和手持冲锋枪的武装人员。贝拉情绪激动地喊道："这就是相信法国人的后果！"然后，他跳起来，怒火直冒，伸手从外套口袋里掏左轮手枪。一名同志把手放在他的手臂上，警告他："不，不……你不能给他们这样漂亮的借口。"当一个宪兵出现在机舱内时，贝拉承认游戏结束了。民族解放阵线领导人依次走下飞机，来到停机坪，双手举过头顶，并被立即逮捕。他们被控犯有叛国罪，面临6年的牢狱生活。③

---

　　① 'North Africa: Ariel Kidnap'.

　　② Thomas F. Brady, 'Seizure of Algerian Rebels Described by Correspondent on Their Plane', *NYT*, 24 October 1956, 1, 4.

　　③ Merle, *Ben Bella*, 113; Brady, 'Seizure of Algerian Rebels', 4; Horne, *Savage War*, 160; Evans, *Algeria*, 186; Robert C. Doty, 'France Accuses Five of Treason', *NYT*, 30 October 1956, 1; 'France Kidnaps Five Rebels', *Manchester Guardian*, 23 October 1956, 1; Michael Clark, 'French Seize Five Rebel Chiefs; Draw Algerians' Plane into Trap', *NYT*, 23 October 1956, 1, 6.

在阿尔及尔的欧洲社区，航空政变的消息令人们欢欣鼓舞。一家报纸报道说，一些陌生人"欢呼雀跃"，"在街上相互恭维，祝贺"。法国终于抓住了主动权，法新社评论员说："最后，法国终于有了胆量！"[①]摩洛哥和突尼斯公使阿兰·萨瓦里从内阁辞职，以示抗议。前总理皮埃尔·曼德斯-法郎士认为，关押民族解放阵线领导人不会达到预期目的，可能会适得其反。他说："我从不认为这些人会成为阿尔及利亚的代言人，但恐怕他们现在是了。"[②]这样做无济于事。法国舆论绝对支持，这也是为什么总理摩勒尽管起初非常恼火，却拒绝释放这些囚犯的原因所在了。他不愿与军方打交道，而且相信"斩首行动"将削弱民族解放阵线。然而，他想错了。民族解放阵线"表面上"的领导人遭羁押，此事不假，但是各省的强硬路线者——拒绝所有谈判与妥协——的力量不可估量地加强了。

当然，人们不可能知道原计划的突尼斯领导人峰会是否会解决问题。软弱的法国政府与越来越坚定的黑脚仔强硬派的结合，加之民族解放阵线内部出现分歧，这不是个好兆头。不过，本·贝拉坚持认为前景"充满希望"，在军方干预之前已经达成协议。他声称，摩勒政府接受既成事实，因为他们已经埋没了任何和平的机会，并对阿尔及利亚多年来不必要的"流血"和"痛苦"表示谴责。[③]

公然违反国际法，截击这架飞机，肯定会影响巴黎的国际形象。摩洛哥政府谴责说，这是一种"纯粹的海盗行为"，突尼斯撤回其在巴黎的大使。在突尼斯的一场大罢工中，有数千人走上街头，高呼"释放本·贝拉"；在卡萨布兰卡市，示威民众挥动着阿尔及利亚国旗，高喊："给阿尔及利亚自由！""把拉科斯坦送上绞刑架！"这种情绪很快感染了整个中东地区和北非——伊拉克、叙利亚、沙特阿拉伯、苏丹、埃及和利比亚政府都谴责这次截机事件，并要求释放民族解放阵线的囚徒；在开罗和黎波里等城市，数千人涌上街头，声援阿尔及利亚的自由斗争。在联合国，阿拉伯联盟与来自非洲和亚洲的 24 个国家集团向秘书长达

---

① Michael Clark, 'Rioting in Tunis Aimed at French', *NYT*, 24 October 1956, 3; Horne, 160.

② 'North Africa: Ariel Kidnap'.

③ Merle, *Ben Bella*, 109–11.

格·亚尔马·昂内·卡尔·哈马舍尔德提出正式抗议。[1]

同时，在华盛顿，一直在寻求外交努力解决阿尔及利亚危机的艾森豪威尔政府，被这事吓坏了。他向法国政府表示，担心这一事件会损害西方在整个地区的利益，但却拒绝要求释放囚犯，因为它没有"合法权利"进行干预。不过，在私下里，美国人表示，担心法国政府失控。[2]

巴黎企图破坏阿尔及利亚民族主义起义，其外交和地缘政治后果在几天之后便凸显出来，当时法国、英国和以色列一起表示，他们希望给对民族解放阵线表示支持的埃及领导人迦玛尔·阿卜杜尔·纳赛尔以致命打击。

世界各地的伟大斗争

现在，黑人决心斗争，不断斗争，直到消除种族隔离和歧视，那决心源自对人类尊严的渴望，激励着世界各地受压迫的人民。

——马丁·路德·金

1956 年 5 月 17 日晚，马丁·路德·金在曼哈顿上西区的圣约翰大教堂讲道。这座宏伟的哥特式教堂始建于 1882 年 12 月，今天仍然在建设中（当地人称之为"未完成的圣约翰"）。教堂有 180 多米长的中殿、精美的石雕、拱形天花板、雄伟的西大门（由三吨青铜制成）和巨大的玫瑰窗，为祈祷营

---

[1]　Horne, *Savage War*, 160; Clark, 'Rioting in Tunis Aimed at French', 3; 'Plane's Seizure Called "Piracy"', *NYT*, 24 October 1956, 5; Robert C. Doty, 'New Africa Crisis Faced by French', *NYT*, 24 October 1956, 1, 2; Wall, *France, the United States, and the Algerian War*, 52–3; see also numerous telegrams and reports – JF 1025/7–JF 1025/30 in FO 371/119372.

[2]　'Telegram from the Department of State to the Embassy in Libya', 26 October 1956, in *FRUS, 1955–1957, Africa, Volume* XVIII, 247–8; Wall, *France, the United States, and the Algerian War*, 50–6; Thomas, *Fight or Flight*, 182–3.

1956 年 5 月 17 日，马丁·路德·金博士在纽约市圣约翰教堂讲道。

造了鼓舞人心的氛围。这里的感恩祈祷是为了纪念布朗学校废除种族隔离两周年而举行的。

祈祷仪式从 7 点 30 分开始，1.2 万人进入教堂，聆听在黑人自由斗争中冉冉升起的年轻明星讲道。金在讲道开始时首先谴责了"邪恶将触角伸向人类生活的每一个层面"。金解释道："从某种意义上说，整个生命史是与邪恶斗争的历史。"但是，这位蒙哥马利改进协会主席有着坚定的信仰，他提醒会众："邪恶最终会被强大的、善意的力量战胜。虽然邪恶在耶稣受难节可能会占有一席之地，但最终不得不屈服于复活节的胜利。"在提及古以色列人对埃及人的斗争时，金指出，上帝已经将红海海水分开，使以色列人摆脱奴隶制，战胜压迫者。然后，这位蒙哥马利改进协会主席声称要"以自由和正义的善意，与压迫与殖民主义的邪恶进行斗争，使当今世界大吃一惊"。金认为："20 世纪的伟大斗争是寻求自由的亚洲人民和非洲被剥削的民众与试图维护殖民统治的老殖民列强之间的斗争，而自由和正义的力量即将赢得胜利。"金把话题转向美国，他认为非洲裔美国人抵制邪恶和残酷的种族隔离制度的斗争也同样会取得胜利。金断言："《吉姆·克劳法》是历史长河惊涛骇浪中的一叶扁舟，终将倾覆。邪恶的不公正制度和剥削制度终将灭亡。"[①]

金的讲道传递着爱与宽恕的信息，他在结束时表示，种族隔离主义者将会得到救赎，因为"人类，有了上帝的恩典，可以从仇恨的山谷中解脱出来，到达爱的巅峰"。他还要求那些与邪恶斗争的人们，"要对我们的斗争对象有爱心和同情心，要给予他们理解，帮助他们意识到，当我们试图打败邪恶时，我们不是要打败他们，而是帮助他们，同时也是帮助我们自己"。金所描述的终极目标是建立一个世界——"所有的人们有尊严地，如同兄弟般地相互尊重，共同生活"。

早在 2 月份，当蒙哥马利改进协会提起诉讼，要求在蒙哥马利市强制禁止巴士隔离时，抗议活动的命运已经交到法院手中。运动参与者，包括金本人，都不知道是否应该继续进行抵制。但如果要求城市的非洲裔美国人回到隔离的巴士上，等候法庭的裁决，无疑是在侮辱他们的尊严，并将道义上的胜利拱手让给他们的对手。此外，蒙哥马利改进协会的潜在组织能力也会被浪费，获得国家关注和政治支持的希望也会消失殆尽，利用蒙哥马利的榜样来鼓励南方其他地方不断持续的黑人抗议活动的努力也会落空。在现实中，普通百姓的支持意义重大。正如乔·安·罗宾逊所说："即使领导人想阻止，他们也办不到。"[②]

---

①　Martin Luther King, Jr., 'The Death of Evil upon the Seashore', Sermon Delivered at the Service of Prayer and Thanksgiving, Cathedral of St John the Divine, 17 May 1956, in Carson, *The Papers of Martin Luther King*, vol. III, 256–62.

②　Ling, *Martin Luther King, Jr.*, 47–9; Garrow, *Bearing the Cross*, 62–3, 64, 68.

蒙哥马利改进协会为长期的法律战争而认真工作，基层组织者的工作看似平凡却非常辛苦，正是由于他们的不断努力，抵制运动才得以继续。除了举行群众会议提高士气、维系团结外，蒙哥马利改进协会志愿者还协助募集资金，保障复杂的城市黑人居民汽车合用组织的日常运作。他们出版和发行通讯简报，撰写新闻稿，安排讲师团，维持办公室的运转；在办公室里，需要不停地回信，完成文书工作，制作账目。蒙哥马利改进协会还组织拉票工作，组织城市黑人选民登记。该组织与全国有色人种进步协会一起为抵制种族歧视的支持者提供法律代理，并与蒙哥马利城市委员会——该委员会宣布黑人居民汽车合用组织为非法的——做斗争。蒙哥马利改进协会志愿者组成了一个主要由妇女负责的福利委员会，向受到经济报复（通常被解雇工作）的支持者提供食物、衣服和金钱等援助。

可以说，马丁·路德·金对管理不感兴趣，他更乐意将抵制运动的日常运作委托给他人打理。他对斗争最有意义的贡献是担任抵制运动的主要发言人。多年以来，油墨在金的日常工作中发挥着重大作用，是民权运动的强大武器。例如，弗吉尼亚·杜尔报道说："我的洗衣女佣每星期都会告诉我，当他讲话时，她仿佛看见了天使之翼，上帝直接通过他说话……"[①]金的领袖魅力赋予成千上万的蒙哥马利非洲裔美国公民自主权，让他们相信自己会起决定性的作用，相信他们会成功。

正如金在神圣的圣约翰大教堂讲道时所说的那样，他试图将巴士抵制运动定义为"善意"与"邪恶"之间的战斗，因为上帝与他们同在，"正义"的力量最终将占据上风。金还认为，蒙哥马利的斗争具有重要意义，并在城市之外引起了共鸣；不仅美国民主获得重生，也为全世界的人们提供了重要启示。正如金在定期举行的蒙哥马利改进协会群众会议上所说的那样，"我们想让全世界都知道，我们正在追求正义"。金说："上帝正把蒙哥马利作为试验场……可

---

① Ling, *Martin Luther King, Jr.*, 50.

能就在这个地方，在联邦首府……可以诞生美国和南方的自由理想。"[1]

金坚信，巴士抵制运动是世界历史关键时刻的产物，是源自对当代国际事务的敏锐认识。在他作为蒙哥马利改进协会领导人的就职演说中，他将美国民主的"伟大荣耀"与铁幕背后的严峻现实做了一番对比，他说"民主抗议权是神圣不可侵犯的"。晚上他声称，"为了维护自己的权利，他们将为历史和文明注入新的意义"，这番话令广大听众群情激昂。[2] 随着抵制运动的继续，金将它与亚洲和非洲的殖民主义斗争联系起来，扩展了这一主题。

在第二次世界大战结束以来的这些年，包括印度、巴基斯坦、缅甸、斯里兰卡、印度尼西亚和埃及在内的许多国家已经摆脱欧洲统治，实现了独立，其他地方要求结束外国势力控制的压力日益加大，特别是在非洲各地。1955年4月，来自亚洲和非洲的29个国家的代表（代表世界人口的一半）在印度尼西亚的万隆举行会议，展示了非白人国家的日益增长的力量。面对冷战时期的两极格局框架，这些"不结盟"国家（他们既不表示效忠华盛顿，也不效忠莫斯科）谴责种族歧视，呼吁和平解决争端，并申明人人拥有自决和民族独立的权利。金像无数其他非洲裔美国人一样，从这些事件中获得了勇气。特别是印度反对英国统治的斗争，加纳结束殖民主义的斗争。最著名的20世纪的黑人领袖，有马库斯·加维和 W. E. B. 杜·波依斯，他们试图将美国的民权斗争与全世界有色人种争取尊严和自决的斗争联系起来，而金将紧随其后。事实上，他对自由运动的重要贡献就是在全局背景下坚定地推行巴士抵制运动。正如金所指出的那样，世界人口的绝大多数是非白人，直到最近，大多数人还在遭受欧洲殖民主义剥削。"今天很多人获得了自由……其余的都在争取自由的征程中，"金说，"我们正置身于这个伟大运动的浪潮中。"[3] 7月份，金在威斯康星州绿湖浸信会的集会上说，非洲裔美国人将战斗到底，直到消除种族隔离和

---

① 'Address to MIA Mass Meeting at Holt Street Baptist Church', 22 March 1956, in Carson, *Papers of Martin Luther King, Vol. III*, 200–1.

② Garrow, *Bearing the Cross*, 71; Carson, *Papers of Martin Luther King, Vol. III*, 72–3.

③ Garrow, *Bearing the Cross*, 71.

歧视，"像全世界受压迫的人民一样，我们同样渴望尊严。不仅这个国家正处于转型的进程中，这个世界也同样处于转型的进程中"。金指出："非洲和亚洲各国，以前在经济上被人剥削，政治上受制于人，被其他强国强行隔离，毫无尊严，现在都处于赢得自由的进程中……非洲裔美国人争取一流公民权利的斗争，是世界各地伟大斗争的一部分。"①

蒙哥马利巴士抵制运动得到了国际上的广泛关注。国外新闻界对此做了跟踪报道，除此之外，世界各地的支持者的来信如雪片一样飞来，人们纷纷向金给予鼓励，提供建议。例如，5月，加勒比海马其顿岛的亨利·瓦兰·德·拉·布鲁纳里雷主教写信说："你们的斗争英勇无比，我谨向美国的有色人士，特别是亲爱的牧师，致以深切慰问。"②当金和他的同事们获知外国报纸关于巴士抵制运动的报道或收到来自海外信件时，他们得知他们的抗议活动拨动世界各地人们的心弦，产生了非同凡响的共鸣，颇感欣慰。巴士抵制运动所激起的国际层面的影响，也深深地感染了美国时事评论员。2月24日星期五晚上，在美国广播公司新闻频道电视节目中，屡获殊荣的新闻记者爱德华·P·摩根说，在蒙哥马利市发生的事情已经超出城市地区限制，影响到全世界。他指出，美国政府即将在印度举办展览，展示美国生态、社会和政治制度美德。"那可能会引起人们的兴趣，"他解释说，"另外一个展览已先于此进行——对蒙哥马利市所发生事情的新闻报道。不需要预言是哪一个……将给现在成为印度自由公民的甘地的弟子带来更深刻的印象。"③

摩根提到甘地，这使人们注意金的另一个重要贡献：将非暴力作为争取民权斗争的核心武器。当然，自从金成为蒙哥马利改进协会领导人开始，他就强

---

① 'Non-Aggression Procedures to Interracial Harmony', Address Delivered at the American Baptist Assembly and American Home Mission Agencies Conference, 23 July 1956, in Carson, *Papers of Martin Luther King, Vol. III*, 324.

② Letter from Henri Varin de la Brunelière, 11 May 1956, in Carson, *Papers of Martin Luther King, Vol. III*, 254–5.

③ 'Edward Morgan and the News', 24 February 1956, American Broadcasting Company, in Rabb, Maxwell M. Papers, 1938–1958, 1989, Box 34, Folder Mo(2), Eisenhower Library.

调巴士抵制运动的支持者信仰基督教，承诺以和平、民主的形式进行抗议。1月30日晚，当他自己的住所遭到炸弹袭击时，他为人们树立了很好的榜样，承诺以和平的方法解决问题——对不稳定的因素和潜在的暴力防微杜渐，敦促他的支持者放弃武器，劝勉他们对敌人示爱，并提醒他们牢记耶稣的教义："舞剑者，必死于剑下。"[①] 但是以前，金既没有将非暴力作为一种生活方式，也没有在意识形态领域开创系统而有条理的非暴力抵抗理论之路。在他家遭炸弹袭击两天之后，他为保卫他住所的警卫申请了持枪许可证（未成功）。令人惊讶的是，考虑到他以后的声誉，他甚至建议说，可能会"流一点儿血"。金曾在私下说过，如果让一两个白人流点儿血，那么联邦政府可能会被迫进行干预。然而，到了1956年春天，金完全接受哲学意义上的非暴力，并认同了甘地的核心原则，其中包括：自始至终坚持纯粹的和平抗议手段；非暴力行为既是指精神上的，也是指身体上的；为了正义事业，只要有助于实现更大利益，人权活动人士就会愿意忍受暴力和虐待。

在金的非暴力实践之旅中，他得到了贝亚德·拉斯丁和格伦·斯迈利，这些经验丰富的和平主义者和非暴力抗议的长期倡导者的宝贵援助。拉斯丁是一个非洲裔美国人、贵格会教徒，也是一个同性恋者和社会主义者。他烟不离手，喜欢弹吉他，爱唱民歌，在20世纪30年代加入青年共产主义联盟。他在第二次世界大战期间因为宗教信仰原因拒服兵役而被监禁，后来在20世纪40年代，和唯爱社（成立于1915年的一个国际性反战组织，又名国际和解团体）会员一起，成为使用非暴力手段争取公民权利的先驱。1948年，他在印度度过了几个星期，从甘地的一些同事那里详细地了解了关于非暴力抵制运动的信息。1956年2月21日，43岁的拉斯丁来到蒙哥马利市，为在南部动员起来的大规模非暴力行动兴奋不已。虽然拉斯丁会继续与金进行长久而富有成效的协作，但是他在一个多星期后就听从劝说离开了蒙哥马利，起因是越来越多的人担心，他的存在可能被种族隔离主义者利用，抹黑巴士抵制运动——尽管如

---

① King, *Stride Toward Freedom*, 128.

此，他在遥远的地方继续提供建议。

拉斯丁在蒙哥马利市逗留期间，与他的朋友和同事格伦·斯迈利短暂重逢。45 岁的斯迈利是得克萨斯州的白人，也是卫理公会派教徒 ①、唯爱社事务秘书，他长期致力于当地的非暴力运动，促进非暴力理论的发展，强调种族间的和解。斯迈利于 2 月 27 日抵达蒙哥马利市，在与蒙哥马利改进协会领导人的第一次会晤时，曾问金对圣雄甘地的教义的认识。金在读大学时曾简要地研究过甘地，他说："非常有见地，我知道这个人……我读他的一些语句，等等，但我必须诚实地说……我对这个人知之甚少。"斯迈利注意到金的房子里有一些武器，就强调说，甘地方法的核心理论是面对邪恶绝对拒绝报复，并交给金一些相关文献。不久之后，他写信给同事，表达了自己的看法：金受上帝的召唤，在这里和南方领导一场伟大的运动，很有潜力，会成为一个"黑人甘地"。然而，斯迈利也指出："金毕竟年轻，他身边的一些助手有暴力倾向。"例如，这位蒙哥马利改进协会主席接受了保镖的存在，他的住所是一个"军械库"。"金看到了这些矛盾，但是还不够。他相信，但他也不信。在某种意义上说，整个运动没有摆脱武力，我必须让他看到这是最大的罪恶。"斯迈利肯定地说："如果金真的有非暴力的信仰，那么他所能做的事有许多许多。"②斯迈利继续教导金何为非暴力的方式，他们常常讨论到深夜，经常会吃些美国南方黑人的传统食物（猪耳三明治就是他们特别喜爱的食物）。这位蒙哥马利改进协会领导人看看自己是否真的能"让非暴力在内心生根发芽"。③

金对非暴力抵抗的理解不仅仅是一个智力过程，日积月累的日常抗议经

---

① 卫理公会派是新教派别之一，创始人为英国约翰·卫斯理（John Wesley，1703—1791）。教会主张圣洁生活和改善社会，注重在群众中进行传教活动。

② 'Letter to John and Al from Glenn Smiley, 29 February 1956', 1, Bayard Rustin Papers (University Publications of America), reel 1, Woodruff Library.

③ Branch, *Parting the Waters*, 180. For King's intellectual evolution and embrace of nonviolence see, for example, Carson, 'Introduction', in Carson, *Papers of Martin Luther King, Vol. III*, 16–22.

验也是至关重要的。他回忆说："随着时间的推移，我越来越感受到非暴力的力量。"非暴力抗议的生活经验本身是一段充满变革的历程，"非暴力不仅仅是我在理智上给予认可的一种方法，也是对生活方式的一种承诺"。①同时，理论问题也是通过决策和实际行动来解决的。金还深入了解这种抗议技巧的心态。在致广受欢迎的南非小说家和白人自由主义者莉莲·史密斯的一封信中，金承认，"了解到非暴力的想法如何逐渐渗透到人们的心灵深处，我感到非常高兴"。②

在巴士抵制运动开始之初，金就非常笼统地谈到运动主要依赖于精神或道德力量，并说民权活动人士带着浓浓的爱意走进他们的心灵。但是在春天，在多本出版的著作和公开演讲中，金以越来越复杂的方式表达非暴力的观念。5月份，在唯爱社的官方杂志《友谊》发表的文章中，金是这样阐述"爱"这个字眼的——"理解，包容，对所有人表示善意"，并说，爱是巴士抵制运动的重要武器。他说："不管我们做出何等牺牲，我们都不会拖累任何人。"而报复性暴力只是"加强了人世间邪恶和仇恨的存在感"，爱形成了一种"变革的力量，可以把整个社会提升到公平竞争、善意和正义的新视野"。③6月27日，在旧金山公民大礼堂召开的全国有色人种进步协会年度大会期间，金对与会者说："非暴力抵抗运动的本质是拒绝与邪恶的种族隔离势力合作。"他主张拒绝一切不切实际和不道德的报复性暴力行为，提倡"没有任何回报的爱……爱恶人，恨恶行"。非暴力方式的核心是坚信"整个世界站在正义的一边"。

几个星期后，金进一步阐述了这些主旨，特别强调虽然非暴力抗议活动经常被批评者贬斥为"被动"，但并不是屈从，也不是一种投降手段。金坚持认为"非暴力的抵抗者，与邪恶相反，与暴力抗议者不同"。该方法虽然"行为

① King, *Stride Toward Freedom*, 89.

② 'To Lillian Eugenia Smith', 24 May 1956 in Carson, *Papers of Martin Luther King, Vol. III*, 273.

③ King, 'Walk for Freedom', *Fellowship*, May 1956 in Carson, *Papers of Martin Luther King, Vol. III*, 278.

上被动"，但是"精神上主动"，尤其是因为抗议者在积极地劝说他们的种族隔离主义对手改变方式。非暴力抗议运动的最终目标不是打败或侮辱种族隔离主义者，而是通过和解进程赢得他们的理解甚至友谊。

金引用印度的独立运动来说明后一种说法。金把这段心路漫长、最终取得成功的对抗统治阶级的斗争简化为，一个"小个子棕色男人"面对拥有"庞大而复杂的军事机器"的大英帝国，决心用"灵魂的力量"来对抗。金说，圣雄甘地就是用这种方法使得他的人民"摆脱政治统治和经济剥削，打碎他们身上的屈辱枷锁"。金声称非暴力是"强大的武器……我们必须愿意使用它"。① 他预言，这个强大的武器会成为摧毁美国南方的种族隔离制度的关键。

历史将证明金是正确的。在接下来的 10 年中，非暴力抵抗是公民权利运动中表达民主诉求的签名运动的核心。可以肯定地说，金不是第一个倡导非暴力运动的民权领袖。例如，在 20 世纪 40 年代，黑人劳工领袖 A·菲利普·兰多夫就试图促进"非暴力的、善意的直接行动"，而争取种族平等大会也试图通过非暴力抗议来挑战芝加哥多家餐馆的种族歧视行为。至于金的历史功绩，则是普及非暴力抗议。在蒙哥马利巴士抵制运动之前，对甘地非暴力理念的支持仅限于少数激进的和平主义者和社会主义者。不过，在金这里，处于美国政治文化边缘的思想受到尊重，甚至成为主流。这种转变在很大程度上得益于金坚定地确立非暴力理论，并将其融入爱国言论和象征主义。金强调非暴力运动是用来实现美国的自由和平等承诺的一种手段，这无疑进一步加强了其吸引力。那么，对《吉姆·克劳法》规定的种族隔离制度而言，非暴力抵制运动就是加强美国民主的手段。

即使在 20 世纪 60 年代初的民权运动的高潮时期，也只有一小部分（尽管有影响力）民权活动人士将非暴力作为一种生活方式。大多数民权抗议者似乎

① 'The Montgomery Story', 307, and 'Non-Aggression Procedures', 328. See also King's reference to Gandhi on 31 March in Carson, *Papers of Martin Luther King, Vol. III*, 210.

都将其作为一种战术策略。尽管这种策略很有效，许多民权活动人士也准备采取非暴力行动，特别是在公开场合下，但他们也愿意采取其他方式，包括在适当情况下进行武装自卫。此外，并不是所有进行抗议的人都相信非暴力形式。甚至金的一些在蒙哥马利市的最亲密的同事仍然持怀疑态度。E. D. 尼克松为发动巴士抵制运动做了大量工作，他就从来没有同意过非暴力手段，他告诉金说："你对我说，如果一个人打了我，但我不能还手，因为冤冤相报没有任何用处。我知道，还没等我想起你对我说过的话，我早把那小子放倒了。"① 尼克松经常是白人至上主义者的攻击目标，为了保护他的家和家人免受进一步的攻击，甚至是当他坐在家中前廊上的时候，手里也拿着温彻斯特步枪。不过，公众使用非暴力手段，示人以非暴力形象——无论是在美国还是在世界范围内，使得民权活动人士能够展示令人信服的道德形象，赢得广泛而坚定的公共和政治支持。

　　1956 年夏天，金树立了一个不屈不挠的信念：非暴力抵抗运动是绝对正义的，具有革命的潜力。他相信暴力手段只会带来苦难和流血，认为非暴力不仅仅是解决美国种族隔离问题的办法，而且是打击各地不平等现象的关键。凭着这种信念，金呼吁世界各地的被压迫人民用爱的武器进行斗争。不过，在未来的几个月里，那些在美国之外寻求自由的人将比金更容易。

---

　　① 'Interview with E. D. Nixon', 28–30, in Southern Regional Council: Will the Circle Be Unbroken program files and sound recordings, Box 13, Folder 6 – Montgomery – Nixon, E.D., nd,Interviewer Judy Barton, MARBL.

1956
The World in Revolt

夏天

/

叛逆精神

面包和自由

任何一个敢于反对人民统治的破坏分子或疯子都要清楚地明白，为了工人阶级的利益……为了我们祖国的利益，当局会毫不犹豫地砍掉他的手。

——波兰总理，约瑟夫·西伦凯维兹

波兹南位于华沙和柏林之间的瓦尔塔河畔，是波兰最古老的城市之一，其壮观的圣彼得大教堂和圣保罗大教堂始建于968年。尽管被普鲁士占领一个多世纪，而纳粹在占领期间也企图消除非德国文化的任何痕迹，但历史悠久的波兹南仍然具有典型的波兰特性。当苏联红军解放波兰时，波兹南曾遭受巨大破坏，但到20世纪50年代中期，这个重要的制造业和贸易中心已获重建。城市中心远离城郊工业区，大多是红砖建筑，拥有大型开放空间，包括一座美丽的老城广场，以及由德国人在1910年建造的壮观石宫——这里现已成为当地政府的办公室。西南8005米处是国际贸易博览会所在地，其白色的未来主义建筑唤起了人们对现代进程的印象。但在1956年6月底，波兹南则处于风波的最前沿。

6月28日星期四，上午6时30分，波兹南ZISPO金属制品厂工人因为工资低、工作条件差，愤怒地捣毁了工具，举行罢工。工厂里的汽笛声打破了清晨的宁静，数千人在工厂砖门集合，然后前往三千米远的市中心。他们沿着格纳沃达街走过去，许多抗议者刚下夜班，穿着"黑色油腻的工作服"，其他人"肩膀上扛着锤子"，或挥舞着波兰国旗。人们高唱爱国歌曲，吟唱赞美诗歌，高呼"我们想要面包"。[1]游行队伍走过圣马丁教堂时，两名牧师站在台阶上，为他们祝福。

示威者涌至靠近城堡和波兰统一工人党委员会省委总部的斯大林广场，途中不时有人加入——全市各地数以千计的工人，高中生和大学生，家庭主妇和儿童，景象蔚为壮观。一位名叫唐纳德·博斯维尔·古雷的英国外交官在波兹南参加国际贸易展览会，据他说，上午9点，广场已经挤满了近两万人，每时每刻都有一波又一波的示威者赶来。人群在"吟唱赞美诗……气氛严肃，决心坚定"。无数波兰人站在阳台上，伫立在窗口，鼓掌，欢呼。数以千计的人们，高举着"我们为孩子要面包"的横幅，歌唱着波兰国歌《波兰没有灭亡》，继续前往广场。抗议活动规模浩大，10多万人（超过全市四分之一的人口）在这动荡的一天涌上街头。

上午9时10分，一行15人声称是人民代表，进入城堡，与市议会主席弗朗西斯克·弗里斯科科维奇谈判。但是，当他们要求立即派出政府代表团到波兹南，并且要求降低物价和生产目标时，弗里斯科科维奇表示拒绝，声称他没有权限，并打电话给当地的波兰统一工人党委员会总部。当他接通宣传部门的负责人文岑蒂·克拉斯科的电话后，其中一名代表——一名大学生，一把抓住了话筒，大声喊道："要么派人到华沙，要么揪下你的脑袋。"同时，外面更多的抗议者涌入大楼，有的人把一面象征投降的白旗挂在窗前，有的人爬上塔楼……在众人的咆哮声中，升起一面波兰国旗。而后克拉斯科对人群喊话，试图平息这混乱的场面，但是，他的官腔和遁词使得现场一片哗然。呼喊声和嘘声很快就把他淹没了。[2]

一开始，示威者主要专注于经济问题。人们不断高呼"面包，面包，面

---

[1] Machcewicz, *Rebellious Satellite*, 87–100; Matthews, *Tinderbox*, 94, 96–8.

[2] Machcewicz, *Rebellious Satellite*, 106, 109; Matthews, *Tinderbox*, 101–7; Curp, *Clean Sweep*, 161–2.

1956 年 6 月 28 日，示威者聚集在波兹南中心。标语牌上写着："我们要吃饭。"

包"，同时要求"增加工资和降低物价"。[①]英国外交官古雷在 4 点到 9 点之间遇到抗议的人群，他试图从酒店开车到国际博览会，被抗议者拦住，"我问发生了什么事，人们说他们在罢工。我问为什么。其中两个中年男子拍着肚子，用波兰语说'面包'"。[②]后来，工人们又要求宗教自由，呼吁释放波兰大主教斯蒂芬·温辛斯基（自 1953 年 9 月开始被软禁），并要求学校重新开设宗教教育课。不过，公然反对政权的言论也浮出水面。

在波兰发生抗议活动时，牛津大学研究员彼得·维尔斯跟随经济学家访问

①　'Poland: This Is Our Revolution', *Time*, 9 July 1956; Machcewicz, *Rebellious Satellite*, 100.

②　'Report by Mr. Gurrey', 1.

团在波兹南进行访问。身为共产主义经济专家的维尔斯立即冒险进入市中心观察抗议活动，尽管政府派来的向导极力劝阻他。上午 10 点到达现场后，维尔斯注意到，随着一波又一波工人源源不断地赶来，要求"更多的面包，更高的工资"，斯大林广场的气氛也越来越像"民众革命"。此时，许多电车被推翻，其中一辆盖着波兰国旗，作为临时讲台，一个又一个演讲者面对大众慷慨陈词。他们高呼"我们要自由"，或把口号潦草地写在标语牌和横幅上。抗议者自由发表言论，坚持认为人民现在已经开始反对俄罗斯人。[1] 还有人兴奋地说，其他城市也都在抗议。

抗议者的情绪也越来越激进。罢工开始时，到处洋溢着节假气氛。据一位秘密警察报告，人们走在大街上，面带微笑；他们走到市中心时，欧洲家庭咖啡馆的侍应生，手托盛着饮料和开胃菜的托盘，飞似的奔过来，向走在队伍前排的人分发点心和饮料。不过，有一种不好的征兆，仿佛会发生什么事情。例如，当一个工厂主管试图阻止他的工人参加罢工时，愤怒的工人就向他头上浇了石油。抗议活动进行了好几个小时，愤怒的情绪愈燃愈烈。上午 10 点左右，一群人高呼着："打倒俄国佬！"强行进入波兰统一工人党委员会省委总部，赶走了工作人员。人们在大楼上悬挂横幅，上写"背叛者，去死吧"。还有人在窗口放置黑板，在上面写着："我们要自由！""给我们自由的波兰！"[2]

其他象征权力的机构也受到攻击。有传闻说，ZISPO 的工人代表团遭到逮捕，一大群人冲进慕林斯科街监狱，在那里，他们夺过武器，制服警卫，释放囚犯，捣毁文件、家具和设备。第二波人强行进入检察机关办公室，随后将文件拿到街上烧毁。其他人则前往城市的露天广场，那是第二十五届国际贸易博览会场址。在那里，他们扯下苏联国旗，高举写有"俄罗斯人滚出去"的横幅。城市的广播电台被"洗劫一空"，广播干扰设备从 6 楼的窗户被扔到下面

---

① Wiles, Report on Poznań Uprising, 1–2.

② 'Report by Mr. Gurrey', 2; Machcewicz, *Rebellious Satellite*, 107–9.

的街道上，人们用脚踩踏摔坏的机器，享受着那份刺激。[①]

最初，示威者几乎没有遇到阻力，警察和国民警卫队都不愿意前来维持秩序，有些军警与示威者联手，甚至交出武器。当民兵坐着两辆卡车到达城堡时，示威者热情地向他们高呼："民兵与我们站在一起，民兵与国家站在一起！"[②]然而，数千名示威者聚集在公共事务临时办公室时——在科哈诺夫斯基大街上的结构主义风格的雄伟建筑，情况骤然发生了变化。秘密警察总部成为示威者攻击的目标，他们怀疑失踪的 ZISPO 工人被囚禁在地下牢房中（事实上，有关工人被捕的传言并不真实）。上午 10 时 15 分，一队以 10 岁至 14 岁的儿童为首的示威者手举波兰国旗、唱着爱国歌曲抵达安全办公大楼。他们停在总部大楼前，高喊："打倒民族的屠夫！"然后，试图强行打开大门。[③]

一开始，安全部队试图用高压水枪来驱散人群，但是示威者意志坚决。他们用翻倒的电车、树枝和附近广播电台的破损设备设置街垒，向安全部队投掷石块，并呼喊："你们的末日已来临。今天我们要将你们消灭尽！"他们继续奋力撞门。大约上午 11 点钟左右，从二楼的窗户传来枪声。[④]一位英国观察员解说："一刹那，所有人都僵住了。然后，大家都向同一个方向跑去——远离射击点……很多人……被踩踏在地。我听到人们的尖叫声……"[⑤]有好几个人被枪击中，包括孩子；有一种说法，"一个 16 岁男孩的尸体被高高抬起，旁边有

① 'Poland: This Is Our Revolution', *Time*, 9 July 1956; 'A British Business Man Gets Grandstand View', 2; Machcewicz, *Rebellious Satellite*, 102; 'Report by Mr. Gurrey', 2; 'RFE and the Poznań Demonstrations', 6 July 1956, 2, in C. D. Jackson, Box 54, 'Free Europe Committee (5)', Eisenhower Library.

② 'A Danish Businessman Gives Eyewitness Account', 3; Machcewicz, *Rebellious Satellite*, 105, 110; Despatch no. 131, 3 July 1956, 3; 'Report by American Eyewitness on Poznań Disturbances', 1, FO 371/122595; Curp, *Clean Sweep*, 163.

③ Machcewicz, *Rebellious Satellite*, 113; Curp, *Clean Sweep*, 163; Wiles, Report on Poznań Uprising, 2.

④ Matthews, *Tinderbox*, 112, 114, 115, 116; Wiles, Report on Poznań Uprising, 3; 'Report by Mr. Gurrey', 2; 'Deaths Reported', *NYT*, 29 June 1956, 3.

⑤ 'Poland: This Is Our Revolution'.

一位骄傲而漂亮的波兰女子护送着浸透他鲜血的波兰国旗"。①秘密警察总部受到示威者围攻，他们手持枪支和燃烧瓶，做出激烈反应，整个下午"零星的枪声响个不停"。德国记者在约 400 米远的罗斯福街公寓楼关注着事态的发展，他注意到，倍受惊吓的人们一次又一次跑进拱门，躲避子弹。大约中午 12 点 20 分，在布罗夫斯基大街，两辆被示威者控制的坦克，"隆隆地驶过雨后湿漉漉的街道"，在安全局外面停了下来。一名女子在其中一辆坦克的炮塔上挂上一面旗帜，众人高呼"上帝保佑波兰"。坦克用炮塔上的机枪（没有火炮）向大楼开火。同时，一些工人在附近建筑物的屋顶上占据有利位置，同安全部门的警卫人员交火。在整个城市，推翻了的电车、汽车，甚至家具都被用来设置临时路障，城市的火车站被关闭，以防援军进入城市。②

虽然只有少数人拿起武器，不过对安全部门的袭击却令人激动不已。当然，这里也有报复心理在作祟。安全大楼外的人们谴责里面的"法西斯"，并威胁要烧死他们，秘密警察也受到袭击。最臭名昭著的事件发生在火车站，在那里，25 岁的齐格姆特·伊兹德布尼下士遭到围攻，被活活踢死。他们还狂言要把所有安全部门人员都像臭虫一样碾死。③

在华沙，不到上午 10 点，骚乱的消息已经传到波兰统一工人党委员会第一书记爱德华·奥哈布那里。在一次非公开的会议上，国防部长康科丹·罗科索夫斯基警告说，单凭地方力量可能不足以平息风波，要求"自行决定权"，并建议派出军队。奥哈布立即表示同意，政治局未经审查就批准该项决议。罗科索夫斯基部署了压制性火力，派出军队（正规军队和内部安全部队），还派出数百辆坦克。空军的喷气式飞机在城市上空盘旋，坦克、步兵卡车和装甲车辆纷纷涌入波兹南。有时，这些事件犹如梦幻一般。一个英国商人描述："他们相互射击，旁边的人们站在便道上围观，仿佛他们是在温布尔登看网球比

① Matthews, *Tinderbox*, 112, 114, 115, 116; Wiles, Report on Poznań Uprising, 3; 'Report by Mr. Gurrey', 2; 'Deaths Reported', 3; 'Poland: This Is Our Revolution'.

② 'Poland: This Is Our Revolution'.

③ Machcewicz, *Rebellious Satellite*, 114–15; Matthews, *Tinderbox*, 123–4.

赛。"①一些在安全部门射击的年轻人"似乎对自己很满意，甚至在瞄准目标的时候还摆出姿势拍照"。②然而，形势已异常严峻。有些士兵使用催泪瓦斯驱散示威者，其他士兵则直接向人群射击。一名目击者看到有 5 个人死在斯大林广场，"还有一人在机关枪扫射下，倒在离我几米远的地方"。③有很多人被碾死在坦克的履带下。一名 18 岁的大学生在准备投降的时候，被刺刀挑死，令观者毛骨悚然。即使军队向空中射击，结果也可能是致命的，"小孩子爬到树上躲避坦克，或者为了看得更清楚，但却像家雀一样死去"。整个下午，临时救护车往返穿梭——那都是些涂着红十字的卡车，运送死者和伤员。

示威者手上只有摩洛托夫鸡尾酒或燃烧瓶，以及手榴弹和轻武器，他们的火力很快就被压制。虽然安全部门内外的激烈战斗仍在继续，但其他地方的抵抗已在下午 4 点 40 分被平息了。夜晚，枪声时断时续，偶尔响起爆炸声，但到了黎明，一切恢复平静。然而，代价惨重：73 人死亡（其中 64 人是平民），400 人受伤；260 多人遭围捕，其中许多人受到野蛮虐待。④一个 18 岁的女孩看到她的父亲被枪杀，她的父亲是一名电工。她因为参与示威活动而被捕，被关在臭名昭彰的科哈诺夫斯基街监狱。她后来回忆说，她的一个狱友被带走审讯，回来时上颚所有的牙齿都被打掉了。监狱的走廊常常回荡着"非人的尖叫声和嚎叫声"，就像"杀猪的声音"。

波兹南事件是由长期以来的经济不景气引发的。一位英国广播公司记者几星期前在波兰境内旅行，报道称"人们普遍抱怨生活水平低"。⑤虽然全国各地的生活都很艰苦，但波兹南的 38 万居民似乎更有理由感到不满。人均投资水

---

① Despatch no. 131, 3 July 1956, 3, FO 371/122595.

② '38 Killed, 270 Wounded in Poznań Riots', 6.

③ '38 Killed in Poznań "Bread" Riots', *Manchester Guardian*, 30 June 1956, 1; Matthews, *Tinderbox*, 120, 125.

④ Machcewicz, *Rebellious Satellite*, 118; Curp, *Clean Sweep*, 164; Kemp-Welch, *Poland under Communism*, 88.

⑤ 'Confidential: From Warsaw to Foreign Office, 29 June 1956', telegram no. 414, 2, FO 371/122593.

平为 368 兹罗提①，远低于其他地区（罗兹地区为 572 兹罗提，克拉科夫为 1147 兹罗提），波兹南一直处于建立集体农庄和工业合作社的最前沿。事实上，波兹南人以他们的高效率传统而自豪，似乎对斯大林主义经济规划带来的浪费、混乱和无能为力的现象感到愤慨。1956 年，波兹南工业工人的月薪明显低于全国平均水平，日常生活用品（如面包、水果和香肠）的价格很高，药费昂贵，据说在波兹南几乎没有人能够负担得起。这个城市还面临着长期的住房短缺问题，尤其给年轻工人带来了极大困难，使他们被迫与父母一起挤在破旧的公寓里。

奖金、生产目标和工作条件的不利变化在 1956 年初严重影响了许多波兹南工业和企业工人的正常生活。例如，在冶金工厂，生产奖金被废除；还拒绝为电车工人发放其他城市同行领取的"寒冷天气补助金"；削减车辆运营公司工人的煤炭配额。同时，在生产优质船舶发动机、机车、火车车厢以及机床和其他金属制品的大型 ZISPO 工厂，有 15 万工人面临废除奖金、提高生产指标的制度，以及狭窄、不安全、恶臭冲天的工作环境。除此之外，几年来，有 5000 多名工人多交了 1100 万兹罗提的税（相当于每个工人两个月的工资）。②ZISPO 的工人如此好战也就不足为奇了。

缓和局势的努力失败了。ZISPO 管理层收到 4000 多份请愿书。政府代表和工厂经理进行了谈判。最终，一切无果。由于不满，工人们进行无声抗议、停工和大规模集会。还与其他工厂的工人进行商讨，协调行动。注意力集中在计划于 6 月 17 日举行的国际贸易博览会，正如一位 ZISPO 工人所说："波兰贫困问题严重，吃不上饭。"③

影响局势发展的还有赫鲁晓夫"秘密报告"的持续效应。在示威活动之前的几个月，波兰媒体就作家和知识分子针对政府的批评进行了广泛报道。在这种气氛下，波兹南的工人公开表示了自己的不满。在 ZISPO 工厂的公开会议上，

---

① 1 波兰兹罗提≈1.8365 人民币。

② Machcewicz, *Rebellious Satellite*, 91–2; Matthews, *Tinderbox*, 94.

③ Machcewicz, *Rebellious Satellite*, 92, 94; Matthews, *Tinderbox*, 94.

讨论苏联共产党第二十次代表大会的报告时，作家彼得·古奇呼吁工人"以无所畏惧的勇气"维护自己的利益；秘密警察报告说，有大量证据表明工人们愿意说出自己的意愿。事实上，波兹南示威活动给人们提供了一个鲜明的例子，表现了去斯大林化时代的困难。苏共"二十大"之后，批评的氛围更为开放，人们有恃无恐地提出不同意见。这常常引起爆炸性的连锁反应，局面难以控制。

6月27日，与金属工业部长会谈后，ZISPO代表团从华沙返回家园。他们相信自己已经取得重大胜利，其中包括退还多付的税款、调整劳动定额、恢复奖金。但是，在全厂职工大会上，许多工人对此表示怀疑。那天晚些时候，部长亲自对铁路运输工厂工人讲话，现场情绪发生很大波动。部长打着官腔，似乎与早期的协议相背而行，工人们发出嘘声和喊叫声："说谎，打倒他……"他结束讲话时，声称："事情没有那么糟糕，回来工作吧！"然而，罢工已无法避免了。[①]

6月29日晚，军队继续采取行动，肃清任何抵抗，总理约瑟夫·西伦凯维兹通过波兹南广播电台发表讲话，他现在"痛苦万分"，因为这个"以勤奋、爱国和遵守秩序而著称的美丽城市"，见证了"血腥的骚乱"。这位45岁的前奥斯维辛集中营囚犯指责"破坏分子"和"帝国主义特务"挑起事端。他还称赞"英雄的士兵、民兵和安全部队人员"，表扬他们作战勇敢，并说他们努力克制，"直到最后一刻，当破坏分子开火，才使用武器"。波兰领导人也对任何打算做进一步抵抗的人发出冷酷的威胁："任何一个敢于举手反对人民统治的破坏分子或疯子都要清楚地明白，为了工人阶级的利益……为了我们祖国的利益，当局会毫不犹豫地砍掉他的手。"[②]

波兹南事件在波兰引发了席卷全国的反对浪潮。以要求与波兹南的工人团结一致、要求更大的政治和经济自由为内容的传单和涂鸦出现在全国各地的城

---

① 　Machcewicz, *Rebellious Satellite*, 97; Matthews, *Tinderbox*, 95.

② 　'Proclamation of the Chairman of the Council of Ministers, Cyrankiewicz, to the People of Poznań, June 29, 1956', in Zinner, ed. *National Communism and Popular Revolt in Eastern Europe*, 131–5.

镇；匿名信件和宣传单被发送到报刊编辑、电台。反对派也在集会和群众会议上发表言论，具有讽刺意味的是，为了谴责"破坏分子"，当局不得不给自己打气。同时，考虑到当局有可能做出让步而不是冒险惹来进一步的混乱，波兰各地的工厂和农场工人要求加薪，或降低物价。越来越多的人要求更激进的改革，要求瓦迪斯瓦夫·哥穆尔卡重新主政。哥穆尔卡由于挑战斯大林主义，于1948年被开除党籍。

在南部640多千米远的匈牙利也感受到了波兹南事件的冲击波。就在示威活动开始不久，匈牙利内政部部长命令警察局和国家安全警察局高度戒备。例如，在布达佩斯以南的工业郊区塞佩尔，警察巡逻的次数增加了；在西北部的戈尔省，电站、燃气工厂和其他关键设施的卫兵不许离岗，当局还发放了武器，部署了军队。越来越多的证据表明这个春天动荡不安，匈牙利马蒂亚斯·拉科西决定坚持不懈，继续努力。6月30日，匈牙利社会主义工人党中央委员会谴责"工人的敌人"最近对党的"亵渎"和诽谤袭击。它密切关注波兰最近的动乱，进而宣布："波兹南事件为每一个匈牙利工人敲响了警钟，每一位诚实的爱国者都坚决反对任何捣乱行为……使我们的人民民主取得新的进展。"[1]

裴多菲圈子

知识分子所面临的前所未有的危机，现在已经影响到工人和农民。

——《自由人民》社论

1956年7月中旬，资深苏维埃领导人阿纳斯塔斯·伊万诺维奇·米高

---

[1] 'Resolution Adopted by the Central Committee of the Hungarian Work-ers' Party', 30 June 1956, in Zinner, ed. *National Communism and Popular Revolt*, 328–31; 'Hungarian Workers Warned of Increased Unrest', *The Times*, 2 July 1956, 8.

扬——赫鲁晓夫的重要副手之一，克里姆林宫事实上的第二号人物，紧急访问布达佩斯，密切关注匈牙利政府是否稳定。莫斯科的担心不无道理。米高扬在7月14日向主席团提交的一份绝密报告中，描绘了一幅令人震惊的画面："日复一日，你们可以看到自己的同志失去权力。我们的敌人正在积极、果断、自信地组成一个权力中心。"他在报告中写道，"敌对情绪"正在工人、知识分子和心怀不满的党员中间滋生、蔓延，并稳步地赢得支持，扩大影响。米高扬这样描述混乱的领导阶层："原则问题"或"党管理的实践问题"毫不统一，纪律已经"不复存在"，新闻广播的控制权已经交到敌对势力手里。匈牙利的同志们甚至承认"大权旁落"。米高扬曾建议匈牙利的老领导拉科西·马加什自愿离职，并得到了很多人的支持。有报道说，拉科西的一些中央委员会同僚们表示"喜上心头"。①

7月18日，拉科西宣布辞去匈牙利劳动人民党（MDP）第一书记的职务。在他的官方声明中，他说他年事已高、健康状况不佳（他65岁，患有高血压），并承认自己犯过一些"错误"，特别是"个人崇拜"和"违反社会主义法制"。拉科西解释说，在赫鲁晓夫的"秘密报告"之后，他明白"这些错误的严重性，其影响要比我想象的坏得多"，他也承认自己对这些错误的挽救不及时，效果欠佳。②对于一个曾经把自己的成就与这个国家的缔造者——11世纪的圣人斯蒂芬一世——相比肩的人而言，以这种屈辱的方式离开权利中心，无疑是让他吞噬苦涩的毒药。在与赫鲁晓夫通电话时，拉科西要求再多给他一些时间，他警告说"如果我走，一切都完了"。他搭乘飞机前往莫斯科进行紧急

① Taubman, *Khrushchev*, 290; 5; Applebaum, *Iron Curtain*, 483; Sergei Khrushchev, ed., *Memoirs of Nikita Khrushchev: Volume 3, Statesman* [1953–1964] (Providence: Brown University, 2007), 648; 'Report from Anastas Mikoyan on the Situation in the Hungarian Workers' Party, July 14, 1956' in Csaba Békés et al., *The 1956 Hungarian Revolution: A History in Documents* (Budapest: Central European University Press, 2002), 143–7.

② Matyas Rákosi, Letter to the Central Committee, Szabad Nép, 19 July 1956, reprinted in Melvin J. Lasky, ed., *The Hungarian Revolution: The Story of the October Uprising as Recorded in Documents, Dispatches, Eye-Witness Accounts, and World-wide Reactions* (London: Martin Secker & Warburg Ltd, 1957), 33.

"治疗"，将在吉尔吉斯（吉尔吉斯斯坦）度过他生命中的最后15年。

几个月以来，他们一直在给拉科西施压。赫鲁晓夫在苏共"二十大"的戏剧性举动以及与南斯拉夫达成和解的愿望，意味着拉科西的"斯大林最好的学生"的声誉和他对约瑟普·布罗兹·铁托的个人敌意已成为严重的障碍。在匈牙利人的心目中，第一书记的地位从未像现在这样风雨飘摇。一位记者写道，无论在党内外，他都遭到"普遍厌恶和鄙视"。赫鲁晓夫回忆说，到了夏天，拉科西的名字"被赋予卑鄙这一内涵"。①当然，要找到反对他的领导，或对他的政府不满的证据绝非难事。

匈牙利的主要报纸和杂志都进行了批评。6月7日的《妇女周刊》（Nok Lapja）登载了蒂博尔·塔尔多斯撰写的一篇文章，这位记者作为持不同政见者很快声名鹊起。在《一个人在布达佩斯》一文中，他描述了在灯厂工作的4位年轻女性的日常生活。那些女性"分散在大城市，远离父母，几近文盲"，被迫从一个令人生畏的房东那里租来一张床，因为没有迹象表明，该工厂承诺的宿舍何时才会建造。她们的梦想很简单，只是"有一个家，每天能吃口热饭"。塔尔多斯组建了一个行业组织——"愚蠢的记者"，他们在无数文章中为匈牙利绘制一幅幅美丽的画卷，称它是"全世界最好的"，并且对拉科西将匈牙利变成"钢铁"之邦的所作所为进行了无情痛击。②

匈牙利政府对工业的日常管理也受到谴责。拉斯洛·萨尔卡尼在5月版的Partelet上发表文章，指出"工厂经理和党委书记之间的不和，源于后者没有足够的技术和经济知识"。这意味着会经常发生"当存有争议时，他不是以理服人，而是发出命令"的情况。另一位观察家介绍说，东北工业城市沃什久尔的工人对"官僚主义的无知和心灵枯竭"越来越不耐烦。一位布达佩斯钢铁工人说，除了在经济上失望之外，令人感到愤怒的是没有个人自由。他说："很

---

① Simon Bourgin, 'An American Writes from Budapest', 5 July 1956, in Lasky, *The Hungarian Revolution*, 32; Khrushchev, ed., *Memoirs of Nikita Khrushchev*, 648.

② Tibor Tardos, 'Alone in Budapest', *Nok Lapja*, no. 23, 7 June 1956, in NH 10110/35, Review of Hungarian Periodicals, 28 June 1956, 33; Cartledge, *Will to Survive*, 426–9.

多时候，我不得不接受别人的意见，也许我并不同意……别人的意见发生变化时，我的意见也要相应改变。"他宣称，这让他感到恶心："我是一个男人……我也有头脑……"他渴望被视为一个"知道如何思考的成年人。我想说出我自己的想法，不受任何威胁，我也想有话语权"。①

农村生活也好不到哪儿去。五月版的《和平与自由》刊载了塔马斯·亚克赛尔的长篇文章。亚克赛尔是一位资深作家，29 岁时就被任命为共产党内部出版公司的总编辑；在两年内，他受到匈牙利和苏联的褒奖（分别获得科苏特奖和斯大林奖）。1955 年 11 月，他在所谓的"作家反抗"中发挥主导作用，成立了匈牙利作家协会，负责确保出版的诗歌和散文不偏离党的路线，"削弱我们文化生活的反民主方法"。亚克赛尔在匈牙利大平原上的一个未命名的村庄生活了一个星期，他报告说，虽然卖旧衣服和其他物品的合作商店货源充足，村民在购买一些基本生活用品时却困难重重，例如，肥肉极其稀有，数量少得可怜；葡萄酒，如果有的话，价格过高；而村里的集贸市场"小而空"。村民在政治上似乎很冷漠。许多人，包括一些最有才华、最聪明的人，也认为沉默是审慎的选择。一位村民说："我为什么要说？谁知道我现在说的话一年后会不会被挑出毛病来？"亚克赛尔引用了许多村民的例子，这些村民因真正的或臆想的罪行受到打击、轻视或被勒令靠边站。结果是"不稳定的感觉无所不在"。亚克赛尔谴责地方官员的冷漠，他们认为自己"永远正确，可以上管天，下管地，中间管空气"。鉴于党的工作人员与群众之间存在着难以逾越的"鸿沟"，亚克赛尔认为，改革势在必行，不仅要"赋予工人批评的权利，而且要营造一个健康的批评氛围"。②

1956 年夏天，大部分反对拉科西政权的意见是围绕着裴多菲圈子进行的。裴多菲圈子是一个辩论俱乐部，这个俱乐部是在 1955 年春天由 DISz（劳动青年联盟）创立的，其目的是为了纪念 1848 年革命的英雄和诗人裴多菲。领导层对

---

① William E. Griffith, 'The PetofiCircle: Forum for Ferment in the Hungarian Thaw', *Hungarian Quarterly*, 25 January 1962, 22.

② Tamás Aczél, 'Large Village N.', *Beke es Szabadsag*, no. 19, 9 May 1956, 10–11, in NH 10110/35, Review of Hungarian Periodicals, 28 June 1956, 18–22.

这个团体大加鼓励，认为它会成为反对意见的安全阀。事实上，事情的发展事与愿违。虽然裴多菲圈子隶属于一个青年组织，但其领导人大多是年轻的专业人士，而不是学生，且大约80%是党员。虽然许多人对拉科西政权感到失望，但他们并没有放弃共产主义信仰。圈子与纳吉·伊姆雷没有正式联系，但是其思想体系与这位前总理和所谓的"新历程"自由主义改革有着密切的关系。纳吉本人从未参加裴多菲圈子的辩论，但他一直在努力与讨论保持同步，而且，他的几位副手，特别是盖佐·洛松齐和尼克拉·瓦萨拉依，担任非正式中间人。

成立后的第一年，裴多菲圈子的讨论主要集中在历史、经济学、科学、文学和苏联艺术方面。有时候，人数不过十几个，非常不起眼。但到了1956年中期，裴多菲圈子提供了"最直言不讳的批评"的平台。

赫鲁晓夫的"秘密报告"解放了布达佩斯的知识分子，将裴多菲圈子变成表达反政府情绪的中心。到了1956年初夏，加入圈子的人越来越多——包括布达佩斯主要工厂的正式工人代表，讨论也越来越热烈，它俨然成为新兴政治改革运动的焦点。5月份，对政治经济学的公开讨论变成了对拉科西"狂妄自大"的"全面谴责"，并对整个经济方法（包括强制工业化、低工资和不现实的生产目标）发起了凌厉的攻击。几个星期后，一场关于历史的辩论吸引了数以千计的群众，有人对过去官方档案弄虚作假的现象进行了激烈谴责。政府被指责颠覆了历史事实，把它当作廉价的宣传品。6月14日，杰出的马克思主义哲学家捷尔吉萨·卢卡奇计划在圈子里发表讲话。来听卢卡奇讲话的人非常多，于是他一边抽着雪茄，一边亲自将众人从狭小的科苏特俱乐部带到附近的卡尔·马克思经济大学。这位71岁的学者对"流水线生产出来的哲学家"表示蔑视，称他们"除了会啃马克思主义条文，别无长处"，并提倡"独立思考"。①

4天以后，在一次关于社会主义的辩论中，1000多名老战士（包括西班牙内战的退伍军人）和年轻知识分子听取了被清除出党的共产党领袖拉伊克·拉

---

① Hegedű, 'The PetőfiCircle', 112, 118–19; Griffith, 'The PetofiCircle', 17–19; Matthews, *Tinderbox*, 147; Applebaum, *Iron Curtain*, 482.

斯洛的遗孀朱莉娅·拉斯洛发表的演讲。这位 44 岁的女士慢慢地走上讲台，她在 6 个月前刚被释放，神情憔悴，脸上布满皱纹，她用坚定的声音说道："在 5 年牢狱生活、饱受屈辱之后，我能站在你们面前，深感激动。"她解释说："我不仅失去了丈夫，而且我的小宝宝也从我的怀里被强行夺走，多年来，我的小儿子生死不知，音讯全无。"然后，她话锋直指拉科西及其同事，宣称："这些罪犯不但杀死了拉伊克·拉斯洛。他们还在这个国家践踏情感和诚实。凶手不应该仅仅受到批评，更应该受到惩罚。"她说，那些毁掉国家、破坏党、害死数千人、使数百万人陷入绝望的罪魁祸首，一天不受到惩罚，她就继续战斗一天，决不罢休。她呼吁人们拿起武器："同志们，在这场斗争中帮助我！"她的讲话结束后，全场起立鼓掌，掌声热烈，经久不息。第二天，朱莉娅·拉斯洛的精彩演讲传遍整个布达佩斯。[①]

官方报纸《自由人民》，在过去的几个月里对裴多菲圈子的辩论一直不屑一顾，但在 6 月 24 日发表了一篇不寻常的社论，把圈子说成是"一束明亮的阳光"，有助于摆脱过去的"僵化的教条"。文章甚至建议高级官员和政府部长参加圈子的讨论，从中获益。

由于朱莉娅·拉斯洛介入的消息使得人们非常激动，加上《自由人民》的社论的宣传，有一大批人要求参加裴多菲圈子的下一次辩论。到了下午，已经有好几千人聚集在军官俱乐部之外。军官俱乐部是世纪之交一座巨大的建筑，位于布达佩斯主要街道之一的瓦茨街。有 800 个座位的礼堂已经挤满了 1600 多名学生、工人、白领人士、知识分子、军官和党的官员。晚到的演讲嘉宾——包括《自由人民》的编辑马萨顿·霍瓦斯，不得不奋力挤过人群。同时，不合理的湿度使人们更加不适。辩论在晚上 6 点 30 分开始，提前了半小

---

① Griffith, 'The PetofiCircle', 19–20; Bourgin, 'An American Writes from Budapest' and Leslie Bain, 'Rajk's Widow', *The Reporter* (New York), 4 October 1956 in Lasky, *The Hungarian Revolution*, 29–30; Vic-tor Sebestyen, *Twelve Days: Revolution* 1956 (London: Phoenix, 2007), 86–7; Applebaum, *Iron Curtain*, 482–3; Matthews, *Explosion*, 104–5; Matthews, *Tinderbox*, 148; NH 10110/37 – C. L. S. Cope's summary of a meeting in the Officers' Club in Budapest, 27 June 1956, esp. p. 2, in FO 371/122374.

1956 年 6 月 27 日，人们聚集在布达佩斯军官俱乐部的庭院里，喇叭里正在播放裴多菲·山陀的言论。

时。组织者还安装了扬声器，向外面街道上的人群转播辩论进程。现在人数已经达到 6000 人。一个又一个发言人发表了谴责政府的讲话，并提出改革的要求。蒂博尔·塔尔多斯表示，许多匈牙利人认为，教条主义和官僚主义领导制度不适于他们的理想，而蒂博尔·梅里则宣称，需要"净化历史风云"来清理这个国家。[1] 他发表的讲话引起了热烈的议论。

到目前为止，军官俱乐部里的气氛堪称"绝对混乱"。霍夫特一度恳求他的同志不要攻击党，然而，他的讲话声却被"我们是党"的喊叫声淹没。虽然，与会者小心翼翼地不去批评苏联，但当一位记者宣称"我们为苏共'二十大'所揭示的真相而战，战场不在莫斯科，而是在布达佩斯"时，听众回应以热烈的、长久不息的掌声。[2] 最后，到了早上，前总理洛松齐·盖佐率先情绪激昂地喊起口号——"纳吉万岁"和"把纳吉归还予党"！经过 9 个小时的激情辩论，代表们大汗淋漓，嗓音嘶哑，精疲力竭，准备回家。在几个小时里，布达佩斯的气氛变了。《时代》杂志的西蒙·布尔金注意到："前一天晚上的事情，在某种程度上使整个城市的人们十分兴奋，人们的话题全都聚焦于此。许多人对我说这是'第二次匈牙利革命''从现在开始，事情有了新的转机'。"其他人则更加谨慎，指出"人们公开发表言论而没有被关监狱，这还是第一次"。

拉科西·马加什决心恢复纪律。出于担心人们对他的领导权越来越激烈、公开的批评，并对 6 月 28 日上午在波兹南爆发的工人反抗运动感到震惊，这位匈牙利领导人决定出击。6 月 30 日，中央委员会召开紧急会议，通过了一项谴责裴多菲圈子的决议，指责它散布"资产阶级和反革命观点"，诬蔑党的官员，夸大党的错误。[3] 他们还指责纳吉·伊姆雷及其支持者，谴责他们"公开反对人民民主"。蒂博尔·塔尔多斯和蒂博尔·戴瑞被开除出党，《自由人民》

---

[1] Bourgin, 'An American Writes from Budapest', 30; Matthews, *Tinderbox*, 149–50, 159; Griffith, 'The PetofiCircle', 23–4; Aczél and Méray, *Revolt of the Mind*, 402.

[2] Matthews, *Tinderbox*, 159–60.

[3] Griffith, 'The PetofiCircle', 27–8; Hegedüs, 'The PetofiCircle', 123–4; Matthews, *Tinderbox*, 161; 'Resolution Adopted by the Central Committee of the Hungarian Workers' Party, June 30, 1956' in Zinner, ed. *National Communism and Popular Revolt*, 328–31.

因 6 月 24 日登载的社论而被斥责。鉴于波兰的最近事态发展，决议宣布，"波兹南的反动事件为每一个匈牙利工人和每一位诚实的爱国者敲响警钟，提醒他们反对任何捣乱的企图"，并要求他们支持国家领导人。[①]拉科西还列出一个应该立即逮捕的 400 人名单，这份名单包括纳吉和他的亲密伙伴，以及政权的主要批评者。不过，计划好的镇压行动并未实施。苏联得出的结论是，这位第一书记负有责任，于是立即撤回了对拉科西的支持。

如果在这危急存亡之秋，纳吉·伊姆雷恢复执政，历史可能会改写。但莫斯科给格罗·埃诺大开绿灯，使其成功接替了拉科西。57 岁的格罗·埃诺是斯大林的忠实支持者，并不比他的前任更受欢迎。尽管他上台后，宣称匈牙利将不会出现"第二个波兹南"，但格罗不能使匈牙利劳动人民党高层恢复团结，更不用说整个国家了。即使他最亲密的同事也毫不客气地说他粗俗、毫无耐心和无法容忍批评。[②]对他的任命是一个灾难。

据塔马斯·亚克赛尔所说，1956 年的夏天属于"匈牙利的作家"。歌剧院成功地上演了巴托克（其音乐被拉科西政权禁止）的舞剧《神奇的满大人》；揭露高层纸醉金迷的生活戏剧《自由之山》，由一家领先戏剧公司搬上舞台；蒂博尔·杜里发表了一部讽喻性中篇小说《尼基》——探索一个突然被监禁的无辜之人的命运。当奥地利的边界管制放松时，许多年来，第一次有旅游团前往维也纳旅游。到这个布达佩斯的主要对头城市访问的作家、记者和艺术家代表团，被城市轻松开放的气氛，漂亮的商店，品种繁多的新鲜水果、食品和消费品，弄得眼花缭乱，目不暇接，而享受高水平生活的不只是资本主义商人，更有普通工人，这令他们啧啧称奇，唏嘘不已。这样快乐的故事很快就传回了家乡，那年夏天在布达佩斯街头流行着一个笑话，暗示着一种忐忑不安和愤世

---

① 'Resolution Adopted by the Central Committee of the Hungarian Work-ers' Party, June 30, 1956', 328–31.

② Johanna Granville, *The First Domino: International Decision Making During the Hungarian Crisis of* 1956 (Texas A&M University Press, 2004), 34; 'Rakosi Gives Up Top Hungary Post, Admitting Errors', *NYT*, 19 July 1956, 10.

嫉俗的心情。

> 两个匈牙利人在维也纳附近幽美如画的卡伦堡山上相遇。一个人嗅着空气，脸扭曲一团。另一个人问他在做什么。
>
> "你没有闻到吗？"第一个人问，"你是不是闻到腐臭的气息？"
>
> "没有，有什么味？"
>
> "腐朽的资本主义的气味！"[①]

与此同时，作家协会的主要成员却公然拒绝了当局想要管束他们的企图。他们的杂志《文学公报》的发行量激增了 10 倍，达到 3 万册，这时党组织官员宣称，由于纸张短缺，印数不可能再增加。然而，据报道，由于公众的需求非常大，这份杂志正以高于标价 30 倍的价格转手（标价为 1 福林[②]）；甚至出现了消费者因供应量不足在杂志摊争斗的现象，有些人还为朋友打印文章。亚克赛尔回忆说："一次又一次，陌生人在街上拦住作家，祝贺他们发表新诗或文章；文学终于成为共同财产。"[③]

新的自由精神并不局限于布达佩斯。虽然裴多菲圈子在暑假之后暂停活动，但许多省份都出现类似的活动，包括匈牙利第二大城市德布勒森的科苏特圈子。还有报告说，在全国各地的工厂会议上，主持人要求工人们支持对蒂博尔·戴瑞和蒂博尔·塔尔多斯的攻击，而工人们总是要求先读一下他们所谓的先进言论。8 月 12 日，《自由人民》发表社论公开表示："知识分子所面临的前所未有的危

---

① Aczél and Méray, *Revolt of the Mind*, 423–4; Paul Jónás, 'Economic Aspects', in Béla K. Király and Paul Jónás, eds, *The Hungarian Revolution of 1956 in Retrospect* (East European Quarterly, Boulder, Distributed by Columbia University Press, 1978), 34.

② 匈牙利的货币单位。

③ Támas Aczél, 'Intellectual Aspects', in Király and Jónás, *The Hungarian Revolution of 1956 in Retrospect*, 31–2.

机，现在已经影响到工人和农民。"①有充分的理由证明此言不假。例如，在许多工人会议上，都有减税加薪的要求。同时，在农村，越来越多的人反对农业集体化。政府当局在最近的一个通知中指出，在设立合作农场时，不再允许使用武力，受此鼓励，农民拒绝自愿加入此类企业，其他人则正式要求退出现有企业。

对于政府来说，最令人担忧的是工业工人愈演愈烈的动乱。例如9月初，位于布达佩斯高度工业化地区的塞佩尔汽车工厂的工人们就因长期的薪酬争议举行了罢工。在毗邻这个旗舰工业园区的工厂里的工人也如此效仿。工人们坐在机器旁边吃着午饭，对当地领导人和工作人员的命令置若罔闻。然而，两个小时后，他们又恢复工作。几个星期前，工人因不满意消费品的长期短缺，已经砸坏了该区的商店橱窗。无论在哪里，党的领导人都看到了麻烦的迹象。正如一位共产党官员所说，"每个人都觉得空气中有一种致命的东西"。②

愤怒青年

我身穿蓝色牛仔裤，听着摇滚乐。我不是迷途少年。

——罗斯玛丽·考德威尔，1956年7月9日

此曲只应天上有，人间能得几回闻。

——哈利大街精神科医生，1956年9月12日

1956年7月7日星期六，一场在圣荷西帕洛玛花园举行的胖子多米诺音乐会触发了全面暴动。观众都是青少年，有黑人、白人，其中有些是拉丁裔美国人，

---

① 'Nepszava – PetofiCircle and Intellectuals', 5 September 1956 [Electronic Resource]. HU OSA 300-8-3-3026; Records of Radio Free Europe/ Radio Liberty Research Institute: Publications Department: Background Reports; Open Society Archives at Central European University, Budapest.

② Kovrig, *Communism in Hungary*, 295.

他们从晚上 9 点等待主要剧目演出时，就开始相互推撞。就在午夜之前，新奥尔良钢琴家安东尼·多米诺，因其活泼的风格和南方口音，成为美国最成功的黑人摇滚明星，他穿过熙熙攘攘的人群来到舞台。当伴奏音乐响起时，有人将啤酒瓶和一串鞭炮扔到舞池上。帕洛玛花园的老板查尔斯·西尔维亚描述了随后的混乱情景："大家都在互相打斗。男孩打男孩，甚至是打女孩。女孩对男孩又打又踢，又抓又咬。有些女孩试图通过洗手间窗户逃跑。几十张桌椅被打坏，一千多个瓶子被砸碎。在几个街区外参加一年一度比赛的 30 名警察赶到现场提供援助（从而没能一睹最近荣获"加州小姐"殊荣的琼·贝克特的风采）；当局用了一个小时恢复秩序。10 名青少年被捕，两名警察和一批狂欢者需要医疗急救。"[1]虽然当地警察局长将动乱的起因归咎于酗酒，报纸还是在第一时间将矛头指向多米诺音乐的"脉动的节奏"：帕洛玛已经成为美国第一个"摇滚动乱"的场所。

圣荷西事件的发生绝非偶然。例如 9 月份，罗德岛纽波特海军驻地俱乐部发生骚乱，迫使基地指挥官拉尔夫·杜尔爵士禁止摇滚乐长达一个月；11 月，两个人在另一场喧闹的胖子多米诺音乐会上被刺伤，这次是在北卡罗来纳州费耶特维尔。波士顿、泽西市等城市当局开始打击行动：禁止摇滚音乐会，拒绝与发起人合作，甚至下令从当地自动点唱机中删除令人反感的录音。不只美国发生动乱，在 3 月份的澳大利亚，当美国歌手约翰尼·雷降落在布里斯班机场（他此行的目的是完成在澳大利亚的最后一站巡回演出），他的粉丝们捣毁窗户，试图冲上停机坪。此外，好莱坞热播电影《星夜摇滚》的上映，在整个西欧以及悉尼、布里斯班和奥克兰，都引发了青少年骚乱。例如，9 月 11 日星期一晚上，在伦敦萨瑟克区大象城堡大街，数百名行迹猥琐的青少年和泰迪男孩[2]看完电影后走

---

[1] Rick Coleman, *Blue Monday: Fats Domino and the Lost Dawn of Rock 'n' Roll* (New York: DaCapo Press, 2007), 127–8

[2] 泰迪男孩（Teddy Boy），也被称为泰德（Ted），英国亚文化。20 世纪 50 年代在英国伦敦开始形成，随后在英国各地迅速蔓延。其与摇滚乐联系紧密，最初被称为余弦男孩。泰迪男孩多为富裕的年轻人，特别是卫队军官，他们接受了爱德华七世时代的风格。经常穿锥形裤、长外套，类似战后美国的阻特服和花哨的腰大衣。20 世纪 70 年代的泰迪男孩经常炫耀他们华丽的蓬巴杜发型。

上街头，投掷酒瓶，攻击停在街边的车辆；同时，在奥斯陆连续三天发生暴乱，导致数十人被捕。难怪有些地方官员试图躲避任何可能的麻烦，在英国，包括布莱顿、伯明翰和贝尔法斯特在内的 80 个议会，直截了当地禁播这部电影。

在《星夜摇滚》中，实际上很少有能够称得上具有煽动性的情节。这部由哥伦比亚影业公司发行的 77 分钟的音乐剧，讲述了一位舞蹈乐队经理小时候的故事。他在十几岁遇到当地摇滚乐队，决定做一件大事——推广新音乐。这部电影是世界上第一部针对青少年市场的电影，创下了全球 240 万美元的票房纪录，是其拍摄成本的 8 倍。它以比尔·哈利和"彗星"为主要明星阵容，他们 1954 年推出的专辑《星夜摇滚》在 1955 年底销售了 200 万张，成为青年反叛的颂歌。[①] 然而，时年 34 岁的哈利，生有一副花栗鼠脸颊，额头上的头发卷曲着，对乐队成员约束严格，禁止在巡回演出时喝酒或拍拖，不太可能是反叛者。

事实上，这部电影引发骚乱的可能性被夸大了。在英国，电影展商协会指责地方当局的禁令，抱怨说他们把责任归咎于易于激动的警察局长、不负责任的新闻记者和理事会领导人，而这些人甚至没有看过这部电影。正如他们指出的那样，这部电影已经在数以百计的电影院里放映，尽管有些观众在影院"情绪激动"。媒体对反叛青年的报道太过分。他们甚至说是新闻界人士在现场火上浇油，再鼓励青少年在摄影机前表演，然后制造耸人听闻的新闻。

然而，一大批社会学家、精神科医生和"专家"很快就群情激昂地声讨这部最新的时尚音乐剧。摇滚乐因其创新地融合了非洲裔美国人和白人音乐传统，尤其是强劲的节奏和忧郁的布鲁斯歌曲，在 20 世纪 50 年代中期风靡全球。由于创新唱片制作的人才优势（如孟菲斯的山姆·菲利普斯）、独立唱片公司的创业精神、先锋唱片骑师（包括传奇的艾伦·弗里德）的影响，以及当地广播电台的巨大力量和声望，其高管意识到越来越多的成年人把电视作为主要娱乐来源，决定重新调整他们针对青少年观众的流行音乐节目。虽然摇滚乐

---

① Altschuler, *All Shook Up*, 31, 33, 132; 'Bill Haley Biography', Rock & Roll Hall of Fame.

1956 年 9 月 21 日，伴随着《星夜摇滚》的音乐，青少年在曼彻斯特吉利电影院外面的街道上嬉戏玩耍。

继续在商业上创造不败的神话，但在 1956 年，许多评论家都不能接受。例如
1956 年 6 月，《时代》杂志读者所了解的摇滚乐的定义特征是：

> 绵绵不断的响亮的切分音宛若牛鞭的噼啪声；
>
> 暴躁的萨克斯管似交配时的鸣叫；
>
> 一把电吉他如此响亮，
>
> 声音支离破碎；
>
> 一个人的声乐团，
>
> 声音颤抖着，
>
> 吟诵近乎无意义的短语，
>
> 山坡上
>
> 传来一个个妙语如珠的成语
>
> 和一句句幽默的歌词。①

其间，英国爵士乐周刊《美乐师》的编辑也对它不屑一顾。他们声称从
器乐和声乐上而言，摇滚技术代表的是"与良好品味和音乐完整性的对立"②。
美国歌手弗兰克·西纳特拉很快就对批评声音做了补充，声称摇滚乐是"虚构
的"音乐，人部分是由"古怪、白痴的暴徒写成并演唱的"。③

事实上，公开争论一直围绕着"摇滚乐威胁西方文明道德结构"这一说
法。弗朗西斯·布拉斯兰德是美国最杰出的精神科医师之一，称摇滚乐为"同
类相食和部落主义形式的音乐"，将其比喻为"传染病"，并说它是"青春期叛
乱的标志"。这群爱热闹的青少年潮水般涌向摇滚音乐会，男孩们穿着标志性
皮夹克，留着时尚的"鸭尾式"发型，女孩穿着裙子或蓝色牛仔裤，尖声唱着
歌词具有高度暗示意义的歌曲，这当然会引起公众对青少年会成为少年罪犯的

---

① 'Music: Yeh-Heh-Heh-Hes, Baby', *Time*, 18 June 1956.

② Sandbrook, *Never Had It So Good*, 433.

③ Altschuler, *All Shook Up*, 6.

恐惧，担心他们发生错误的性行为（毕竟摇滚乐是由非洲裔美国人称呼性交的流行委婉语而得名）。在英国也有类似的情况，伍尔维奇主教和彼得·斯坦纳德牧师要求禁演《星夜摇滚》，理由是它的"催眠节奏和野蛮手势会使青少年失去自我控制"。

1956 年间，除了埃尔维斯·亚伦·普雷斯利，没有一个艺术家能更好地表现摇滚乐的精神，也没有哪个监护人能像他那样保持最大程度的警觉。普雷斯利于 1935 年出生在密西西比北部的图珀洛小镇，1948 年他的父亲弗农到当地一家油漆工厂工作，全家就搬到了孟菲斯。普雷斯利喜欢奇装异服，留着浓密的连鬓胡子，卷发上涂着发蜡，衣领高高翘起，无疑是一个反叛者的形象。然而，他其实是遵循传统习俗的人。他经常和母亲一起参加当地的五旬节教会，在整个职业生涯中一直很谦逊、低调。高中毕业后，普雷斯利先后当过卡车司机、机械师和电影院引座员，勉强维持生活，但他的梦想是成为一个明星。经过学习，他已经能用他母亲格拉迪斯送给他的吉他弹奏几个基本和弦，尽管他对福音音乐和布鲁斯情有独钟，他的音乐风格却惊人地暗合了普世教合一的精髓。

1953 年夏天，普雷斯利在山姆·菲利普斯的太阳影城录制了几张翻唱专辑，在那里他被誉为"好民谣歌手"，一年之后他便迎来了首个演艺高峰。在菲利普斯狭窄的录音棚里，普雷斯利和吉他手斯科蒂·摩尔、贝斯手贝克·布莱克站在一起，挣扎着看着几组不起眼的数字，本能地演唱了一首 1946 年的忧郁布鲁斯歌曲《没关系》。对正在控制室内聆听的山姆·菲利普斯来说，那效果可用"令人震撼"一词来形容。他后来说："像有人在后面用一个全新的超尖干草叉打我的屁股。"《没关系》和它的 B 面——经典的《肯塔基州蓝月亮》——在该地区引起了极大的轰动，韵律、忧郁的布鲁斯歌曲和乡村音乐都受到粉丝的欢迎。不久之后，19 岁的普雷斯利开始登台表演，他颤抖的双腿和上翘的嘴唇让观众如痴如狂。1955 年 12 月，美国无线电公司（RCA）支付 4.5 万美元，购买太阳唱片公司的合同；几个月之内，埃尔维斯·亚伦·普雷斯利成为第一个全球超级摇滚乐巨星。

1956 年 1 月 28 日，美国无线电公司发行了《伤心酒店》；在 3 月底之前，它已荣登流行音乐、乡村音乐、布鲁斯歌曲的榜首，销售专辑近 100 万张。它在 5 月份登上英国排行榜。在有争议的嘉年华出资人汤姆·派克的引导下，普雷斯利迅速开始进军电视行业的征程（10 年内，90％的美国家庭拥有电视）。3 月 27 日星期二，他出现在米尔顿啤酒节上，表演《伤心酒店》和《蓝色羊皮鞋》，博得演播室内的观众一片喝彩。在普雷斯利出道之后，美国全国广播公司的评级得到大幅提升，但是，新闻界一片哗然，报纸像火山爆发似的抨击他的"暗示"与"粗俗的咕噜声和滑稽的腹股沟动作"。① 那一年晚些时候，他出现在艾德苏利文剧场，观众甚至对最小幅度的身体运动也反应强烈。为了避免争议，当普雷斯利以讽刺的风格演绎黑人艺术家小理查德（他以勇敢华丽的风格、性感能量和引起联想的歌词而著称）的《准备好了》时，制片人命令相机放大，让观众在家里只能看到歌手身体的上半部分。有 82.6％的电视观众观看了普雷斯利的表演，不亚于一场战役的胜利。②

6 月 3 日，圣克鲁兹当局宣布在所有公众聚会上全面禁止摇滚乐，理由是摇滚乐对"我们的青年与社区的健康和道德造成了不利影响"。这条禁令是由前一天晚上的一场音乐会促成的，据当地警方理查德·奥波顿中校称，在音乐会上，"人们和着黑人乐队的挑衅节奏，做着各种使人产生邪念的动作"。奥波顿的意见表明，大部分反对摇滚乐的人，特别是在美国，都是由于对不同种族之间的社交的担忧（特别是不同肤色的性行为）引发的。那么，来自南部隔离主义者的批评最为强烈，也就毫不奇怪了。春天，在阿拉巴马州的煽动性评论中，阿拉巴马州的叛乱煽动者阿萨·卡斯特声称，"摇滚乐的根源源于非洲心脏地带，这种音乐被用来煽动战士，使他们疯狂，到夜晚，邻居就会被煮熟在大屠杀的锅里"。卡斯特警告说："黑人沉重的节拍音乐，使人们产生了兽性和粗俗的情绪。"黑人艺术家受到多种族观众的欢迎，使得种族隔离主义者怒火

① Guralnick, *Last Train to Memphis*, 263; Altschuler, *All Shook Up*, 87, 89.

② Guralnick, *Last Train to Memphis*, 337–8; Altschuler, *All Shook Up*, 57–62.

中烧，有些人声称这是全国有色人种进步协会"使美国血统混合的伎俩"。[①]
4月10日，非洲裔美国流行歌手纳特·金·科尔在阿拉巴马州伯明翰的舞台上
演出时，4名白人袭击了他。他只是爵士钢琴家、歌手，而不是摇滚艺术家。
在一个层面上来说，科尔是一个合适的代表性人物，只是他正在和白人歌手朱
恩·克里斯蒂一起巡演，增添了挑衅的味道。接下来的一个月，反对种族隔离
主义者高举写有"丛林音乐促进一体化"和"丛林音乐协助犯罪"的横幅，在
城市礼堂举行了一场真正的摇滚音乐会（节目单上既有白人艺术家也有黑人艺
术家）。由于种族隔离主义者不断施压，地方当局开始禁止种族混合演出，而
路易斯安那州的种族隔离主义政治家更是有过之而无不及，他们通过了一项州
法律，禁止"所有跨种族的舞蹈、社交和娱乐"。[②]围绕摇滚乐的种族焦虑不
仅局限于美国南部各州，在加利福尼亚州的英格伍德市，白人至上主义者警告
说，跨种族跳舞将导致"全面的血统混合"，而波士顿的老师则听说摇滚乐会
"像敲打丛林手鼓一样使青年激情燃烧"。同时，在大西洋的另一边，英国人正
在调整，以适应西印度群岛大规模移民的后果，《每日邮报》说摇滚乐是黑人
的复仇。

但是，针对摇滚乐的斗争，只是更广义的文化反抗的表现。2月份上映的由
唐·西格尔执导的《天外魔花》是根据杰克·芬尼撰写的一本早期小说改编的，
讲述了加利福尼亚州圣米拉小镇被外来物种入侵的故事，反映出对现状的不满。
逐渐地，这个城市的公民就会被从神秘的外星豆荚孵出的冷漠无情的复制品所取
代，并呈现出蜂巢状的集合心智。这部电影说明了盲目从众的危险性。

那年的文化反叛现象不只是局限于西方。例如，在整个东欧，那些乐于
维护现状的人面对青年亚文化时，不禁要对美国的摇滚迷或英国的泰迪男孩表

[①] Altschuler, *All Shook Up*, 37–9, 47–9; Ward, 'Civil Rights and Rock and Roll', 22; Ward,
Just My Soul Responding, 103–4; Michael T. Bertrand, *Race, Rock, and Elvis* (Urbana: University of
Illinois Press, 2005), 158–88; 'Segregationist Wants Ban on "Rock and Roll"', *NYT*, 30 March 1956,
27.

[②] Ward, 'Civil Rights and Rock and Roll', 21–4; Ward, *Just My Soul Respond-ing*, 104–5.

示担忧。东欧的青年反叛者可能有不同的名字，在波兰叫"bikiniarze"，在捷克斯洛伐克叫"potapka"，在匈牙利叫"jampecek"，他们都有特立独行的品位（男孩穿紧身裤和色彩鲜艳的衬衫，女孩穿宽大、亮色图案的裙子和厚厚的橡胶底的鞋子），并喜爱"亡命之徒"音乐，尤其是爵士乐。事实上，爵士乐在东欧是被禁止的，因为这代表着西方的腐败、颓废、个人主义文化。虽然后斯大林主义人士发现文化限制逐渐宽松起来（特别是在波兰和捷克斯洛伐克），但听爵士乐仍然会跟反动分子联系起来。例如，在匈牙利，jampecek 穿着紧身裤、格子大衣，戴着五颜六色的领带，说着特立独行的街头俚语，喜爱美国爵士乐，整日泡在咖啡馆和舞厅里，经常收听英国广播公司和自由欧洲电台，而他们往往被报社编辑们指责为"流氓"，受到秘密警察的骚扰（或更糟），因为他们企图开拓另一种社会和文化。

事实上，整个 1956 年，作家、诗人和艺术家们正利用赫鲁晓夫的"秘密报告"提供的机会，努力争取社会和政治变革，争取更多的文化自由。例如，亚当·瓦兹耶在他的《成人之诗》中，对波兰有过这样的描述：学生们被关在没有窗户的教科书中，语言已被简化为"30 个魔法公式"。瓦兹耶在其最著名的诗句中写道：

> 他们喝海水，
> 哭泣：
> "柠檬汽水！"
> 悄然回家
> 呕吐。[①]

在 1955 年夏天出版的《成人之诗》先是受到政府官员的严厉谴责，但在

---

① Adam Ważyk, 'A Poem For Adults', in Edmund Stillman, ed., *Bitter Harvest: The Intellectual Revolt behind the Iron Curtain* (London: Thames and Hudson, 1960), 133, 134.

苏共"二十大"之后，在波兰和东欧都获得了成功。在匈牙利，蒂博尔·迪雷的《砖墙背后》是 1956 年夏天最受欢迎的几个持不同政见的故事、诗歌和戏剧之一。这是一个关于布达斯工厂工人的简短故事，工人们被迫偷窃，以贴补微薄的工资，并且越来越不满意厚颜无耻的官僚所给的待遇。

那一年，艾伦·金斯伯格^①出版了《嚎叫》。这首诗于 1954 年 10 月首次在旧金山发表，诗中提及非法药物、不正常的性行为，并对现代资本主义社会进行谴责，迅速成为"垮掉的一代"最有名的作品之一。《嚎叫》以渐进的三联风格开始，然后再进入独特的扩展形式，诗句的长度由诗人自己的呼吸决定，这是金斯伯格在尝试"无所畏惧地写下我想要的东西，让我的想象力任意驰骋……在我的脑海里写下神奇的诗句"。^②它的卷首语将成为有史以来最有名的诗篇：

> 我看到吾辈最优秀的人才毁于疯狂，
>
> 挨着饿，
>
> 歇斯底里，浑身赤裸，
>
> 拖着疲惫的身躯走过黎明时分的黑人街巷，
>
> 寻找狠命的一剂……^③

金斯伯格的杰作，将使他成为 20 世纪 60 年代反主流文化的偶像。另外，令人尊敬的诗人理查德·埃伯哈特描述了新的一代充满青春欲望的年轻意识，赞成他们对现实的至关重要的和全新的埋解。

另一位对现实发表看法的年轻艺术家是英国剧作家约翰·奥斯本，他的

---

①　艾伦·金斯伯格是美国作家、诗人，被奉为"垮掉的一代"之父，堪称美国当代诗坛和整个文学运动中的一位"怪杰"。

②　Ann Charters, ed., *The Portable Beat Reader* (New York: Penguin, 1992), 60–1.

③　Allen Ginsberg, 'Howl', in Charters, *The Portable Beat Reader*, 62, 68; Eric Mottram, 'San Francisco: Arts in The City that Defies Fate' in Carter, *Cracking the Ike Age*, 143.

剧作《愤怒的回顾》于 5 月份在皇家宫廷剧院首演。在一个狭小的阁楼卧室里，这部戏剧讲述了非传统意义上的工人阶级英雄吉米·波特与他的年轻妻子艾米丽斯之间非常失败的婚姻的故事，艾米丽斯在吉米的愤怒中首当其冲，忍受着伤人的辱骂，心中充满被压抑的不满。虽然早期的评论对奥斯本相当不利（戏剧被说成是充满"腐烂的空话"和"自怜的啜泣"），不过，《新政治家》和《观察家》的一致好评改变了奥斯本的命运，戏剧评论家肯尼思·泰纳表示："所有的品质都摆在那里，那是在舞台上难得一见的品质——倾向于无政府状态，本能的'左'倾观点，自动拒绝官方的态度，超现实主义的幽默感……"泰纳声称，"这是 10 年来出自年轻人之手的最好的戏剧"。①

10 月，英国广播公司在电视上播放了 25 分钟的戏剧精彩片段，一个月后，新商业网络独立电视台播放了这部戏剧。同时，观众纷纷涌向伦敦皇家宫廷剧院，部分原因是听到对"愤怒青年"的令人窒息的街谈巷议。这个术语首先由剧院的新闻官员提出来，很快当代艺术家、作家和电影制作人（包括存在主义者科林·威尔逊和小说家金斯利·阿米斯）便纷纷效仿，正如一位历史学家所说的那样，"他们试图使保守势力放松对英国文化的控制"。《愤怒的回顾》被誉为革命文化的分水岭，奥斯本被誉为新时代的声音。一位剧作家引用一位评论员的话说，"吸引了整整一代年轻人"。②

导演兼电影评论家林赛·安德森在《视力与声音》秋季版中表示，许多年轻人之所以对《愤怒的回顾》反应热烈，是因为奥斯本对"圣牛"③体系的攻击。这是反对正流派的声音，会在苏伊士运动之后产生更加强烈的共鸣。

---

① Sandbrook, *Never Had It So Good*, 177–8; Colin Wilson, *The Angry Years: The Rise and Fall of the Angry Young Men* (London: Robson Books, 2007), 31–6.

② Sandbrook, *Never Had It So Good*, 179–80, 362–3; Wilson, *The Angry Years*, 36–7; Dan Rebellato, 'Look Back at Empire: British Theatre and Impe-rial Decline' in Stuart Ward, ed., *British Culture and the End of Empire* (Manchester: Manchester University Press, 2001), 74.

③ 指受到人为保护而碰不得的人或事。

政变

我们埃及人不会允许任何殖民者、任何专制君主统治我们。

——迦玛尔·阿卜杜尔·纳赛尔

1956 年 7 月 19 日下午 4 时许，埃及驻华盛顿大使艾哈迈德·侯赛因走向美国国务卿约翰·福斯特·杜勒斯的办公室，举行紧急会议。最近从开罗返回的侯赛因精神很好，但国务卿却传来不好的消息，他认为让美国政府提供 5600 万美元贷款来帮助建造阿斯旺高坝是不可行的，这让他很不情愿。杜勒斯解释说，美国感到关切的是，埃及人民所需要的经济牺牲以及项目完成后国家资源的转移，将会引起不满，导致两国关系恶化。他也明确表示，美国舆论反对这个项目，因此他怀疑政府是否可以从国会获得必要的资金，即使它愿意这样做。侯赛因惊呆了，恳求这位美国人重新考虑，但无济于事。西方撤资（英国在第二天取消了其提议的 1400 万美元的捐款），以及与世界银行达成的 2 亿美元的融资协议（其细节已经在几个月内商定）一旦取消，将给整个项目带来极大的不确定因素。

英美的决定对埃及人来说是一剂苦药。阿斯旺高坝在当时当之无愧是世界上最大的土木工程项目，高 111 米，宽 4828 米，相当于 17 个吉萨金字塔，水库可蓄水 1.3 万亿立方米。但这不仅仅是一个面子工程，也是埃及实现经济现代化的重中之重。高坝将使尼罗河流量全年受到监控，可灌溉 2833 平方千米土地，另可开拓 5261 平方千米土地作定居点，还可水力发电 72 万千瓦。[①]

英美撤回资金的消息在开罗引起极大的震惊和愤怒，并被视为对埃及总统迦玛尔·阿卜杜尔·纳赛尔的故意怠慢。这位埃及领导人由印度总理贾瓦哈拉尔·尼赫鲁陪同对前南斯拉夫进行国事访问，回到开罗就听到这个消息。纳赛

---

① Brendon, *Decline and Fall*, 489; Kyle, *Suez*, 82–3.

尔后来声称美国的决定根本不足为怪，"我确信杜勒斯先生不会帮助我们"。但是，刺痛他的是"宣告拒绝时的侮辱态度"。对于纳赛尔来说，美国国务院公然怀疑撤出这个项目后埃及人的"意愿和能力"，这无疑是在"掴他耳光"。[①]7月24日，在出席开罗以北的新炼油厂和石油管道的奠基仪式时，纳赛尔打破了沉默。他强硬地捍卫了国家的经济成绩，并对美国发起强烈抨击："我要对美国人说，愿你们在愤怒中窒息而亡！"他继续说："我们，2200万埃及人，不允许任何殖民者、任何专制君主在政治上、经济上还有军事上统治我们。我们既不屈服于武力，也不屈服于美元。"[②]但是，纳赛尔在针对华盛顿表示愤怒时，他正在计划对真正的敌人英国进行大胆的攻击。

虽然埃及在1922年名义上脱离英国赢得独立，但国防、外交、苏伊士运河等方面却依旧得听从英国的支配。这个国家的君主，法鲁克王——一位历史学家称其为"美食家、浪荡子、偷窃狂、毒品贩子和小丑"——是埃及政府软弱无能的缩影。1954年，英国在这片法老的土地上还保持军事存在。长达193千米的狭窄土地上，从北部的塞得港延伸到南部的苏伊士，英国拥有庞大的机场、港口、火车站、道路、医院、兵营、仓库、弹药库等设施。在高地，英国还驻有8万多人的军队。这个每年花费5000万英镑的庞大驻军的目的是为了保护苏伊士运河。[③]1869年开通的大运河得益于法国外交官斐迪南·德·雷赛布的设想，其连接红海与地中海，是世界上最重要的贸易路线之一。到1955年，大运河推动西欧经济三分之二的石油以及其他重要的物资，通过这个著名水路运输。而运河的运营由英美股份公司监管，其经营运河的特许权则于1968年到期。

1952年7月，经过几个月的民族主义动乱和暴力行动之后，自由军官组

① Kyle, *Suez*, 130–1; Lucas, *Divided We Stand*, 137; Nichols, *Eisenhower* 1956, 127; Brendon, *Decline and Fall*, 490; 'Text of Nile Dam Statement', *NYT*, 20 July 1956, 3.

② Osgood Caruthers, 'Nasser Says U.S. Lied in Explaining Bar to Aswan Aid', *NYT*, 25 July 1956, 1, 2; 'President Nasser's Defiant Reply', *Manchester Guardian*, 25 July 1956, 7.

③ Brendon, *Decline and Fall*, 482–87.

织出于对政府腐败的不满和愤慨，终于决定终止国家对英国人的屈从，推翻了法鲁克王，成立了新的军政府。两年内，来自亚历山大港的英俊潇洒、雄心勃勃的邮政员的儿子迦玛尔·阿卜杜尔·纳赛尔上校比对手智胜一筹，成为埃及无可争议的统治者。他对反对派施加压力，采取重大措施，施行农业和社会改革，并宣布埃及为共和国。一位历史学家说，纳赛尔"充满辐射能量，具有强烈的表现力。身材高大，能像豹子一样行动。皮肤呈橄榄色，白色的牙齿在鼻子和突出的下巴之间闪闪发光……他像国家意志的具体化身"。[①]他迅速成为阿拉伯世界的宠儿——在屈服于西方几十年之后，成为反殖民主义和地区自信的象征。1956 年 6 月 23 日，纳赛尔以超过 99％的投票率（他是唯一的候选人），成为 2500 多年以来第一位在埃及土生土长的总统。一个星期以前，他领导了全国庆祝活动，宣布全国放假三天，纪念最后一名英军从埃及领土离去。这标志着埃及"光明的新时代"的开始。

埃及人民在开罗、亚历山大港以及尼罗河畔的村庄举行了盛大的庆祝活动。不过，主要仪式在赛德港举行。纳赛尔乘坐一辆敞篷车来到海军之家——这是一座高大的黄色灰泥建筑，曾经是英军驻开罗司令部，受到大批民众的欢迎。人们尖叫着，挤向他的车队。据报，这位埃及领导人曾一度"完全失踪"，因为他的同胞拼命往前挤，热切地拥抱他们的英雄，给他亲吻。最后，头发蓬松的纳赛尔终于出现在海军大楼前。九架米格战机编队呼啸着飞过；在港口有一艘护卫舰，周围是五艘鱼雷艇，鸣枪致敬。他先吻了一下埃及国旗（国旗呈绿色，上有白色月牙和三颗星），然后将它升起，并宣布："公民们，让我们祈祷上帝不允许任何其他旗帜在我们的土地上飘扬。"[②]

纳赛尔从一开始就坚持让英国人全部撤出："只有他们离开，我们才会有自由，有主权。"[③]实际上，有充分的理由让英国人撤出苏伊士运河区：维持基

---

① Brendon, *Decline and Fall*, 484–86.

② Osgood Caruthers, 'Egyptians Laud Nasser over Suez', *NYT*, 19 June 1956, 4.

③ Kyle, *Suez*, 48; Lindsay Frederick Braun, 'Suez Reconsidered: Anthony Eden's Orientalism and the Suez Crisis', *The Historian*, vol. 65, no. 3 (March 2003), 547.

地的成本太昂贵；面对公众敌对形势，英军继续存在反而适得其反；冷战核军备竞赛的现实，以及英国日不落帝国的衰落，已经无法顾及运河的重要战略地位。然而，英国人担忧其国际地位不稳，对"帝国衰退"的事实焦虑不解，最后极不情愿地离开了——受想使美国远离欧洲帝国主义的艾森豪威尔政府的鼓励。1953 年 6 月，在对中东和南亚进行为期 20 天的访问之后，约翰·福斯特·杜勒斯明确表示，美国无意维系或恢复"老殖民地的利益"。相反，美国将鼓励"有秩序地发展自治"来达到"传统的政治自由"。[①]1954 年 10 月，经过旷日持久的谈判，英国终于签署了《苏伊士运河基地协定》，同意在 20 个月内撤回军队，同时宣布，在受到阿拉伯联盟或土耳其等外部力量袭击时保留返回的权利。随后，纳赛尔宣称，英国和埃及能够"在相互信任的坚实基础上共同合作"。[②]

这根本行不通。在接下来的 18 个月中，英国与埃及的关系急剧恶化。纳赛尔认为，1955 年签署的《巴格达条约》——土耳其、巴基斯坦、伊朗、伊拉克和英国签署的一项保卫协定——只是对付苏联的堡垒。《巴格达条约》几乎立即成为埃及宣传的主要目标，同时引发了伦敦的媒体攻势。英国，而后是美国，不再向埃及出售急需的武器（该国在边界与以色列紧张对峙，1948 年至 1949 年与以色列进行了一场灾难性的战争）。纳赛尔转向莫斯科，后者为他提供大量武器，包括坦克、战斗机和轰炸机。埃及可能会投入共产主义的怀抱，在西方激起一片恐慌。到了 5 月，这种担忧变得异常强烈，因为纳赛尔承认了中华人民共和国。英国借此对埃及横加指责。1956 年 3 月 1 日，侯赛因国王决定将时任约旦阿拉伯军团指挥官的约翰·格列布将军解职，这一举动削弱了英国在该地区的影响力，并使艾登政府蒙羞。

1956 年春天，伦敦的耐心已经不复存在。安东尼·艾登爵士在 3 月 5 日写

---

① 'Text of Secretary Dulles' Report on Near East Trip', *NYT*, 2 June 1953, 4; 'Dulles Says U.S. Aim is to Gain Friends', *NYT*, 2 June 1953, 1.

② Sandbrook, *Never Had It So Good*, 4.

信给艾森豪威尔总统，说"绥靖政策无助于我们处理埃及的事务"。[①]英国内阁认为，纳赛尔打算出任阿拉伯世界的领袖，准备接受苏联的援助，英国与埃及的"友好关系"已经没有任何基础。现在，英国试图"竭尽全力反对埃及政策，支持我们在中东的真正朋友"。[②]但是，艾登似乎有更远大的计划。这位首相绝顶聪明，经验丰富，有着良好的判断力，具有政治家风范和无与伦比的声誉，但现在显然被纳赛尔惹怒了。3月12日晚，英国外交国务大臣安东尼·纳丁在伦敦萨瓦伊酒店用餐时，被唐宁街10号的紧急电话打断了。艾登刚刚读了一份备忘录，文中扼要介绍孤立埃及的长期计划，他非常恼怒："这在胡说些什么？孤立纳赛尔或'中和'他，就像你所说的那样？我想要他完蛋，你不明白吗？"[③]同时，英国机密情报机构军情六局（MI6）制定了狂妄计划，要暗杀埃及的新法老。保守党的新星纳丁是艾登的学生，曾参加了1934年10月与纳赛尔的谈判，现在他得出结论，首相"宝刀已老"，也许受到疾病的影响（1953年4月的一次拙劣的胆囊手术毁掉了艾登原已虚弱的身体），"开始像一头愤怒的大象在国际丛林中频频攻击无形和虚构的敌人"。[④]不幸的是，艾登所有的恐惧都要被证实了。

埃及记者穆罕默德·海卡尔写道："7月底的亚历山大港是一个度假的好去处，那里有漫长的棕榈海滩、精美的咖啡馆和商店，景色迷人，四处激情澎湃。7月26日星期四，国王法鲁克被驱逐的第4天，这个国家的第二大城市的气氛非比寻常，此时纳赛尔总统正站在解放广场，他的面前是25万人众。"[⑤]在持续3小时的演讲中（讲话经开罗"阿拉伯之声"广播电台传往中东和北非），

---

①　Eden to Eisenhower, 5 March 1956, in Gorst and Johnman, *The Suez Crisis*, 44.

②　'Cabinet Discussion on Middle East Policy, 21 March 1956', in Gorst and Johnman, *The Suez Crisis*, 46–7.

③　'Nutting's Conversation with Eden on the Removal of Nasser', March 1956, in Gorst and Johnman, *The Suez Crisis*, 46; 'Phone call from Prime Minister Eden to Minister of State Nutting', 12 March 1956, in Lucas, *Britain and Suez*, 27; Sandbrook, *Never Had It So Good*, 9.

④　D. R. Thorpe, 'Obituary: Sir Anthony Nutting, Bt.', *The Independent*, 3 March 1999.

⑤　Mohamed H. Heikal, *Cutting The Lion's Tail: Suez Through Egyptian Eyes* (London: André Deutsch, 1986), 126.

1956 年 7 月 27 日，开罗，欢乐的人群在迎接埃及总统迦玛尔·阿卜杜尔·纳赛尔。前一天晚上，在亚历山大港的一次演讲中，他宣布将苏伊士运河收归国有。

纳赛尔解释说，为了摆脱帝国主义和外国剥削，埃及人民一直在"奋斗，奋斗，奋斗"。在讲述了最近对阿斯旺高坝的争议之后，纳赛尔将注意力转向了苏伊士运河。他说："虽然我们流尽血汗，留下尸骨，挖成运河，但埃及每年只得到 300 万美元，而由'国中之国'操控的苏伊士运河公司则将 1 亿美元（实际数字是 3500 万美元）收入囊中。但现在所有这一切都将结束。"纳赛尔宣布，当天早些时候，他签署了苏伊士运河公司国有化法令，该公司的收入将用于资助阿斯旺高坝。"只有埃及人民，"纳赛尔宣称，"在埃及拥有主权。我们将团结一致向前进。"[1] 在他发表讲话的同时，埃及士兵已占领了苏伊士运河

---

[1]　FO 371/119080/JE14211/108; 'Speech by President Nasser', in Lucas, *Britain and Suez*, 46; 'Egypt: Nasser's Revenge', *Time*, 6 August 1956; Lucas, *Divided We Stand*, 139.

公司的办公室和运河沿岸的设施。人群中爆发的振聋发聩、响彻天空的欢呼声足足持续了 10 分钟，当纳赛尔试图离开广场时，人们歌唱、跳舞，反复阻挡他的道路，并高呼："纳赛尔万岁！上帝万岁！阿拉伯救世主万岁！"①

纳赛尔的大胆策略甚至让自己的政府成员震惊不已。无论是哪种政治倾向、社会各阶层的埃及人，纷纷涌上街头，欢欣鼓舞。即使是他的对手也表示赞赏。第二天上午，纳赛尔胜利，回到开罗。英国大使馆指出，他的火车从亚历山大港一路驶来，"在沿线所有车站都做过停留，面向沸腾的人群讲话"。②在首都，十几万人向总统献上鲜花，高声欢呼，表达赞许之意。纳赛尔站在他的办公室外，宣称："埃及正在充分行使主权，不允许任何国家或任何帮派干涉。"他表示："今天的埃及人万众一心，众志成城。"他宣布："苏伊士运河公司已经成为我们的财产……我们将用鲜血来捍卫。"③

纳赛尔的行动在阿拉伯世界广受欢迎。该地区的各个首都纷纷发出贺电，报纸发表热情洋溢的社论，伊玛目④为此布道，公众自发地举行示威以示支持。约旦国王侯赛因"向姊妹国家致以衷心的祝贺"，并表示"剥削的阴影正在从阿拉伯世界消失"。⑤民众走上安曼和东耶路撒冷的街道，为纳赛尔欢呼，并谴责西方帝国主义。来自叙利亚、黎巴嫩和苏丹的支持也是如此。即使是纳赛尔最苦涩的区域竞争对手，也被公认为是在公开赞赏（私下里，他们继续谴责埃及领导人是一个危险的麻烦制裁者）。

将运河收归国有也受到北非大部分地区的热情赞赏。在摩洛哥的街道上，人们对"纳赛尔公开蔑视老殖民主义主子"普遍赞赏。例如，在北部港口城市得土安市，当地的报纸宣称埃及终于摆脱了枷锁，实现了自由，"今天，殖民

---

① Lucas, *Britain and Suez*, 46; Lucas, *Divided We Stand*, 139; Heikal, *Cutting the Lion's Tail*, 127.

② FO 371/119079/JE14211/37; FO 371/119079/JE14211/42.

③ FO 371/119079/JE14211/38; FO 371/119079/JE14211/39; FO 371/119080/ JE14211/74; 'Egypt: Nasser's Revenge', *Time*, 6 August 1956.

④ 伊玛目是阿拉伯语单词的汉语音译，意为领拜人，引申为学者、领袖、祈祷主持人。

⑤ FO 371/119079/JE14211/53; FO 371/119083/JE14211/495.

主义正在苟延残喘；明天，就会寿终正寝"。英国人强调，就普通的摩洛哥人而言，埃及"没有错"。[①] 阿尔及尔自由市长雅克·切瓦利耶对英国首相说，阿拉伯人"为纳赛尔的活动感到自豪"。

在莫斯科，尽管因纳赛尔常有尴尬举动，将当地共产党人投入监狱而与赫鲁晓夫存在严重分歧，但《真理报》发表文章强调苏维埃对所有为摆脱殖民主义枷锁而奋斗的人民表示同情，文章还说，"军事威胁、经济压力或政治勒索"不会阻止民族解放运动实现最终胜利。[②]

然而，在英国和法国，情况则截然不同。英国《每日镜报》的头条叫嚣"抢劫犯纳赛尔"；而《每日电讯报》则建议纳赛尔的决定"应该在星期六晚上宣布，就像希特勒和墨索里尼当日所为一样"。[③] 在英吉利海峡对面，法国人也把纳赛尔比作 20 世纪 30 年代的纳粹。《法兰西晚报》咆哮道，纳赛尔是一个"纯正的希特勒"。[④]

这一天，英国首相安东尼·艾登在唐宁街举行晚宴，招待伊拉克国王费萨尔和他的总理努里·赛义德。晚上 10 点 15 分，值班秘书告诉他，纳赛尔已经将苏伊士运河收归国有。当客人离开时，努里·赛义德向艾登建议："打，立即打，狠命打。否则就太晚了。"晚上 11 点，首相在内阁会议室召集他的高级顾问开会，与会人员有：外务大臣塞尔温·劳埃德、委员会主席索尔兹伯里、大法官基尔穆尔、英联邦关系国务大臣休姆伯爵、空军参谋长德莫特·博伊尔爵士、第一海务大臣蒙巴顿伯爵和皇家总参谋长杰拉尔德·史泰勒爵士，以及法国大使和美国临时代理大使。艾登主持会议，他的新闻秘书说，必须采取行动，必须推翻纳赛尔。艾登表示，不能让纳赛尔"扼住我们的喉咙"。但是当他征求他的军方领导人的意见时，他们的回应相当令人沮丧。蒙巴顿解释说，位于马耳他的地中海舰队可以在几个小时之内起航，能够搭载 1200 名皇家海

---

① FO 371/119116/JE14211/1077; FO 371/119095/JE14211/498.

② FO 371/119079/JE14211/57; Khrushchev, *Statesman*, 812–13; Kyle, *Suez*, 572.

③ Kyle, *Suez*, 137.

④ 'French Press View', *Jerusalem Post*, 29 July 1956, 3.

军陆战队，并在三天或四天之内到达赛德港，然而，这个大胆的任务只能保证一部分运河安全，而且会使海军陆战队暴露在危险之中。此外，尽管在空军和海军的支援下，一只完整的登陆部队可以控制整个运河区，但是，至少要有 6 个星期的准备时间。①

无论怎样，艾登认为，必须阻止纳赛尔接受广泛的政治和公众支持。7 月 27 日上午，工党领袖休·盖茨克在下议院发表讲话，谴责埃及政府的"高压、完全无理的做法"。他们认为纳赛尔对整个中东地区的稳定构成威胁，而夺回苏伊士运河不但损害了英国的声望，且威胁着至关重要的国家利益，包括石油供应安全。在危机爆发后的第一次内阁会议上，争论就开始了。艾登及部长们认为，"由于就技术上而言，纳赛尔的行为无非是想成为股东……这种情况必须按'国际惯例'处理。苏伊士运河是联系东西方的重要纽带，是最重要的国际资产。"此外，艾登和他的同事怀疑，埃及人是否有必要的技术专长和资源来有效运营运河，能否在未来 10 年内进行必要的改进（如加宽、加深水路以承载更多的现代化船只）。考虑到纳赛尔最近的行为，他们也怀疑埃及人是否会"承担自己的国际义务"（1888 年签署的《君士坦丁堡公约》规定，无论是在和平时期或战争时期，保证运河始终对所有商船或战船自由开放，不分国籍）。内阁因此得出结论："必须尽一切努力恢复对运河的有效国际管制……在必要时，必须通过军事行动来维护我们在这一地区的根本利益。"② 军方负责人立即制定重夺运河的计划，成立了一个内阁委员会——名为埃及委员会，负责监督规划和政策统筹。8 月 2 日，政府召集了数以千计的预备役军人。

法国人也认为埃及将苏伊士运河公司收归国有是不能容忍的。7 月 27 日上午，法国外长克里斯蒂安·皮诺对记者说，他的政府"不可能接受纳赛尔上校的单方面行动……这对法国的权利和利益造成相当大的危害"。③ 长期以来，法国一直怀疑纳赛尔的阿拉伯民族主义形象，而巴黎政府也担心会给石油供应带

① Thorpe, *Eden*, 475–7, 479–80; Kyle, *Suez*, 135–7; Lucas, *Divided We Stand*, 142–3.

② Cabinet Minutes, 27 July 1956, 11:10 a.m., 2–4, in CAB 134/4107.

③ FO 371/119079/JE14211/63.

来风险，以及纳赛尔会对法国在北非的利益造成危害——特别是阿尔及利亚。纳赛尔对民族解放阵线的声援（他允许流亡的领导人在开罗安身）很难让他博得法国人的欢心。显然，许多主要政治家相信，如果纳赛尔被消灭，民族解放阵线将会土崩瓦解。皮诺告诉美国人："在埃及的一次胜利战斗比得上北非的十次。"[1] 摩勒的社会主义政府热衷于采取军事行动。

不过，在白宫看来，情况却有所不同。7月31日，艾森豪威尔总统收到副国务卿罗伯特·墨菲最近的一份报告。墨菲在危机开始时被派往伦敦。前一天，墨菲在唐宁街与艾登、皮诺、财政大臣哈罗德·麦克米伦一起共进午餐。麦克米伦回忆说："我们竭尽所能去吓唬他……我们给他的印象是，我们对埃及的军事行动即将开始。"墨菲十分得体地通知了他的上级："英国政府决定把纳赛尔赶出埃及，并宣称他们的态度坚决。"[2] 他还描述麦克米伦如何强调这件事，"英国人民宁愿这样做，也不要成为另一个荷兰。"[3] 艾森豪威尔认为这样的举动"非常不明智"，这令人十分震惊。这是一个被广泛认同的观点。例如，美国中央情报局的艾伦·杜勒斯警告说，整个阿拉伯世界将团结起来支持纳赛尔；财政部长乔治·汉弗莱宣称："（英国人）似乎只是试图扭转殖民主义的趋势，让时光倒退50年。"[4] 虽然美国人对纳赛尔将运河收归国有的决定忧心忡忡，但他们并没有把夺取水道视为"军事行动的理由"。约翰·福斯特·杜勒斯——艾森豪威尔的这个有点儿粗暴无礼的国务卿——立刻被派去"说服英国人取消军事行动"。[5]

---

[1] Evans, *Algeria*, 159–61, 183; Horne, *Savage War*, 85, 129, 162; Lucas, *Britain and Suez*, 50.

[2] Catterall, ed., *The Macmillan Diaries*, 580.

[3] Lucas, *Britain and Suez*, 50.

[4] 'Memorandum of Conference with the President, July 31, 1956, 9:45 am', in *The Diaries of Dwight David Eisenhower, 1953–1961* (Frederick, MD: University Publications of America, 1986), Box 16, 'Diary Staff Memos, July 1956', Reel 9, RSC.

[5] 'Memorandum of Conference with the President, July 31, 1956, 9:45 am'; Stephen Kinzer, *The Brothers: John Foster Dulles, Allen Dulles, and Their Secret World War* (New York: Henry Holt, 2013), 124–5, 202–3, 234–5.

　　杜勒斯在 8 月 1 日抵达伦敦,将艾森豪威尔总统的一封信转交给艾登。虽然艾森豪威尔承认"运河对自由世界价值非凡",并认为"为了保护国际权利最终可能需要使用武力",但他说此时采取军事行动是不明智的。事实上,他警告说,这可能对跨大西洋关系产生深远的影响。艾森豪威尔很清楚"以和平手段维护世界大部分地区的民权民生的努力彻底失败之前,不应该采取军事行动"。[①]

　　4 天后,艾登做了回复。英国政府不仅要求纳赛尔"吐出他的战利品",恢复对运河的国际监管,还要"以对西方没有敌对态度的政府"取代埃及政权。艾登认为纳赛尔"开启了一条令人不愉快的道路",并试图利用运河"把野心从摩洛哥扩大到波斯湾"。"我从来没有把纳赛尔看成是希特勒,"他解释说,"但他挺像墨索里尼。我们绝不要忘记在他得到应得的报应之前,我们两国人民付出了什么样的代价。"艾登警告说,"如果纳赛尔成功地保留了他的'战利品',或者如果他设法使西方列强产生嫌隙,那么,后果将是灾难性的……在整个中东的地位会不可挽回。"[②]

妇女进军

如果你得罪了女人,你就撞上岩石了。

——南非抗议长歌

　　1956 年 8 月 9 日星期四,有两万名妇女前往位于比勒陀利亚(今称茨瓦内)的南非政府联邦议会大厦,抗议延长令人恨之入骨的带通行证的法律。在索菲·威廉姆斯、拉希马·穆萨、莉莲·恩戈伊和海伦·约瑟夫的带领下,妇女们用了两个多小时,通过美丽的露台花园,进入新古典主义的圆形露天竞技

---

① Eisenhower to Eden, 1 August 1956, FO 371/119083/JE14211/196.

② Eden to Eisenhower, 5 August 1956, FO 371/119083/JE14211/196.

1956 年 8 月 9 日，在比勒陀利亚（今茨瓦内），南非妇女正走向联邦议会大厦，反对延长规定带通行证的法律。

场。一位老师，同时也是劳工维权人士，菲利斯·阿尔特曼，在颇具影响力的反种族隔离月刊《战斗宣言》上撰写文章："只有相机才能记录那丰富景色：庞多女人的赭色礼服和色彩明快的头巾；印度妇女的靓丽莎丽①；自由邦省伯利恒的妇女披着 ANC 刺绣披肩；其他代表穿着黑色、金色或绿色的裙子。"道路两侧站着身穿独特的绿色衬衫的志愿者，指挥着示威者。在那些妇女中，有些"面容衰老，一条条皱纹述说着岁月的故事"；有些"年轻漂亮，化着欧式妆容"。现场显得庄严肃穆。②

妇女们向前走着，携带着油印的传单，声称她们代表了"南非各地"和"各个种族"的妇女，她们"团结一致，挽救非洲妇女，摆脱规定带通行证的法律所带来的耻辱"。她们宣称："我们不会罢休，直到所有规定带通行证的法律和一切限制我们自由的许可限制被废除，直到我们为我们的孩子争取到自由、正义和安全的基本权利。"③伴随着"让非洲回归人民"的呼声，一个由不同族裔组成的代表团进入大楼，向南非总理 J. G. 斯特赖敦提交了约有 10 万人签名的请愿书。J. G. 斯特赖敦被称为"北方雄狮"，是种族隔离制度的捍卫者。据非洲人国民大会（ANC）的领导弗朗西斯·巴德称："我们被告知斯特赖敦不在，我们不许再前进半步，因为我们中间既有黑人也有白人……但是我们知道他是太害怕，不敢见我们。"④最终，有 5 个妇女被允许进入总理府，她们立即带去数千张请愿书，"把它们放在桌子上、地板上，直到房间被铺满"。⑤

返回露天剧场后，一个 45 岁的名叫莉莲·恩戈伊的裁缝和工会组织

---

① 莎丽是印度妇女的传统服饰，是妇女披在内衣外的一种丝绸长袍。

② Phyllis Altman, 'Daughters of 1919', *Fighting Talk*, vol. 12, no. 9 (September 1956), 7.

③ Joseph, *Side by Side*, 1–2; Cherryl Walker, *Women and Resistance in South Africa* (London: Onyx Press, 1982), 195; Les Switzer, 'South Africa's Alternative Press in Perspective' in Switzer, ed., *South Africa's Alternative Press: Voices of Protest and Resistance, 1880s–1960s* (Cambridge: Cambridge University Press, 1997), 44.

④ Baard, *My Spirit Is Not Banned*, 59-60.

⑤ 'Strijdom... You have struck a rock', p. 8; Baard, *My Spirit Is Not Banned*, 60; Joseph, *Side by Side*, 2.

者——第一个当选为非洲人国民大会执行委员会委员的女子——让大家保持 30 分钟的沉默，以表示她们的蔑视。妇女们站在午后的炎炎烈日下，竖起右手拇指，向自由敬礼，现场只听得见时钟（与大本钟相同）的嘀嗒声和婴儿偶尔的哭泣声。然后，两万多人齐声以"宏伟的四声部和谐音"，唱起非洲人国民大会圣歌《上帝保佑非洲》。效果令人震撼，许多人当众哭泣。菲利斯·阿尔特曼报道说："歌声响彻天际，我知道什么也不能打败这些女人，这些妻子，这些母亲。"[1]这些女人还演唱了一首特别为这个场合创作的歌曲："斯特赖敦，你要小心！如果你得罪了女人，你就撞上岩石了！你就要玩完了！"[2]女人们唱着歌，走下步道，穿过花园，走上大路，然后回家。海伦·约瑟说："她们像来时一样，有尊严，有纪律。"[3]但是，她们的成就感、她们的兴奋之情溢于言表。来自约翰内斯堡郊区的民权活动人士玛吉·里沙回忆说："这些女人做到了！这些来自贫民窟、来自农场、来自乡村的妇女，有老有幼，敢于涌入压迫的城堡，表达对种族隔离的愤怒和憎恶……"[4]

由南非妇女联合会（FEDSAW）和非洲人国民大会的妇女联盟组织的妇女游行是在反对种族隔离制度风起云涌的时候举行的。种族隔离制度是系统化的白人至上制度，旨在控制南非非白人生活的方方面面——他们的生活、工作、教育，甚至死亡。非洲种族隔离（南非荷兰语中的"平等"）被认为是保证西方统治在反殖民的民族主义如火如荼的非洲存在的必要手段，是国家党在 1948 年大选胜利之后提出的。自从荷兰人在 1652 年首先在好望角建立殖民地之后，南非就出现了非正式的种族隔离和种族歧视制度，它受一系列新法律的约束，由国家强大的安全机构负责执行。

在 20 世纪 40 年代末 50 年代初，南非第一个种族隔离政府出台了各种各样的措施，制定了严格的种族制度，白人（南非白人和英国人后裔）处于金字

---

[1] Altman, *Daughters of 1919*, 7.

[2] Baard, *My Spirit Is Not Banned*, 60; Brooks, *Boycotts, Buses, and Passes*, 227.

[3] Joseph, *Side by Side*, 2.

[4] Brooks, *Boycotts, Buses, and Passes*, 227, 226.

塔顶端，非洲黑人（被称为"土著人"或"非洲斑图"）在底部，"有色人种"（混血人）和印度人（原来由英国人带到南非的契约奴仆）处于中间部分。国家党政府按照种族划分人口，限制黑人的受教育和就业机会，防止黑人加入工会或参与罢工，禁止跨种族通婚和跨种族性关系，限制分离国家领土的种族团体，限制黑人使用各种公共设施（包括海滩、公共交通和公园），无情打压不同意见，并确保只有南非白人享有经济和政治权力。

非洲黑人在 1956 年占南非 1390 万人口中的三分之二。通行证是种族隔离的主要特征之一，长期以来，被用于规范黑人行动的一种手段，整个通行证系统于 1952 年在全国范围内进行重新整合。所有 16 岁以上的黑人都收到一本《参考书》（俗称"身份证"），上有照片、地址、出生日期、婚姻状况、就业情况、纳税记录、犯罪记录和流入控制，用于规范黑人流入城市的情况。没有按要求提供文件，或没有获得正确的许可证，就是刑事犯罪，可处罚金、监禁，甚至驱逐到农村"后备队"或农场。通行证系统控制和规范黑人在"白人地区"的生活和工作，损害了非洲黑人的尊严，加重了种族主义观念。派厄斯·兰加，在南非后种族隔离制度下成为高级法官，首当其冲地经历了通行证制度带来的挫折和羞辱。他只是数以万计的人们中的一个，他们似乎在无休止地排队，最后臭脾气的办事员和官员可能会对某个人提出奖励。他回忆说："17 岁时，我不得不把眼睛从赤身裸体的成人身上移开，试图为他们挽回些尊严，但是，一切都徒劳无益。"①

白人官员有权监管黑人的日常生活，他们有充分的理由突然撤销黑人的居留权和工作权。大学毕业生、学校教师伊齐基尔·穆法莱尔解释说："进入控制室的大人物能在 24 小时内打发一个人离开城市。他应该为找工作的黑人颁发严格规定的许可证；对每一个雇主和他的工人进行登记，以便随时随地控制黑人的活动。"穆法莱尔还记得他的通行证如何盖章，表明他有权在约翰内斯

---

① Desmond Tutu, *No Future Without Forgiveness: A Personal Overview of South Africa's Truth and Reconciliation Commission* (New Yor: Doubleday, 1999), 15–16.

堡找工作的情景。"当我找到工作的时候，我的老板每个月都必须在通行证上签名，如果他要踢开我或者我决定离开，就写'开除'。但是，还需要盖一个章，表示准许我留在约翰内斯堡。事实上，如果我以后没有找到'合适的'工作，而且，大人物厌倦了，不愿更新我的通行证，那么他就可以盖章，打发我回我的出生地比勒陀利亚，然后，再走同样的程序。"①

很快就有成千上万的南非黑人违反了通行证法律，仅在1955年就有33万人因为宵禁、登记和其他规定而被定罪。事实上，黑人正面临着一场噩梦——在街角有警察或便衣侦探，街上警车时常呼啸而过，这令他们恐慌不已。他们日复一日地在通行证办公室排队，像被放牧的牲畜，这令他们羞辱疲惫；他们也害怕通行证上被盖上可怕的紫色章——不许在市区工作。对于批评者来说，通行证制度——其监督制度精细，限制黑人流动——构成了一种现代形式的奴隶制。

面对不公平的种族主义立法，种族隔离制度的反对者开始反击。非洲人国民大会成立于1912年，在第二次世界大战期间表现活跃，是一个致力于为南非黑人争取一流公民资格的现代化大众运动组织。它受到甘地在印度成功的启发，发动了抵制运动、非正式罢工和不合作运动。1952年，非洲人国民大会与南非印度人大会（SAIC）一起开展了蔑视不公正法令运动，其中包括群众集会和温和抵抗。正如一个种族隔离主义历史学家所说，"希望通过援引逮捕和对国家自身的监管能力施加难以承受的压力，使这个制度无法实现"。在运动中，有8000多人被捕，但这不能阻止非洲人国民大会的成员人数急剧上升（截至年底达10万人）。美国黑人领袖也发表公开声明，支持示威运动。但在很多方面，这个运动都是失败的。参与是混乱的，非暴力的抗议活动也常常流露愤怒的情绪，甚至发生骚乱。当局反应激烈，在一个臭名昭著的地方，警察们一起枪杀了250名黑人，当时他们正在参加沿海城市东伦敦的群众会议。

三年后，3000名代表——代表着非洲人国民大会、南非印度人大会、有色人种大会、多种族南非工会大会和民主主义人士大会（白人自由派联盟和共

---

① Clark and Worger, *South Africa*, 50–1.

产党成员），在约翰内斯堡附近的克利普镇举行人民代表大会。6 月 25 日，他们一致通过了《自由宪章》，要求在真正民主的南非国家内实现充分的种族平等，包括经济、政治、法律和社会等各个方面。这仍然是一份反种族隔离运动宣言，后来，这个国家于 1994 年 4 月举行了第一次自由的、多种族选举。

面对非洲人国民大会及其盟友的持续抗议，国家党政府在 1953 年的选举中获得了胜利，进一步巩固了种族隔离制度：创立了全新的警察队伍，颁布了强制性人口迁移的野蛮计划，制定黑人教育规定，扩大种族隔离。然后，在 1955 年 9 月，内政部长 H. F. 维沃尔德，一个毫不掩饰的白人至上的捍卫者，宣布从 1956 年 1 月起，非洲妇女将第一次获得通行证。

黑人妇女感到十分震惊，因为她们非常清楚，对自由行动的新限制将使其更难找到她们及其家属严重依赖的卑贱的、非技术性工作。她们也担心自己会被阻止与丈夫在市区生活——这一举动将给家庭核心生活带来沉重的打击。更重要的是，有人担心黑人妇女将遭受不道德的白人官员的性虐待。正如一张反通行证传单所示："一个男人可能堂而皇之地进入任何一个家庭，或者在街上拦住任何一个女人，说他是警察或侦探，国家的法律授权他带走那个女人，并且触摸她身体的任何部分……借口他们在找通行证。"[1] 批评人士声称，通行证制度不仅仅是像对男人一样给"非洲妇女带来痛苦"，情况将会"更糟糕"。南非妇女联合会（成立于 1954 年 4 月，负责为妇女和男人争取不分种族的平等权利和平等机会）警告说："1956 年，我们面临一项法律：在街上不分青红皂白地逮捕妇女，从家中带走母亲，监禁孕妇和哺乳期母亲，这导致婴儿和小孩无人照看，也羞辱了所有非洲妇女。"[2]

面对这样的威胁，黑人妇女的政治意识被激起，正如流行的黑人杂志《鼓》所说，通行证法律的延伸在南非的厨房闹得锅碗瓢盆都嘎嘎作响。反种族隔离活动人士迅速将通行证变更引起的广泛愤怒演化为协调一致的群众运

---

[1]　Lodge, *Black Politics in South Africa Since* 1945, 144.

[2]　'Women in Chains', 7, 11; Walker, *Women and Resistance in South Africa*, 153–9; Lodge, *Black Politics in South Africa Since* 1945, 142; Brooks, *Boycotts, Buses, and Passes*, 209–14.

动。例如，南非妇女联合会的高级秘书海伦·约瑟夫在1月份的《战斗宣言》中写道：来年将是解放运动的重要一环，如果"南非的女性"和"南非的母亲"能够勇敢而坚定地加入到反对通行证延伸的运动中去，那么妇女通行证就可能成为废纸一张，更广泛地说，这是对种族隔离制度本身的致命打击。① 年初，数千人参加会议、集会和示威活动，每一个迹象都表明真正的群众运动已然来临。例如，1月份，6000人在伊丽莎白港参加一场大型集会；3月，2000人在约翰内斯堡参加了反对通行证会议；同一个月，有300名妇女前往该国北部杰米斯顿的原住民事务委员会办公室，宣称"即使通行证是用黄金印制，我们也不想要"。② 然后，4月9日黎明，在奥兰治自由省的温堡，数百名妇女前往当地治安法院，以自发和公开的蔑视态度焚烧了新颁发的通行证。1月至7月，5万名妇女参加了全国近40次反通行证示威活动，而且在这次异常激烈的激进主义高潮中，妇女领导者决定在比勒陀利亚进行全国性示威。

在南非，黑人妇女是反对白人霸权斗争的先锋。也许是非洲人国民大会男性领导人沃尔特·西苏卢率先呼吁"人民群众不断斗争"③、反对通行证，但是，南非妇女才是反对通行证运动的中流砥柱。像美国南方黑人一样，这些妇女试图寻求将非暴力抗议（包括和平游行、不合作和温和抵抗）与政治体相结合：利用性别，特别是作为妻子和母亲的地位作为政治组织的基础。通过符合中产阶级的行为和礼服标准（从而挑战黑人女性的普遍负面刻板印象），她们强调家庭的重要性，进而组织抗议，这些勇敢而坚定的活动人士树立了"大胆、受人尊敬的政治抵抗形象"。人们呼喊："给我们裤子，女人们要穿！"说明这些妇女对许多黑人男人的男权观点提出挑战。④

8月9日的妇女游行，被南非妇女联合会称为"一场摇滚乐会，是饱受压

---

① Joseph, 'Women Against Passes', 4.

② Walker, *Women and Resistance in South Africa*, 191; 'Strijdom... You have struck a rock', 2.

③ Sisulu, 'The Extension of the Pass Laws', 14.

④ Dubow, *Apartheid*, 1948–1994, 55; Caine, 'The Trials and Tribulations of a Black Woman Leader', 95–6.

迫、倍受折磨、饱受蹂躏的南非妇女的巨大成就"。①抗议活动当然在反种族隔离活动积极分子中产生共鸣，8月9日又被宣布为"全国妇女节"（自1994年以来，成为南非正式公开假期）。更具体地说，反通行证抗议活动似乎也对政府实行政策的能力产生了影响。到1956年9月，政府签发了2.3万张《参考书》，而官员们也试图避免在非洲人国民大会据点分发通行证。

然而，这种成功被证明是短暂的。的确，虽然南非妇女联合会及其盟友正在组织下一阶段的抵制通行证活动，但国家党政府也在采取非常措施，削弱反种族隔离运动。这是南非白人至上主义领导人坚定不移、毫不妥协的回应。在距此不到1.4万千米的美国南部各州，《吉姆·克劳法》的捍卫者同样坚定地坚持肤色界线，无论付出多大代价。

暴民事件

有尊严的白人都不会遵守法庭的裁决。他们将使用武力、暴力甚至一切手段使他们的孩子远离黑人。

——得克萨斯州白种人公民委员会领导人，曼斯菲尔德

那个假人，头部和手部绘成黑色，身体涂成红色，在曼斯菲尔德广场和主要街道的交汇处由一根钢丝绳牵引着，随风摇摆。曼斯菲尔德位于美国达拉斯西南32千米的得克萨斯州塔兰特县，是一个有约1500人的草原小镇。出现在1956年8月28日星期二晚上的由秸秆填充而成的假人，身上别着一个标志牌，上面写着"这个黑人想去白人学校读书"和"这不是找死吗"。大街上流传着蜚语，有一个非洲裔美国女人，在购物回家时说："你可以感觉到他们看着黑

---

① Strijdom... You have struck a rock', 1.

人的样子有多么不正常……他们想杀人。"① 在接下来的几天里，随着新学年的开始，因为《吉姆·克劳法》的捍卫者蔑视法庭命令，曼斯菲尔德成为发生丑恶的种族冲突的几个南部城镇之一。争取民权的斗争上演了戏剧性的一幕，而艾森豪威尔总统要求联邦政府作壁上观。

一年前，三名黑人青少年的家属，在当地的全国有色人种进步协会分部和美国国家官员协会的支持下，提起诉讼，要求曼斯菲尔德高中废止种族隔离制度。该镇的非洲裔美国人有充分理由对办学体制提出质疑。曼斯菲尔德黑人学校招收 6 至 14 岁的儿童，这里没有午餐，缺乏足够的教材，同时，尽管位于繁忙的马路上，但没有阻止孩子玩耍时冲上马路的栅栏。更糟糕的是，非洲裔美国人被完全排除在曼斯菲尔德高中之外，被迫到 24 千米远的位于沃思堡的两所黑人学校读书。因为当地的学校董事会拒绝提供公交车，所以黑人青少年不得不使用旅途公司的运输服务，他们得在远离学校 20 个街区的地方下车，要乘第一班公共汽车回家得等上两个小时。1956 年 6 月底，美国联邦第五巡回上诉法院裁定，"原告有权和白种人一样在曼斯菲尔德高中读书"。法院还宣布，当地学校董事会因种族或肤色等原因"拒绝接收黑人学生的做法非法"。当局于 8 月 27 日星期一颁布法令，命令曼斯菲尔德高中立即废止种族隔离。②

对于种族隔离主义分子来说，黑人孩子和白人孩子并排在教室里，这样的情景叫人厌恶。早在 1955 年 10 月，有 100 多人在镇上的纪念馆参加集会，听取了当地的白种人公民委员会领导人霍华德·A.比尔德强烈批评全国有色人种进步协会的言论，这使人们对种族通婚产生了恐惧。比尔德宣称，取消学校的种族隔离意味着"我们的孩子将变成豚鼠，而我们的种族优势也将不复存在。一旦混合，就不再纯粹，这无疑将会把我们彻底毁灭"。这个沃思堡的销售员警告说："如果我们不组织起来，我们的孩子们将因为我们的懦弱付出巨大代

---

① Robyn Duff Ladino, *Desegregating Texas Schools: Eisenhower, Shivers, and the Crisis at Mansfield High* (Austin: University of Texas Press, 1996), 94–5; Luther A. Huston, 'Texas Town Asks Integration Stay', *NYT*, 2 September 1956, 40.

② Ladino, *Desegregating Texas Schools*, 79–80, 81–5, 87, 89, 93.

价……"比尔德巧言令色，将听众煽动得群情激奋，他们一致要求保留《吉姆·克劳法》，并及时建立了自己的白种人公民委员会分会，领导曼斯菲尔德高中的反对种族融合斗争。比尔德向人们保证，废除种族隔离会被消灭在萌芽状态。他解释说，所有这一切需要的是"勇气、毅力、胆量和火药"。①

1956 年夏天，法院下令种族融合的消息笼罩着整个城市，曼彻斯特的顽固派分离主义者为了保持种族界限，转而进行恐吓活动。8 月 22 日，黑人社区中心的十字架被烧毁（第二个十字架在第二天被烧毁）。一个黑人原告的父亲被告知，如果他的儿子在全白人学校上学，他将失去所有财产。当地全国有色人种进步协会主席接到一个又一个威胁电话，被要求"滚出城去"。同时，白种人公民委员会决定在学校举行集会，劝阻非洲裔美国人学生，要他们不要为新学年注册。

8 月 30 日是注册的第一天，第二个假人高高地挂在曼斯菲尔德高中外面的旗杆顶上。早上 8 点 30 分，一群白人——大多数是男子，也有一些妇女和儿童，聚集在学校操场上。许多人拿着标志牌，上写"黑鬼滚出去，我们不需要黑鬼，这是一所白人学校，黑鬼去死吧；浣熊的耳朵，一美元一打"。有很多人在谈"血统混合"的话题，还有人说需要把全国有色人种进步协会赶出城。传闻有一些男子携带武器，当警长要他们遵纪守法时，他们愤怒地与他发生口角。一个十几岁的女孩说："如果上帝希望我们一起上学，就不应该把他们造成黑人，而把我们造成白人。"同时，根据"激进分子"的要求，城市的商家和店主关闭了自己的生意以示支持（虽然有些并不情愿这样做）。

第二天，人数更多，情绪更加激昂。塔兰特县区检察长办公室的一名观察员遭到殴打，几个观看事态发展的记者被抢劫，仇恨言论散播开来。白种人公民委员会的领导人威胁企业，要他们切断非洲裔美国人的信贷；治安人员开始巡视曼斯菲尔德的街道，以确保"任何涉嫌同情黑人事业的人"被迅速遭送出城。第三个假人被挂在学校前廊上方。没有一个黑人孩子注册曼斯菲尔德高

---

① Ladino, *Desegregating Texas Schools*, 80–1.

中。他们不会。

8月31日下午，民主党州长艾伦·史弗宣布，他要将得克萨斯巡逻队派往曼斯菲尔德维持秩序。但国家精英执法人员不会被用来保护黑人学生，也不会强制执行法院裁决。相反，史弗派遣头戴特立独行的宽边帽子的得克萨斯巡逻队，来维持种族隔离的现状。他呼吁学校董事会官员将学生转出该地区——任何学生，无论是白人还是黑人，只要他们试图到曼斯菲尔德高中读书就被视为煽动暴力。同时，他命令得克萨斯巡逻队"逮捕所有学生，无论是白人或是黑人，只要他们的行动对和平构成威胁"。史弗向华盛顿当局明确表示："如果联邦政府对我的做法不满意……我恳切地建议，由发布废除种族隔离命令的最高法院执行这项任务。"州长公然对抗法院，当地的白人也发出抵抗声音，导致现在仍然存在种族隔离的现象。曼斯菲尔德高中的大门一直对非洲裔美国人关闭，直到1965年9月。[①]

距离田纳西州克林顿1287千米处，有12个非洲裔美国青少年设法在之前的全白人高中上课，但是他们不得不忍受耻辱，甚至比在曼斯菲尔德还要糟糕。克林顿是位于田纳西州东部坎伯兰山脉中的一个工业小镇，是一个相对繁荣的地区，风平浪静，秩序良好，具有强大的公民精神。这里随处可见迎接游客的标识牌："欢迎来到克林顿，这里是美好的生活场所。"克林顿的人口数约为3700，其中200多人是非洲裔美国人，他们集中在被称为弗利山的黑人隔离区（即白人眼中的"黑鬼山"）。附近的橡树岭原子能中心为该镇黑人提供了非技术性工作机会，而非洲裔美国妇女则可能在当地白人中产阶级家庭中做佣工。由于当地法律没有规定废除种族隔离，克林顿的黑人青少年不得不前往24千米远的诺克斯维尔上高中。不过，1956年1月，经过5年的合法斗争后，法庭终于下令安德森县立学校董事会于秋季前在三所高中废止种族隔离，包括克林顿高中。

---

① Ladino, *Desegregating Texas Schools*, 102–3, 142; Luther A Huston, 'Justice Black Bars Delay in Integration for a Texas School', *New York Times*, 5 September 1956, 1.

新学年伊始，人们有充分的理由相信，废除种族隔离制度会在克林顿高中和平地完成。在春夏两季，该校 39 岁的校长戴维·J·布里顿先后组织了一系列会议，做老师和学生的工作，让他们接受废除种族隔离制度这一事实，而当地报纸则详细介绍了学校的体育和社交活动新政策，以平息白种人面对种族融合的恐惧。8 月 20 日星期一，包括 12 个非洲裔美国人在内的 700 名学生，到克林顿高中正式上课，平安无事。难道这个镇的白人热衷于种族融合？绝非如此。但他们确实对此听之任之。正如《克林顿快报》新闻社的编辑所说："我们从未听到有一个克林顿人说过他想要种族融合……但我们听到很多人说'我们相信法律。我们会服从法院的裁决。我们没有其他合法的选择'。"[1] 然后，在这个关键时刻，约翰·卡斯珀——一个 26 岁的土生土长的新泽西州卡姆登人——加入了这场争论。

《新闻周刊》的比尔·艾默生后来写道，约翰·卡斯珀对某些人来说"简直就是一个鬼怪幽灵，一个舔舐火焰的邪恶煽动者，还是一个令人讨厌的烟鬼"，而对于其他人来说，他是白种人公民委员会版本的摩西，要让他的子民获得自由。卡斯帕是现代主义诗人、臭名昭著的反犹分子庞德的助手，他在哥伦比亚大学获得英语和哲学学位，后放弃了博士学位，在纽约格林威治村开了一个右翼书店（在这段时间里，他与非洲裔美国人过从甚密）。卡斯珀深深地陷入阴谋论的世界观不能自拔，政治观点越来越右倾，成了美国最令人不齿的种族叛徒。在克林顿，他将掀起一场种族仇恨风暴，局面要失控。

8 月 24 日晚，卡斯帕抵达克林顿，立即投入工作，他首先打电话给当地白人寻求支持，然后在街上发放挑衅性的、种族歧视的传单（每张传单上都有图片，印着一个非洲裔美国男人亲吻一个白人女子）。星期六下午，克林顿的公民领袖代表，包括市长、警察局长和报社编辑，试图说服卡斯帕离开此地。第二天晚上，在举行一次小型集会之后，卡斯帕因涉嫌流浪并试图煽动骚乱而被

---

① Holden, *A Tentative Description*, 3–4, 8–9; 'The Principal in the Middle', *Newsweek*, 17 September 1956, 72; Webb, *Rabble Rousers*, 43.

捕。星期一，715 名白人学生和十几名非洲裔美国学生在克林顿高中上了第一堂课。虽然有几个示威者在校外抗议，但事态并不严重。第二天，聚集在校外的人数多了一些，中午，卡斯帕——由于证据不足被无罪释放——到校园对校长说："要么让黑鬼滚蛋，要么辞职。"① 在接下来的几个星期里，布里顿——一名深受学生欢迎的温文尔雅、学问精深的男子——饱受痛苦的折磨，"他的电话在午夜不停地响起，一拿起听筒就听见邪恶的辱骂和威胁；十字架在他家门前燃烧；激进的种族隔离主义者发动抵制运动，不断地困扰着他"。② 然而，无论压力有多大，布里顿都宁折不弯。

星期二晚上，卡斯帕在法院广场面对几百人发表演说。他指责地方当局缺乏胆量，呼吁人民组成比最高法院更有权威的机构，并承诺将为维护种族隔离制度的存在而斗争，"不论需要多久"。在接下来的几天里，卡斯帕不断表示对这个镇上的领导班子的不满（按一位居民的话所说，他们统治的时间太久了），他最热心的追随者都来自肮脏的采矿村庄，以及克林顿周边乱糟糟的小农场。由于身无长物，这些肮脏可怜的白人只能捍卫他们的肤色带给他们的优越感（无论是真实的还是想象的）。与此同时，来自美国南方腹地的白人受橡树岭原子设施的引诱来到该地区，他们骨子里流出对非洲裔美国人的本能厌恶，在卡斯帕传讲他的仇恨福音时，他们向他发出欢呼声。

星期三上午，当那几个黑人学生出现在校园的时候，有 125 名白人学生向他们高呼"浣熊""黑鬼""黑猿"；当天下午，一些黑人学生在街上被人追逐。随着夜幕降临，800 多名白人再次聚集在高大、丑陋的法院大楼，他们在那里目睹了卡斯帕撕毁禁止他干预学校废除种族隔离制度的命令。卡斯帕呼吁人民继续努力，他说："没有任何禁令，连一万条禁令都不能强加给人们不想要的

---

① Holden, *A Tentative Description*, 4; 'The Principal in the Middle', *Newsweek*, 17 September 1956, 72; Webb, *Rabble Rousers*, 44.

② Rorty, 'Hate-Monger with Literary Trimmings', 541.

东西，永远也不能。"① 在弗利山，非洲裔美国人自觉站岗以防止袭击，而他们的家人都躲在地窖里避难。星期四，还有一些麻烦：有人向黑人学生扔西红柿，而16岁的鲍比·本恩在走到一个奶油烤面包摊买午饭时遭到袭击。一个女人用一把伞打了他，另一个女人用力推搡他，还有人用刀威胁他。当本恩取出自己的小刀自卫时，他被警察带到保护性拘留所。星期五，由于担心进一步的暴力活动导致出勤率大幅下降（只有446名学生上课，包括十几个非洲裔美国人），说卡斯帕被认定有罪，被判入狱一年。那天晚上，消息传来，聚集在法院外面的人群被阿拉巴马州隔离主义者和前电台播音员阿萨·卡特的煽动性言论搞得群情激昂。在谴责最高法院和全国有色人种进步协会之后，卡特对听众说"作为基督教徒和盎格鲁－撒克逊人，保护种族遗产是职责和义务"，他称赞三K党，理由是"没有香蕉色的皮肤、卷曲的头发、厚厚的嘴唇"。暴徒穿过街道，一边扔掷鞭炮，一边高呼着"我们要我们的卡斯帕"。他们捣毁了非洲裔美国人的汽车，而一队人前往市长的住所，威胁要将其炸毁。②

第二天早上，克林顿的阿尔德曼委员会宣布进入官方紧急状态，并且警告说"晚上的流血事件已经结束"，要求国家紧急援助。他们调来了大批警察部队，可以说是箭在弦上，与此同时，他们还组织了一个临时警察部队，由过去曾参加朝鲜战争的前伞兵格兰特领导。虽然无人赞同种族融合，克林顿的白人温和派还是决心坚持法治。正如格兰特的一个志愿者警察所说："见鬼，这不是学校想不想要黑人的问题，而是谁要管理这个城镇的问题——是政府还是那些暴徒。"③

晚上8时许，在广场上再次聚集的2000多名白人迎来了格兰特的临时警察

① Holden, *A Tentative Description*, 5, 18; Webb, *Rabble Rousers*, 44–5; Rorty, 'Hate-Monger with Literary Trimmings', 538.

② Holden, *A Tentative Description*, 5; Webb, *Rabble Rousers*, 45; Adamson, 'Few Black Voices Heard', 34.

③ Holden, *A Tentative Description*, 6, 12, 13; Webb, *Rabble Rousers*, 45; Adamson, 'Few Black Voices Heard', 34; 'Wounded in Korea', *New York Times*, 2 September 1956, 41; 'The Nation: Back to School', *Time*, 10 September 1956.

一群非洲裔美国学生（包括鲍比·本恩，前排左一）勇敢地面对心怀敌意的白人，在新整合的田纳西克林顿高中上课。

部队，后者在草坪上"组成一道散兵线"。临时警察部队做好了射击准备，他们开始走上前去"嘲笑、鞭打暴徒"，暴徒们无视解散的反复命令，威胁要冲击法院大楼。眼际突然划过道道闪电，格兰特的临时警察部队发射了两波催泪瓦斯弹，驱散了大部分暴徒。几分钟后，150 名顽固分子卷土重来，大步向警方逼近，大喊着："让我们看看这些黑鬼的情人，夺过他们的枪，干死他们。"在这千钧一发之际，39 辆巡逻车载着 100 名国防军，咆哮着驶进城市，"警笛长鸣，探照灯闪闪发光"。温和的种族隔离主义者呼吁众人要合法有序，在他们的帮助下，国防军和临时警察部队得以建立和平秩序，尽管有些不稳定。[①]

① John N. Popham, 'Volunteers Rout a Tennessee Mob in Clash in Bias', *NYT*, 2 September 1956, 1, 41; 'The Nation: Back to School'; Webb, *Rabble Rousers*, 45; Holden, *A Tentative Description*, 6.

　　第二天，星期天早上的平静被阵阵轰鸣声打碎。100 辆吉普车、7 辆 M41 坦克和 3 辆装甲运兵车（带有 50 毫米口径机枪）浩浩荡荡地驶过克林顿狭窄的街道，与之同行的是田纳西州国民警卫队共 600 多名士兵。他们是奉弗兰克·克莱门特州长的命令到此平息事态，他是一个种族温和主义者和大规模抵抗运动的反对者，他如此作为有相当正当的理由：他不能坐看事态发展，任由无法无天的行径胡来。"如果暴徒因为一个问题接管田纳西州，他们就可以接管另一个州。那么，他们接下来接管的可能就是你的家。"①极具讽刺意味的是，尽管看到这种大规模武力展示，3000 人——整个危机中人数最多的一次——当晚又出现在法院大楼公然抨击种族融合。他们向过往车辆扔掷鞭炮，对非洲裔美国人进行威胁，在校园烧毁十字架，而许多戴着防毒面具、拿着刺刀的国民卫队，都被打了。8 点钟后，一个年轻的非洲裔美国水手詹姆斯·钱德勒进城探视他的女朋友。当他走到公共汽车站时，暴徒发现了他，两百名男子和十几岁的男孩尖叫着"滚出城去，黑鬼"，然后迅速将 19 岁的钱德勒逼近加油站的拐角。当他们向钱德勒迫近时，12 名国民卫队队员到达现场，在被吓得魂不附体的钱德勒周围形成一道保护警戒线，护送他走到安全地带。

　　24 小时内，秩序恢复，并颁布命令：禁止在法院大楼集会，禁止使用公共广播系统，禁止户外演讲，并对法院大楼广场进行宵禁，设置路障，组织常规街道安全巡逻。麻烦没有在一夜之间消失（确实，它传播到附近的奥利夫斯普林斯，有虚假报告说，那里的学校即将实行种族融合），但它确实没有原先那么大了。重要的是，非洲裔美国人可以继续在克林顿高中上课。尽管如此，局势仍然紧张，黑人学生常受到一些同学的轻微骚扰（例如，墨水故意洒在他们的书上，把他们挤在走廊里），而一些种族隔离主义候选人似乎很有可能赢得定于 4 月份的市政选举。投票前的那个星期天，镇上的第一浸信会教会的牧师保罗·W.特纳劝说大家和解，他告诉白人说，黑人学生无论

---

　　① 　Webb, *Rabble Rousers*, 43; 'Cannot Sit Back', *NYT*, 2 September 1956, 41.

在法律上还是道义上都有权到克林顿高中上学，不应该受到殴打或阻挠。两天后，这位 33 岁的牧师护送了 6 个来自弗利山的"面露腼腆微笑"的黑人小孩到学校，在一旁旁观的种族隔离主义分子不停咒骂他。当特纳离开学校时，他被一群暴徒劫持，遭受了毒打，血溅在一辆停在旁边的汽车上。可耻的袭击消息迅速传遍大街小巷，招致广泛反感。在接下来的几个小时里，数百名公民竟然为温和派候选人投票，最终，温和派得票以 3∶1 领先强硬的种族隔离主义分子。一位市民解释说："特纳就是一个活生生的例子，触动了我们所有人，也唤醒了我们。"[1]

1957 年 5 月 17 日，距最高法院发布历史性的布朗案裁定整整过去了三年，鲍比·该隐成为第一个从南方综合公立高中毕业的非洲裔美国人，9 个月来，他一想到在山下上学的前景就吓得发抖，常常在夜晚惊醒。

对于西部肯塔基州克罗夫特的戈登家族来说，学校废除种族隔离的意义非同一般。9 月初，一名暴徒试图阻止 10 岁的詹姆斯和 8 岁的特蕾莎到附近的克莱上课，而一群白人手持干草叉和铲子封锁了学校的入口。阿尔伯特·钱德勒州长派出了国民警卫队前往这个矿山小镇，以及几千米远的斯特吉斯，强制执行废除种族隔离制度的规定。28 岁的路易斯·戈登，身材修长，非常漂亮，脸上笑意盈盈，双眸中闪烁着快乐的光芒。她默默地决定，她的孩子们要去全白人学校读书，无论有什么风险。"如果你有勇气去，"她对她的小儿子说，"我就有勇气带你去。"然而，戈登为自己的挑战付出了高昂的代价：为他们家供应瓶装水的人突然取消了供应；戈登的丈夫被原来的工作单位解雇，那是当地的一个车库，而且方圆 65 范围内的雇主都拒绝接受他；附近发生爆炸；当地的店主拒绝为戈登提供服务，她不得不去近 50 千米以外的地方购买食物和其他日用品。面对接连不断的威胁，戈登做出了痛苦的决定：离开她出生的城镇，到牧草州（美国肯塔基州别名）以外的地方开始新的生活。

1957 年 9 月 5 日星期五，上午 10 时 30 分，德怀特·艾森豪威尔出现在

---

① Webb, *Rabble Rousers*, 48.

191 名记者面前，举行例行新闻发布会，记者们聚集在白宫以北一个街区的行政办公大楼里。南方的学校危机不仅在美国而且在世界各地都是头条新闻（对此，苏联自然也有《现场的一天》），所以，问题很快就转向学校废除种族隔离的制度方面，也就不足为奇了。

艾森豪威尔一再拒绝明确表示支持布朗案裁定，他认为自己的工作是执行宪法所赋予的权利，而不是对宪法进行解释，这一点令民权支持者大失所望。总统已经指示联合国哥伦比亚特区的联邦委员将美国首都打造为和平废除学校种族隔离制度的模范，并在首都的各大酒店、餐馆和其他公共场所废止《吉姆·克劳法》。但私下，艾森豪威尔对布朗案裁定有自己的看法，他声称"法院已经把公民权利的整个问题严重颠覆了"。[1] 除了对"法院试图联系和控制联邦政府的很多部门"表示关切之外，总统也对南方白人表示了足够的同情。他对内阁说，600 年来，这些人并没有违法（毕竟，最高法院以前认为种族隔离是符合宪法的），所以，他们现在感到震惊和愤怒，这完全可以理解。他解释说："我们不能在一夜之间就消除三代人的情绪。"[2] 总统同情南方白人，这似乎没有任何困难，但是，他似乎在情感上和理智上都无法对黑人表示同情。事实上，艾森豪威尔对非洲裔美国人依法享有一流公民的决心从来没有充分把握，也不能理解他们为何对这种痛苦的变革来得如此之慢而感到沮丧。在 2 月份的阿拉巴马大学危机期间，总统就已经把这件事交给地方当局了。

当被问及最近几天爆发的种族主义暴力事件时，艾森豪威尔只是说"地方政府已经立即采取行动制止暴力事件"，他提醒记者和广大公众，在美国联邦

[1] 'April 25 1956 pre-press conference briefing', 3, in Ann Whitman File, Ann Whitman Diary, Box 8, April 56 Diary ACW (1); 'Telephone Calls, August 19', in Ann Whitman File, Ann Whitman Diary, Box 8, Aug. 56 Diary ACW (1), Eisenhower Library; Pach and Richardson, *The Presidency of Dwight D. Eisenhower*, 143.

[2] Maxwell M. Rabb, 'Memorandum for the Attorney General, re: the Pres-ident's Views on the proposed Civil Rights Program' (CP – 56–48), 1–2, Ann Whitman File, Cabinet Series, Box 6, 'Cabinet Meeting of March 9, 1956', Eisenhower Library; Nichols, *A Matter of Justice*, 107.

制下，华盛顿只有在一个特定的州无力处理问题的前提下，才有干预的权力。谈到曼斯菲尔德，总统解释说："得克萨斯当局已经介入，恢复了秩序，所以这个问题就不重要了。"当被问及是否决定派遣得克萨斯州巡逻队去阻止学校的废除种族隔离运动向暴民统治投降时，他认为，黑人学生是否已经被永久性地转移了，局势是否得到控制，这还不清楚。然后，他回到了联邦权力机构的问题上，强调"如果华盛顿政府经常行使警察权力，美国的情况会很糟糕"。[①]总统还特意呼吁"善待人民"，并保证"帮助南方达成一个友好的解决方案"。不过，引人关注的是，艾森豪威尔提到了双方的"极端主义分子"："南方充满善意的人，但我们现在听不到他们的声音。我们听到声音的人固执己见，充满偏见，甚至诉诸暴力；另一边也存在同样的问题，他们想要整个事情今天就解决了。"[②]

在纽约全国有色人种进步协会总部，人们对总统的言论感到失望。协会的高级律师瑟古德·马歇尔[③]（在帮助推翻 1896 年有害的"隔离但平等"的判决时，他的贡献比任何人都大），第二天写信给白宫，指责总统，说他"对最近无法无天的暴徒与其他美国人以合法的方式寻求合法的权利间的冲突，负有不可推卸的责任"。瑟古德·马歇尔和他的同事们要求"艾森豪威尔直言不讳地对任何公然、强烈地干扰联邦政府秩序和司法程序的人进行驳斥"。[④]

第二年，艾森豪威尔签署了一项具有里程碑意义的法律《民权法案》，这是自 19 世纪 70 年代以来第一次出台这样的法律。总统还命令第 101 空降师前往阿肯色州的小石城，当时反对废除种族隔离的运动已经演变成为无法无天的狂欢，州长奥尔·福伯斯显然与之沆瀣一气。但他非常清楚地表示，这些都是

---

① 'The President's News Conference of September 5, 1956', 734–5, 741.

② Ibid., 736.

③ 瑟古德·马歇尔是第一位担任美国最高法院大法官的非洲裔美国人。他一生都致力于用法律争取公民权，承接并胜诉的"布朗案"促使美国废除了种族隔离法。

④ Thurgood Marshall to President Eisenhower, 6 September 1956, in *Civil Rights During the Eisenhower Administration*, Reel 8.

特殊的情况，似乎是在费尽心思抚慰南方白人。当提出要他表明道德立场时，他只是沉默。事实上，福伯斯随后宁愿关闭小石城的公立学校，也不愿看到他们搞种族融合。对此，艾森豪威尔声称他无能为力。

"布朗案"判决 5 年后，南方黑人中只有 6.4% 的人能够到综合学校读书；在美国的南方腹地，这个数字仅有 0.2%。这当然不能全部（甚至，或许在很大程度上）归咎于艾森豪威尔，而且他的继任者约翰·费茨杰拉德·肯尼迪总统也不热心干预此事。但是，艾森豪威尔不愿意用自己的巨大个人权力去迎合宪法的规定。20 年后，当美国民权领袖罗伊·威尔金斯开始写回忆录时，他仍然对艾森豪威尔深表失望。威尔金斯认为："总统是一个优秀的将军，一个善良、正直的人，但如果他以为民权而斗争的方式应对第二次世界大战，我们现在都在说德语了。"①

---

①　Roy Wilkins with Tom Matthews, *Standing Fast: The Autobiography of Roy Wilkins* (New York: DaCapo Press, 1994), 222.

1956
The World in Revolt

秋天

革命和阻力

串通勾结

> 英国政府已获悉在塞夫斯举行会谈的过程……并确认在这种情况下，设想他们将采取行动。

> ——安东尼·艾登爵士，1956 年 10 月 25 日

1956 年 10 月 22 日星期一上午，英国外交大臣塞尔文·劳埃由于"患上重感冒"，取消了公开活动。他穿了一件破烂的雨衣隐藏自己的身份，然后被推进一辆早已等候在那里的车中，由私人秘书唐纳德·洛根驾车前往英国皇家空军亨登机场。在那里，两人登上一架飞机，飞往巴黎西南方 8 千米的维拉库布莱军事机场。飞机着陆后，一名法国军官前来迎接他们，开车送他们到巴黎塞夫勒郊区的伊曼纽尔吉鲁特路的一幢掩映在树林中的朴素别墅。这栋别墅于战争期间曾充当抵抗组织总部的办公场所，此时等候在房子里的人是法国总理居伊·摩勒、法国外长克里斯蒂安·皮诺、法国国防部长毛里斯·布尔·马努里，以及以色列总理大卫·本·古里安、以色列国防军参谋长摩西·达扬和国防部主任西蒙·佩雷斯。

下午 7 点开始的全体会议，讨论气氛紧张。劳埃注意到以色列人气色不好，显得十分疲惫，他们在前一天经历了 17 个小时的紧张飞行，而本·古里安情绪激动，"这意味着以色列人没有理由相信英国外交大臣可能会说的

法国外长克里斯蒂安·皮诺、英国首相安东尼·艾登、法国总理居伊·摩勒和英国外交大臣塞尔文·劳埃在 1956 年 9 月讨论苏伊士危机。

话"。① 他们十分厌恶劳埃，认为他傲慢冷漠。达扬 27 岁的个人助理摩德男爵，在他的日记中写有这样一段话："劳埃是一位典型的英国外交官，说话声音尖锐，看起来好像鼻子下面总是挂着什么黏稠的东西。"② 然而，随着谈判的进行（当客人吃了"巨大的鱼"以后，他们稍事休息），事情轮廓逐渐清晰起来。本·古里安说，以色列准备"在 D 日早上对埃及进行报复袭击，晚上覆盖苏伊士运河。那天晚上，英法两国可以会面并向埃及方面提出要求，撤离运河区域的所有军队，同时要求以色列不要接近运河"。显然，以色列对苏伊士运河没有兴趣，那对他们"没有实质意义"。但是，如果埃及人拒绝屈从，英法两国将在第二天早上轰炸埃及的空军基地。不妥协的劳埃午夜后离开，承诺在伦敦

---

① Bar-On, 'Remembering 1956', 173, 177; Lloyd, *Suez 1956*, 181, 183.

② Bar-On, 'Remembering 1956', 177; Shlaim, 'The Protocol of Sèvres', 516.

和他的同僚磋商。两天后，英国、法国和以色列政府签署了一个秘密协议：发动战争，推翻迦玛尔·阿卜杜尔·纳赛尔。

1956年8月至9月，英国和法国经历了一个被历史学家称为"外交舞蹈"的时期。实际上，伦敦主持了两个国际会议。8月中旬，包括澳大利亚、美国、苏联、荷兰和印度在内的22个国家一起讨论了纳赛尔将苏伊士运河收归国有的情况。在受邀请的国家中，只有埃及和希腊政府拒绝了（希腊舆论普遍同情纳赛尔；考虑到对塞浦路斯的争议越来越激烈，雅典认为应该谨慎）。经过几天的谈判，十八国形成一项决议：在适当考虑到埃及主权的情况下，建立一个保证所有大国自由使用运河的确定制度。在9月初，澳大利亚总理罗伯特·孟席斯乘专机飞往开罗，说明伦敦的建议。在谈判的第一天，他把埃及领导人带到一边，警告说，如果不能达成协议，英法将进行军事打击。但纳赛尔马上向美国人抱怨说："澳大利亚骡子威胁我。"私底下，孟席斯指责艾森豪威尔总统破坏会谈。在9月5日的新闻公报中，艾森豪威尔强调，美国正在致力于和平解决危机。当这位澳大利亚总理准备离开开罗时，他告诉艾登，埃及"拥有警察的所有特点"，纳赛尔"在某种程度上是一个十分讨人喜欢的家伙……为人粗鲁，言谈举止令人不悦，比如他跟你说话时，眼睛却盯着天花板，当他无计可施时，常常窃窃而笑"。与此同时，埃及人对孟席斯并无好感。在埃及外交部部长眼里，孟席斯长着"粗粗的眉毛，双眸放光，声音尖细"，对非洲与亚洲的感情麻木不仁，而且孟席斯认为应该让纳赛尔接受这样一个事实：他的埃及同胞若没有外界的帮助，就无法成功地经营运河。[①]

纳赛尔明确表示，埃及将"坚定不移地继续努力维护运河的主权"，使得由约翰·福斯特·杜勒斯牵头组建苏伊士运河用户协会的努力付诸东流。最后，到9月底，英法两国政府把苏伊士争端提交给联合国安理会。

人们难免会怀疑这场外交活动在很大程度上只是为了作秀。克里斯蒂安·皮诺对联合国不屑一顾，他告诉英国驻巴黎大使说："提交给安理会的提案

---

① Lucas, *Britain and Suez*, 60; Kyle, *Suez*, 220–1.

除了粉饰门面，毫无实质意义。"① 整个夏季和秋季，伦敦和巴黎一边召开会议、发表公报、交换外交照会，一边忙于完善战争计划，将船只、飞机和其他军事设施布置于适当的位置，等待战争借口，准备发起攻击。《曼彻斯特卫报》② 发表的社论中指出，虽然外交界吵嚷着"通过调解达成和解"，但是英国政府继续表示"可能使用武力"，并且在地中海地区集结重兵，似乎"预示着一个愉快的结果"。这篇文章指出，英国政府"如果愿意，完全可以玩弄虚伪的、两面派手段。它可以看起来完全爱好和平，而实际上正在准备进攻。我们可能相信事实不是这样的……但是，一定要记住，完全有这种可能"。③

1956 年 8 月 8 日晚，英国首相安东尼·艾登第一次向英国人介绍了苏伊士危机。他在一间闷热、狭窄的英国广播公司工作室，宣称绝不容忍纳赛尔的"掠夺行为"。他解释说："我们的争吵并不在于埃及，也不在于阿拉伯世界，而是在于纳赛尔上校——一个没人信他会遵守协议的人。"艾登还引用了 20 世纪 30 年代的教训，"我的朋友，我们许多人都熟悉这种模式。我们都知道这是法西斯政府的行为方式，我们都记得向法西斯主义低头的代价是什么。"他接着说："你以后总要付出更高的代价，因为食欲随着喂食量的增长而增长。"④尽管艾登强调，他并没有寻求"通过武力解决"，但是，他称"最近的陆、海、空军事行动是合理的、明智的预防措施"。在幕后，他正在努力加强公众对军事行动的支持。他的政府部门进行了特别密集的宣传攻势，利用报刊所有人和与编辑们的关系，自由地利用匿名简报来游说新闻工作者运用审查权力。目的是转移注意力，对埃及决定将苏伊士运河收归国有的合法性进行讨论；通过无休止的诽谤，煽动舆论，引发对纳赛尔的敌意。这些努力非常有效。例如，在

---

① Gorst and Johnman, *The Suez Crisis*, 84–5.

② 《曼彻斯特卫报》是英国的全国性综合日报，与《泰晤士报》《每日电讯报》合称英国三报。因其总部设于曼彻斯特，又称《卫报》。

③ 'Suez', *Manchester Guardian*, 1 September 1956, 4; Shaw, *Eden, Suez and the Mass Media*, 51–2; Minutes of the Egypt Committee, 2 August 1956, 6 p.m., 2, in CAB/134/4107.

④ Gorst and Johnman, 69–70; Lucas, *Britain and Suez*, 54–5; Shaw, *Eden, Suez and the Mass Media*, 113–14; Thorpe, *Eden*, 498.

8 月 1 日,《泰晤士报》发表标题为"历史的转折点"的社论,警告:如果纳赛尔逃脱这次危机,英国和其他西方国家在中东的所有利益将在瞬间化为乌有;纳赛尔将运河收归国有是一个转折点——历史的转折点,类似于希特勒进军莱茵河谷;对于纳赛尔举动的法律技术性,"嘲弄"无关痛痒。评论还写道:"纳赛尔的行为不仅威胁到西方的经济安全,而且开启了一个危险的先例:只要国际协议能够被取消而不受惩罚,就不会有稳定和互信的世界。那么,在面对纳赛尔的时候,英国率先行动是至关重要的,即使这意味着诉诸武力。毕竟,如果一个国家奋起'捍卫'自己的权利,就注定要丧失权利。"① 英国人相信,艾登爵士能把此事处理好。

在内阁和埃及委员会(事实上的战时内阁)会议上,艾登及其他大臣都明确表示,他们的愿望不仅仅是为了确保对运河进行国际监督,而是"推翻现在的埃及政府"。② 他们同样清楚,这个意图应该隐藏。正如塞尔文·劳埃所说:"从舆论的角度来看,特别是在美国和亚洲,我们的行动目的似乎只能是建立安全的国际水道。"他警告说,"如有任何官方文件泄露,就会有更广泛的术语来界定我们的目标,后果可能是灾难性的。"③

到 7 月底,武装部队委员会制定出一项可操作的计划纲要,即"火枪手行动",该行动计划攻击塞得港,由皇家海军陆战队员实施两栖登陆,并由空降旅集团组队进行空降突击。但是,不久之后,军事和文职领导人都对此表示怀疑。塞得港地形不够理想,能部署部队的空间非常有限,而且战斗期间运河本身有受到破坏或被封锁的危险。也许最重要的是,他们认识到这样一个局部攻击不可能推翻纳赛尔政府。哈罗德·麦克米伦④ 指出,如果英国只是重新占领运河区,那将与 1954 年一样,同样令人不满意,尽管这一次,用于对付当

---

① 'A Hinge of History', *The Times*, 1 August 1956, 9.

② CAB 134/4107, Egypt Committee, 30 July 1956.

③ E.C. (56) 10, 7 August 1956, CAB 134/4107.

④ 哈罗德·麦克米伦是英国政治家,于 1955 年至 1957 年出任艾登政府的财政大臣,艾登被迫辞后,他接任首相,任期为 1957 年至 1963 年。

地敌对势力、破坏活动和游击战的军队可能远远少于上次。财政大臣是政府最有名望的鹰派之一，他认为应扩大军事目标，包括摧毁纳赛尔的军队，推翻政府，取而代之的是"我们和其他国家都满意的政府"。①

在 8 月的第二个星期，内阁批准了一个新的计划。实施两三天的轰炸，摧毁埃及的空军，同时军队在亚历山大港登陆，8 万人经由开罗前往苏伊士运河。但是，到了 9 月初，计划再次改变了，这次是因为担心海军轰炸亚历山大港会对这个城市的平民和国际舆论造成毁灭性的影响。不过，在塞得港登陆势在必行，在此之前，他们将发动大规模的空中攻势，捣毁埃及的空军，削弱其经济，打击军民士气。英国政府希望能够摧毁纳赛尔政权。

8 月 10 日晚，埃及委员会做出决定，"埃及方面应该坚决反击任何针对埃及的军事行动，打击一些侵略性或挑衅性的行为"。② 然而，英国方面感到很困惑，因为暂时没有这样的挑衅。令唐宁街感到沮丧的是，埃及人在经营运河方面做得很好。8 月 1 日，英国大使馆报告说："一切似乎归于平静，运河运转正常。"总的来说，事情就是这样。埃及政府一再表示"履行所有国际义务"，并确保航行自由。③ 即使苏伊士运河公司的 200 多名外籍雇员（包括 90 名飞行员）在 9 月中旬辞职，尽管英国一致设法干扰海上交通，希望制造混乱，运河仍然在继续运行。

10 月 16 日，国防大臣瓦尔特·蒙克顿爵士指出："在不久的将来，似乎不需要对埃及采取军事行动，但可能会继续进行谈判。"④ 蒙克顿是一个令人非常放心的人，在几个内阁成员中，他一直反对军事行动。他认为，使用武力"会给整个中东地区带来突如其来的混乱，给这个国家和世界其他地方的公众舆论

---

① Harold Macmillan Minute – E.C. (56) 8, 7 August 1956, CAB 134/4107. See also minutes of the Egypt Committee meeting, 7 August 1956, 3 p.m.

② CAB 134/4107, Egypt Committee, 10 August 1956, 10 p.m.

③ JE14211/161 and 163 (Cairo to London, 1 August 1956) in FO 371/119082.

④ CAB 134/4108, Memorandum by Minister of Defence, Egypt Committee, 16 October 1956.

带来不良影响"。^① 就所有关于战争的言论而言，谈判解决似乎已经水到渠成。

塞尔文·劳埃于 10 月 1 日晚起身赶往纽约，在联合国参加由秘书长达格·哈马舍尔德安排的高级别会谈。到 10 月 12 日早上，埃及的外交部部长艾哈迈迪·法齐接受了英国人倡导的"六项原则"（包括承诺"不歧视、自由地、公开通过运河"），承认运河运作与任何国家的政治无关。虽然许多重大问题仍未得到解决，最重要的是这些原则究竟如何得到执行也没有规定，而对纳赛尔如何履行承诺还有疑问，劳埃仍然有理由保持乐观。劳埃觉得此事不用担心，他告诉内阁的同僚，"埃及会满足我们的要求，对苏伊士运河施行有效的国际监督"。艾登似乎也满腔热忱。10 月 14 日星期天下午 1 时 30 分，艾登首相给劳埃发了一封电报，呼吁进行进一步的实质性谈判，以敲定细节，并建议在日内瓦召开这样一个首脑会议。看来，外交似乎绝对有获得成功的机会。几个小时之内，所有事情都发生了变化。

契克斯阁是一座 16 世纪的建筑，坐落在奇尔特恩山脚下，自 1992 年 10 月 30 日起成为英国首相的官方乡间别墅。10 月 14 日下午，法国社会事务部部长艾伯特·加齐耶和法国总参谋部副司长莫里斯·查尔少将秘密地抵达那里。这两人带来了一份计划，可以一劳永逸地解决苏伊士危机，即让以色列进攻埃及，而法国和英国借口维护自由海上通道，占领苏伊士运河。

以色列和埃及的争端存在已久。1948 年 5 月，埃及与其他几个阿拉伯国家一起发动了对以色列的战争，以摧毁这个新犹太国家。尽管双方在 1949 年签订了停战协议，但两国之间的关系一直很糟。纳赛尔政府不允许以色列船只使用苏伊士运河，同时加紧对蒂朗海峡的封锁（切断以色列最南端港口城市埃拉特进入阿卡巴湾的通道，阻挠其进入东非和远东地区）。此外，纳赛尔政府鼓励巴勒斯坦游击队从埃及控制的加沙地带对以色列进行袭击。这一切都是在

---

① See, for example, Monckton's comments in cabinet on 28 August and 11 September, CAB 134/4108.

对"犹太复国主义敌人"进行攻击。①比如，1955 年 8 月 31 日，纳赛尔宣称"埃及将派遣英雄清洗巴勒斯坦地区……以色列的边界不会有和平，因为我们要复仇，复仇意味着以色列死亡"。②这一切，连同紧随其后的现代军事装备的大规模建设，以及与捷克斯洛伐克的武器交易，都在以色列的特拉维夫引起极大的恐慌。以色列国防军参谋长摩西·达扬称，"毫无疑问，埃及的目的是把我们一举消灭，或至少赢得一场决定性的军事胜利，让我们受尽无助的奴役"。事实上，在宣布将苏伊士运河收归国有的演讲中，纳赛尔宣称："1948 年建立一个国家的那伙人被改造了……这是一个好兆头，他们应回归 1948 年的模样……胜利日即将到来。"他还承诺支持巴勒斯坦游击队发动袭击，直到"阿拉伯国家从大西洋延伸到波斯湾"。③

同时，法国人认为，纳赛尔对他们在北非的地位构成了威胁，并日益加剧。法国海军截获了阿斯索斯（Ahos）——这是一艘挂着苏丹国旗的 400 吨的前加拿大扫雷艇。法国潜艇和飞机在这艘舰船穿越地中海时，对它跟踪数日。10 月 16 日，当它前往阿尔及利亚海岸时，一艘驱逐舰对其实施跟踪……事实证明，这艘生锈的船只是一个浮动的武器库，船舱里装有 70 多吨的军事装备，其中包括 72 门迫击炮、40 挺机枪、74 支自动步枪、240 支冲锋枪、2300 支步枪、2000 发迫击炮弹和 60 万发子弹——法国人称，这足以武装 3000 名民族解放阵线的武装人员。此外，违禁品全都与纳赛尔有关联，包括在亚历山大港航行的船只、用埃及货币购买的这些武器。在询问船长和船员后，法国当局宣布由穿制服的埃及士兵将武器装上阿斯索斯。④

9 月底，以色列和法国的高级军事和文职官员在巴黎举行秘密会谈，夏季

---

① James, *Nasser At War*, 7–10, 12–16; Joel Gordon, *Nasser*, 41–5; Moshe Dayan, *My Life*, 146–7.

② James Rothrock, *Live by the Sword: Israel's Struggle for Existence in the Holy Land* (Bloomington: WestBow Press, 2011), 29.

③ Yossi Melman, 'Targeted Killings – a Retro Fashion Very Much in Vogue', *Haaretz*, 24 March 2004.

④ Horne, *Savage War*, 158; 'Algeria: Floating Catch', *Time*, 29 October 1956.

首次提出的以色列对埃及的军事行动的可能性变得更大。以色列人害怕他们的主要城市将在埃及的空袭中遭到破坏，不愿成为唯一的侵略者，坚持要求以色列和法国两国（或三国，如果英国同意参加）必须同时发起攻击。法国人继续推动以色列实施首轮军事打击，为法国（或英法）的参与寻找正当理由。谈判形势令人鼓舞，而且法国愿意为以色列运送武器（包括 100 辆超级谢尔曼坦克和 200 辆装甲运兵车），使谈判气氛更加和谐。不久，以色列人开始为在西奈半岛进行大规模军事行动制定应急计划。

没有英国支持，法国人不愿意继续进行军事行动，现在他们试图把这个计划兜售给伦敦。法国人这样做的外交背景非常复杂。在"九五"三方宣言中，英、法、美共同发表宣言表示，"坚定不移地反对在以色列和它的阿拉伯邻国之间使用武力或武力威胁"，并承诺进行干预任何不遵守国家边界或停战线的行为。[1]英国严重依赖于约旦和伊拉克——以色列的最顽固反对者——的战略伙伴关系，为了捍卫在该地区的利益，英国觉得有义务协助约旦应对以色列的袭击。由于以色列和约旦边界局势紧张（因以色列遭受阿拉伯游击队袭击而加剧），以及特拉维夫关于夺取约旦控制的约旦河西岸地区的不吉利言论，英国政府认为对以色列的战争可能一触即发。

事实上，英国担忧可能会卷入阿拉伯和以色列的战争，是艾登于 10 月 14 日在首相别墅款待法国社会事务部部长加齐耶后产生的想法。就在几天前，以色列国防部队（IDF）对约旦河西岸巴控城市盖勒吉利耶发动了重大的报复袭击，造成 70 名约旦人死亡。[2]据出席会谈的外交大臣办公室主任安东尼·纳丁介绍，当得知纳赛尔拒绝接受"三方宣言"提供的保护措施时，首相"几乎抑制不住心头的喜悦"。"这样，我们就问心无愧了，"他激动地说，"我们似乎没有义务阻止以色列人去袭击埃及人。"[3]法国人现在企图利用英国人对以色列可

---

　　① Lucas, *Britain and Suez*, 77; 'The Tripartite Declaration of 25 May 1950', *State Department Bulletin*, 5 June 1950.

　　② Lucas, *Divided We Stand*, 230–1, 236–7.

　　③ Quoted in Lucas, *Britain and Suez*, 75–6.

能对约旦发动全面攻击的担心大做文章。历史学家斯科特·卢卡斯解释说，他们"警告"英国人，如果英国拒绝支持法以计划，以色列人将攻击约旦而不是埃及。这将只留给伦敦一个难以接受的选择：放弃与约旦首都安曼的联盟，从而放弃他们在中东的全部利益。但无论如何，艾登依然渴望对纳赛尔进行打击。10月6日，劳埃被英国政府从纽约召回。劳埃最初并不想与法国的计划有任何瓜葛，但是，他逐渐被说服，联合国提出的协议不会成立，随着冬季临近，为军事行动打开的窗口越来越小，现在是时候采取行动了。从现在开始，劳埃将所有的疑虑置于一边，全力支持他的首相。

英国、法国和以色列的复杂而高度秘密的谈判终于在10月24日星期日结束。莫迪凯·巴伦指出："巴黎优雅地赐予其居民和游客美好时光。天空晴朗，经过清晨秋雨的洗礼，街道和树木依旧是湿漉漉的，红叶在寒冷的微风中飞舞。一切都闪闪发光，五彩缤纷。"[①]年轻的以色列军官在最后一刻走近塞维尔别墅，他可以闻到拐角处烤栗子的芳香。经过几个小时的磋商（先是以色列与法国，然后当天下午是以色列与英国），最终，法国同意在以色列驻扎幻影IVA的一个中队和一个战斗轰炸机中队，并着以色列空军标记，以加强该国的防空力量；以色列同意不攻击约旦；而英国则强调，如果约旦进攻以色列，伦敦和安曼之间的相互防务协定将不会启动。在本·古里安的建议下，三国政府签订了正式的议定书。议定书在别墅的厨房里起草，由一台便携式打字机打印，总结了三国政府所做的承诺。以色列同意，10月29日晚，将对埃及部队进行大规模袭击，并在第二天到达运河区域。作为回应，英法两国将发出最后通牒，要求停火，要求以色列和埃及从运河地区撤出所有部队，并要求开罗接受英法临时占领，维护水道。如果这些条款被驳回，英国和法国将于10月3日上午对埃及采取军事行动。下午7时，以色列总理本·古里安、法国外长克里斯蒂安·皮诺和英国副外交大臣帕特里克·迪恩签署了协议。本·古里安为了掩饰自己的兴奋，拿起他的副本，仿佛"在拿着一件易碎的宝藏物，把它折

---

① Bar-On, 'Remembering 1956', 183.

起来，揣进他的背心口袋里"。人们取来一瓶香槟，为成功而干杯。气氛祥和、
惬意，而不是欢腾雀跃。已经下令调动以色列军队的摩西·达扬回忆说："英
国人首先离开，他们低声嘟囔着，礼貌，幽默，却不太容易理解。距离 D 日不
到 100 个小时了。"①

十月波兰

现在，人们热心生活。

——不知姓名的波兰女子在群众大会上发表讲话，1956 年 10 月 22 日

《纽约时报》39 岁的外交记者悉尼·格鲁森，似乎闻到了空气中的火药味。
他于 10 月 18 日在波兰首都写道："明亮的阳光，金秋的树木，10 月的天气，
诱人的秋意，使华沙在虚幻中显示出平静。"②实际上，这个"城市的情绪"是
"革命的"，而且这个国家与苏联的关系十分紧张。

处在这个正在上演的戏剧中心的是瓦迪斯瓦夫·哥穆尔卡。他 51 岁，性
格坚韧，不苟言笑，一本正经，行事严谨，将一生都投入到共产主义事业。哥
穆尔卡于 1905 年出生在南部城镇克罗斯诺，成长于坚定的无产阶级劳动者和
织布工家庭，他从学校毕业后，经过训练当上锁匠，然后到炼油厂工作。哥穆
尔卡遇到了波兰历史上最动荡不安的岁月。虽然这个国家被他国占领了一个
多世纪，并于 1918 年重新获得独立，但是，这个年轻的共和国非常不稳定。
1926 年 5 月 12 日，约瑟夫·克莱门斯·毕苏斯基元帅在政变中夺取政权，建

① Bar-On, 'Remembering 1956', 184–5; Shlaim, 'The Protocol of Sèvres', 522, 530; Kyle, *Suez*, 590–1; Dayan, *Story of My Life*, 193.

② Eric Pace, 'Sydney Gruson, 81, Correspondent, Editor and Executive for New York Times, Dies', *NYT*, 9 March 1998.

立了专制政府。但是，毕苏斯基政府逐渐趋向右倾，于是，哥穆尔卡积极开创了革命的左翼政治生涯。事实上，哥穆尔卡与无产阶级事业的亲密关系在他还在学校时就已经开始，当时他加入了一个工人青年组织。17 岁那年，他加入一个激进的工会组织，并于 1926 年被任命为地区官员。那年年底，他加入了波兰共产党 (KPP)。作为一名才华横溢的组织者和有影响力的鼓动者，哥穆尔卡很快被毕苏斯基政府定为攻击目标，1932 年在罗兹省领导纺织工人罢工后，他遭到逮捕并被判处 4 年监禁。两年后，他获得假释，在苏联度过了几个月，又回到自己的家乡，不久，又在监狱里被关了一段时间。在第二次世界大战期间，哥穆尔卡与一个工人营并肩作战，保卫华沙，然后逃到被苏联占领的东部地区，并在巴巴罗萨行动开始后返回克罗斯诺。在那里，他积极参与建立地下波兰工人党（波兰共产党的后继组织），并当选党委书记，协助统筹对纳粹的武装抵抗。

苏联红军解放波兰后，哥穆尔卡和他的同志抓住苏联支持的机会，在国内建立了民主政权。不过，哥穆尔卡不是斯大林的奴性弟子。在国际事务中，他在保持对苏联忠诚的同时，充分争取国内主权，成为波兰社会主义道路的主要倡导者。哥穆尔卡积极与其他政党合作，在发展国有控股银行、工业和交通运输业的同时，注重小规模私营企业的作用，反对强制农业集体化。另外，哥穆尔卡的共产主义事业有典型的波兰味道，他尊重波兰历史和民族文化，强调波兰劳动党是"民族党"，提倡"民族团结，民族共处"。然而，在 1948 年 8 月底，他的命运发生骤变，因为他的对手抓住了他的把柄——支持铁托，拒绝正统的斯大林主义，所以他们免去了他的总书记职务。三年后，他被开除党籍，遭到监禁。1953 年 5 月，斯大林去世，哥穆尔卡才得以释放。

1956 年春天，波兰首次出现呼吁哥穆尔卡恢复权力的呼声；到了秋天，这呼声变得不可抗拒。在波兹南事件之后的几个月，波兰发生了抗议活动，公众极度不满。称赞波兹南人民的传单、海报和口号出现在许多城市的工厂、公共建筑、学校和火车站的墙壁上，在地方党会议上，活动人士表示支持波兹南工人，并谴责国家的暴力镇压。在夏季，由于对低工资、高物价的普遍不满，工人们掀起了一轮又一轮的怠工、停工和罢工高潮。波兰人还通过群众聚会、集会和请愿表达他们的不满,并逐渐将愤怒的矛头指向波兰统一工人党的领导层。7月24日,在发往伦敦的一封电报中,英国大使艾伦·诺布爵士说:"波兰人民表示他们对现在的政治领导人没有任何信心,他们不想再忍耐现在的生活水准。"[1]同时,一股反对意见的浪潮席卷农村:许多农民拒绝上工或达不到他们的劳动定额;有些正式要求离开合作社农场;有些干脆不辞而别。

8月26日,在一次宗教民族主义运动中,有约100万名朝圣者聚集在珍纳哥拉修道院(光明之山),并在黑色麦当娜的神龛(波兰最神圣的地方之一)前致敬,纪念300年前波兰国王扬卡齐米耶兹正式将这个国家奉献给圣母玛利亚。此时,波兰大主教威斯津斯基主教遭到软禁,就由罗兹主教主持仪式;一束红玫瑰和一束白玫瑰摆放在圣坛旁的空宝座上,表示大主教缺席。罗兹主教宣布皇家宣言,并向圣母献上"每一个波兰人的心和家",朝圣者跪拜齐呼:"波兰女王,我们保证。"[2]

这几个月来,波兰新闻界实现了广泛的自由。例如,在9月初,《新文化》刊载了经济学家爱德华·皮辛斯基的一篇文章,批评波兰统一工人党的经济方法。皮辛斯基谴责中央计划,说它导致"无所不能的官僚主义和政治专制",并将波兰的国有农场说成是"劣性的伪社会主义经济"。[3]

学生也越来越焦躁不安。10月4日,弗罗茨瓦夫大学的500名学生因宿舍停电做出积极反应,他们游行着穿过市中心,高呼"我们需要光明",并威胁要打死断电责任人。几天后,华沙大学的1000名学生和来自20多家工厂的代表一起举行集会,呼吁"全面开放公共生活",要求工人自治。他们也接受了

---

[1]　NP 10110/100, 'Reports on the VIIth Plenum of the Central Committee of the United Workers Party', 6, in FO 371/122596.

[2]　Cathelijne de Busser and Anna Niedźiedź 'Mary in Poland: A Polish Master Symbol' in Anna-Karina Hermkens et al., *Moved by Mary: The Power of Pilgrimage in the Modern World* (Farnham: Ashgate Publishing, 2009), 87–100.

[3]　Syrop, *Spring in October*, 70.

波兹南工人的观点，高呼："没有自由就没有面包，没有面包就没有自由！"[1]

在 9 月底开始的波兹南审判，成为众矢之的。正如波兰总理所说，强调最近针对"合法性"和"民主"的谈话都是真实的，当局力求确保诉讼是按照最严格的法律规则要求进行的。审判是公开进行的——一些外国记者、外交官和西方律师被邀请旁听庭审，允许被告进行有力的辩护。9 月 28 日，一个年轻人描述了他是如何遭受残酷的讯问的："他们用棍子打我的脸，从后面把我打倒。一个警察揪着我的头发把我拖到二楼，打我，用脚踢我。他让我靠墙站着，用拳砸我的后脑，把我的脸撞到墙上。"[2] 紧接着，被告一个接一个地揭露了警察的暴行。有一次，一个被告的姐姐喊道："我们的父亲在 1939 年为波兰牺牲。我的母亲在 1942 年被德国人杀害。现在我们比以往任何时候受的压迫都要严重！"[3] 法庭不得不宣布休庭。

辩护律师反复审视他们的行为，确保工人的原始申诉得到清晰的表达。例如，法庭听到罢工者要求"面包和自由"，要求"俄国人滚蛋"，听到一些波兰士兵如何把他们的武器交给反抗者，甚至加入了他们。波兹南事件不仅仅被重新审视，同时被合法化。其中一个名叫斯坦尼斯瓦夫·霍伊莫夫斯基的辩护律师提到尤金·德拉克鲁瓦的《自由引导人民》。这是一幅著名的革命绘画，讲述了 1830 年查理十世被推翻的故事。它描绘了一个年轻女子，一手拿着法国国旗，另一只手拿着刺刀，站在倒下的尸体上，引导人们（包括一个学生、一个工人和一个农民，他们挥舞着手枪和步枪）。霍伊莫夫斯基解释说："如果国王的警察赢得了这场战斗，当时的检察官会把这些年轻人拖到法庭上，叫他们流氓、黑社会分子、犯罪分子。但是革命胜利了，他们是民族英雄，他们的形象已经成为革命的象征。"他的用意再清楚不过了。最终，政府放弃了大部分

---

[1] Machcewicz, *Rebellious Satellite*, 164; Kemp-Welch, *Poland under Com-munism*, 94–5; Kemp-Welch, 'Dethroning Stalin', 1271–2; Matthews, *Tinderbox*, 243.

[2] Sydney Gruson, 'Poznan Court Lets Accused Testify Freely on Uprising', *NYT*, 29 September 1956, 1, 4.

[3] 'Poland: Beating the King's Police'.

案件。154 人被起诉，只有 37 人到庭，而那些被定罪的人也被从轻判刑。①

英国驻华沙大使 7 月在大使馆观察情况时指出："在某种程度上，波兰政府已经失去了控制权；他们不再只是发号施令，而是假设人们可以以某种方式服从。现在，政府必须考虑到民意，大众意见常有一些尴尬的要求。"②在这些"尴尬的要求"中，最为棘手的莫过于让工人在工厂管理上有更大的发言权、结束苏联对波兰军队的控制，以及恢复瓦迪斯瓦夫·哥穆尔卡的权力。

8 月 5 日，政治局宣布允许哥穆尔卡重新加入共产党。10 个星期后，在波兰党中央全体会议前夕，官方确认，哥穆尔卡出席了政治局会议。他恢复领导职务已是迫在眉睫。

在莫斯科看来，这一消息简直耸人听闻。正如苏联领导人所说："我们认为任何决定（让他重新掌权）都是在针对我们的行动。"③莫斯科的担心不无道理。整个夏季和早秋，带有反俄口号的涂鸦、海报和传单，出现在全国各地的城镇。④对苏联的反感情绪已经像泡沫一样浮出表面，波兰人公开讨论了 1940 年的卡廷森林大屠杀：苏联红军枪杀了数以千计的波兰军官，并在战后将数千名抵抗运动战士放逐到西伯利亚。他们还对波兰被强制出售煤炭给苏联（价格大打折扣）感到愤愤不平，而苏联对波兰军队的影响也被广泛认为是对民族自豪感的侮辱。事实上，国防部长康斯坦丁·罗科索夫斯基元帅，尽管出生于波兰，却是苏联公民；总参谋长，还有 70 位其他高级波兰军官和众多"军事顾问"也都是苏联人。当 9 月传统的"波苏关系友好月"开放时，平常的狂欢气氛消失了，党报《论坛公司》则强调要通过波兰民族自身努力

---

① Syrop, *Spring in October*, 76; Gruson, 'Poland is Reported Ready to Abandon Poznan Trials', *NYT*, 7 October 1956, 1, 30; Gruson, 'Poznan Trial End Now Seems Sure', *NYT*, 11 October 1956, 3.

② Machcewicz, *Rebellious Satellite*, 159, 161; Kemp-Welch, ed. *Poland under Communism*, 95; Zinner, ed. *National Communism and Popular Revolt*, 191.

③ *Memoirs of Nikita Khrushchev. Volume* 3, 625.

④ Machcewicz, *Rebellious Satellite*, 128–9, 163–4; Zinner, ed. *National Com-munism and Popular Revolt*, 257–8.

建设社会主义。①

波兰统一工人党的改革家了解到，除非波兰与苏联关系更加平等，否则当局不可能赢得广大群众的支持，也无法结束春天以来发生在这个国家的政治危机。然而，当莫斯科高层知道罗科索夫斯基将要被迫离开政治局，而且哥穆尔卡也想让所有的苏联官员离开时，他们把这当作人身侮辱。赫鲁晓夫担心对苏联具有巨大的战略和象征意义的波兰，可能即将脱离华沙条约组织，他决定采取行动。

10月18日晚，苏联驻华沙大使通知波兰统一工人党中央委员会第一书记爱德华·奥哈布：莫斯科打算派代表团前往波兰评估形势。这是一个非常微妙的举措，企图迫使波兰人推迟第八次全体会议——原定于第二天上午举行。波兰人的反应是，建议苏联将行程推迟一两天，这加剧了莫斯科的焦虑，而赫鲁晓夫暴怒地通知奥哈布，他将马上前往华沙。

第二天早上7点钟，一架苏联飞机在波兰首都的郊区波尔娜拉瓦军事机场降落。那天早上，在华沙集结的苏维埃代表团阵容强大。与尼基塔·赫鲁晓夫同机到达的有主席团成员拉扎·卡加诺维奇、阿纳斯塔斯·米高扬，外交部部长维亚切斯拉夫·莫洛托夫，华沙条约组织总司令伊万·科涅夫，以及其他11位将军，其中包括参谋总长。一行人全部穿着制服。赫鲁晓夫明显处于高度亢奋的状态，他越过在停机坪等待他的奥哈布、西伦凯维兹和哥穆尔卡，直接和罗科索夫斯基以及其他苏联将军热情寒暄，同时大声宣称"这些是我所倚重的人"。然后，他摇晃着拳头，转向波兰领导人，大叫："我们知道谁是苏联的敌人！"哥穆尔卡后来说："整个谈话都是以这种大声粗鲁的方式进行的，甚至连司机都听到了。"②

赫鲁晓夫说话之时，三列苏维埃军队，包括装甲坦克部队，正从北部和西

---

① Gruson, 'Fete Underlines Shift in Poland', *NYT*, 10 September 1956, 11.

② Gluchowski, 'Poland, 1956', 39–40; Kemp-Welch, *Poland under Communism*, 97–8; Taubman, *Khrushchev*, 293; Toranska, *Oni*, 75–6; Persak, 'The Polish–Soviet Confrontation', 1290; Kemp-Welch, 'Dethroning Stalin', 1272–4.

部的军事基地向华沙挺进。来自波罗的海舰队的22艘军舰出现在格但斯克水域，苏联飞机开始对海岸进行巡逻。

那时，苏联和波兰领导人在贝维德雷宫正式会谈，气氛高度紧张。贝维德雷宫是波兰最后一位国王的夏季行宫，坐落在华沙美丽的瓦金基公园。在苏联人盥洗打扮时，波兰领导人聚集在附近的国会大厦，奥哈布宣布第八次全体会议正式开幕。他宣布政治局决定任命哥穆尔卡和他的一些盟友出任中央委员会委员，计划减少政治局的人数，并提议选举哥穆尔卡当选第一书记。经过30分钟的辩论，代表们一致同意哥穆尔卡回到中央委员会，同时，哥穆尔卡也被授权领导与苏维埃的谈判。

上午11时，波兰领导人和苏联领导人聚集在宏伟的蓝色大厅进行谈判，长长的大厅装饰着挂毯。据哥穆尔卡介绍，"我们彼此面对面地说出了真实想法。他们对我们的看法，我们对他们行动的看法；同时，赫鲁晓夫承认，讨论的气氛非常紧张，我们发表了意见，非但对减缓紧张的气氛于事无补，反而起到火上浇油的作用。"[1] 苏维埃领导人威胁要"残酷干预"，强烈反对罗科索夫斯基离开政治局，并指责波兰领导人鼓动反苏宣传。中午，波兰人获悉苏联军队行动的消息，气氛更加紧张。几年之后，赫鲁晓夫甚至声称，哥穆尔卡起身要求结束军事行动时，已经开始口吐白沫。

尽管面对巨大压力，波兰人仍然十分坚定，他们坚称有权单独选择自己的领导人，正如爱德华·奥哈布对赫鲁晓夫所言："你们在组成你们的政治局或中央委员会时，咨询我们的意见了吗？"他们还反对苏联在波兰军事和安全部门的干预。但他们也向赫鲁晓夫保证，波兰将以维护华沙条约为己任，并致力于维护与苏联的友好联盟。午餐后，关键时刻到来了。赫鲁晓夫描述了哥穆尔卡如何表达了真诚和热情："你认为只有你们需要友谊吗？作为一个波兰人和共产党人，我发誓比起苏联人，波兰更需要你们的友谊……没有你们，我们永远不可能成为一个独立国家。"哥穆尔卡还对赫鲁晓夫说："我们国家的一切都

---

① Persak, 'The Polish–Soviet Confrontation', 1292–8; Gluchowski, 'Poland, 1956', 41–5.

会好起来的，但是，你不能让苏联军队进入华沙，因为，那样我们很难控制事态。"赫鲁晓夫在休会期间与哥穆尔卡进行简短交谈，这使他恢复了对哥穆尔卡的信心，旋即命令科涅夫停止军事部署。①

苏维埃代表团离开了（第二天黎明时，他们就飞离华沙），而波兰第八次全体会议的代表们重新开始听取他们新领导人的发言。他严厉地批评了波兰统一工人党的低效经济，谴责了急于实行集体农业的做法。他指出："我们应从我们自身、从政府那里寻找责任。"为了弥补国家的弊病，哥穆尔卡提议更大地发挥工人自治和私营企业的作用，坚持认为合作农业必须是自愿的，要求更宽泛的民主和开放政策，包括更大地发挥色姆（波兰的国家立法机构）的作用。而哥穆尔卡却没有时间去理会那些要求在波兰"点燃反苏火焰"的人，他明确表示，人民民主国家应享有充分独立、主权完整、相互尊重的权利。

哥穆尔卡重获权利引起民众的极大兴奋。华沙电台节目主持人用诗一般的语言播报，波兰正在迎接"十月春天"。波兰人用自己的方式表示支持哥穆尔卡和由他倡导的改革，声势浩大的街头游行、集会和群情激昂的群众大会席卷这个国家的各个角落。许多波兰人还要求更大的宗教自由，并发泄他们对不受欢迎的官员的愤怒。在华沙、格但斯克、弗罗茨瓦夫等城市的大型工厂和造船厂，工人自发组织委员会，旨在改善工作条件和提高工作效率。不受欢迎的领导人发现他们被自己的工人解雇。一些知识分子和积极分子甚至希望通过工人的自治，从底层建立一个真正的民主社会主义，进而改变更广泛的社会。

尽管没有受到关于苏联军队行动的谣言的影响（10月20日早上，在华沙郊区发现苏联红军的一个营的兵力），但波兰的反苏情绪持续高涨。在全国各地，罗科索夫斯基的肖像被毁坏，俄罗斯的街道标志被移除。听到华沙的"巨大变革"的消息后，南部城市卡托维兹（该市在1953年被命名为"斯大林城"）的铁路工人自发地摧毁了主要站点的标识，伴随着群众兴奋的呼喊

---

① *Memoirs of Nikita Khrushchev*, Volume 3, 629–30; Matthews, Tinderbox, 255–6; Kramer, 'The Soviet Union and the 1956 Crises', 171; Persak, 'The Polish–Soviet Confrontation', 1299–1300; Gluchowski, 'Poland, 1956', 41.

声，他们自豪地把写有"卡托维兹"字样的黑板竖立起来。在西南部的莱格尼察市，6000人用石头砸安全警察总部，示威者还袭击了市政府首脑。其他一些人袭击了苏联官员的住所。在弗罗茨瓦夫，一万人在大学集会要求苏联撤军，他们撕毁苏联国旗，洗劫波兰－苏联友好协会办公室，并高呼"罗科索夫斯基滚回老家"。①

这是令人头痛的日子。波兰人如潮水般涌上街头，三万人在格但斯克参加集会，在卢布林举行的群众集会则吸引了7000人，而在波兹南，多达20万人谴责苏维埃和国家安全警察，要求言论自由和宗教自由。但最大规模的示威活动发生在华沙。

10月24日星期三下午，40万人聚集在波兰首都中心的阅兵广场，聆听他们的新领导人讲话。当地党的官员珍妮娜·鲍曼与她的丈夫齐格蒙特一起参加了这次集会，她当时是城市大学的一位年轻的哲学讲师。这对夫妇被茫茫的人海和压倒一切的团结感所震撼。珍妮娜解释说："这个国家似乎一下子变得异常团结，工人、农民、知识分子——所有人都很团结。"②哥穆尔卡在华沙科学文化宫的阳台上面对人山人海的民众发表讲话，这是一座巨大的42层楼的现实主义摩天大楼，斯大林曾经把它作为礼物送给波兰。拥挤的人群高呼："维斯瓦夫（哥穆尔卡在战争时代的化名）！维斯瓦夫！"他们高唱《愿你活一百年》（Sto Lat），挥舞旗帜和波兰国旗，为他们的英雄欢呼。一些观察员称第一书记更像一位教授，超然不俗，同时，他思维清晰，是一位有说服力的演讲者。演讲（他在第八次全体会议上讲话的浓缩版）历时25分钟（也在广播中直播），进行得很顺利。当谈到希望与苏联保持"全心全意的友谊"时，会场一片沉寂，哥穆尔卡随后强调波兰的主权完整，全场报以雷鸣般的掌声和欢呼声。同时，哥穆尔卡宣布赫鲁晓夫同意在48小时内将苏军撤回营区，他坚称，

①　Machcewicz, *Rebellious Satellite*, 171–2; Syrop, *Spring in October*, 139; 'Poland: Genie from the Bottle', *Time*, 5 November 1956.

②　John H. Summers, 'The Cultural Break: C. Wright Mills and the Polish October', *Intellectual History Review*, vol. 18, no. 2 (2008), 262, 266.

1956 年 10 月 24 日，波兰领导人瓦迪斯瓦夫·哥穆尔卡在华沙市中心面对广大支持者发表演说。

波兰人应独自决定"我们是否需要苏联专家和军事顾问"，此言一出，众人又报以雷鸣般的掌声。在演讲结束时，哥穆尔卡呼吁赶走挑拨离间者以及反动的高谈阔论者，要求结束使国家震惊的抗议活动，但他承诺："今天我们面向华沙的工人和整个国家呼吁，允许集会和示威！"①

集会结束之后，几千人逗留在原地，大声呼喊："打倒罗科索夫斯基！"走向苏联大使馆的游行队伍被军队赶了回去，但是，当听到苏联红军已经进入

---

① 'Poland: Genie from the Bottle', *Time*, 5 November 1956; 'Attempted March on Soviet Embassy in Warsaw', 1; 'Address by the First Secretary of the Polish United Workers Party, Gomulka, Before a Citizens' Rally at Warsaw, October 24, 1956' in Zinner, ed. *National Communism and Popular Revolt*, 270–6.

布达佩斯的消息时，大约有 2000 名示威者挥舞着波兰和匈牙利国旗，携带火炬，前往匈牙利大使馆，高呼他们支持匈牙利人，并表示对苏联人的仇恨。①

在接下来的几个星期，哥穆尔卡做出重大让步来缓和局势。数以千计的国家安全警察被解雇，安全部门也被重组；鼓励成立工人委员会，提高矿工和铁路工人的工资，确立私营企业的作用；服务于精英分子的"黄幕"商店被关闭，官员的别墅被改成苗圃和孤儿院；减少农业税，提高农产品价格，降低配额；结束对外国无线电广播的干扰；大学恢复自治权和学术自由。至于与苏联的关系，哥穆尔卡通过谈判取消了波兰的债务（估计为 5 亿美元），并延长了贸易信贷，解除罗科索夫斯基在国防部的职务，将所有苏联顾问从波兰军队和国内安全部撤出。不过，他最大胆的举动是重建教会与国家的关系。在秘密谈判之后，政府同意撤销管理教会任命的法令，召回被迫离职的牧师，释放维辛斯基主教——他于 10 月 28 日回到华沙，第二天在他的多瓦街宫的阳台上向欢乐的人群送去祝福。

再看美国方面，艾森豪威尔总统——此时正在与伊利诺伊州前州长阿德莱·史蒂文森进行艰苦的竞选对决——努力制定适当的应对措施。10 月 20 日，在科罗拉多州丹佛举行的竞选活动中，艾森豪威尔发表了一份简短的声明，解释说"波兰人民的所有朋友，都认同并同情他们的渴望"。② 有很多人私下里谈论向波兰提供经济援助，但有一件事情是非常清楚的：西方想要向波兰提供军事上的支持。约翰·福斯特·杜勒斯在一次电视采访中解释说，这一举动有可能引发全面战争。

莫斯科也决定不使用武力。经过几天慎重考虑，赫鲁晓夫终于在 10 月 24 日命令苏联军队返回基地。赫鲁晓夫似乎对哥穆尔卡有着非常深刻的印象，认

---

① Gruson, 'March by Poles', *NYT*, 25 October 1956, 1, 14; 'Attempted March on Soviet Embassy in Warsaw', 1; 'Poland: Genie from the Bottle'; Syrop, *Spring in October*, 146.

② No. 260: 'Statement by the President on Reports from Poland', 20 October 1956, in *Public Papers of the Presidents of the United States, Dwight D. Eisenhower,* 1956 (US Government Printing Office, 1958), 981.

为他可能成为可靠的盟友。苏联收到情报，说会有相当数量的波兰军队来捍卫新政府，并且有谣言说，为了应对可能的苏联袭击，华沙工厂向工人发放了武器，这也令苏联方面感到不安。正如赫鲁晓夫所说："找出与波兰人进行武装冲突的理由很容易，但是找到结束冲突的方法非常困难。"[1] 更重要的是，赫鲁晓夫越来越关注发生在布达佩斯街头的更严重的危机。

匈牙利事件

站起来，匈牙利人，家园在召唤！

时间到了，现在还是永远！

我们是做自由人还是奴隶？

这是令人深思的问题，

选择你的答案！

——裴多菲·山陀尔[2]，*Nemzeti Dal*，1848 年

克拉佩西公墓是匈牙利最著名的墓地，相当于巴黎的拉雪兹神父公墓和伦敦的海格特墓地。公墓位于布达佩斯的凯莱蒂火车站附近，占地 0.57 平方千米，以法国花园风格的几何形式排列，埋葬着全国最受尊敬的诗人、作家和政治家的遗骸。有一座华丽的陵墓，周围耸立着美丽的意大利风格的拱廊和树木，里面埋葬着匈牙利最著名的儿子，也是失败的 1848 年革命中的英雄科苏特·拉约什。两尊由大理石雕刻的豹子分立在入口两侧，门上方坐在宝座上的人物代表的是匈牙利王室——手持盾牌，佩戴国徽。这富丽堂皇的建筑顶部是

---

[1] *Memoirs of Nikita Khrushchev, Volume 3*, 629.

[2] 匈牙利爱国诗人，也是匈牙利民族文学的奠基人，代表作有《自由与爱情》《我的泪》等。

一个有着自由之翼的精灵的青铜雕像，她高举着一个火炬，拉着一头咆哮的狮子的链子。在 1956 年的秋天，这个标志性的纪念碑成了可怕的礼制仪式的背景，将国家推向革命的边缘。

1956 年 10 月 6 日星期六，前外交部部长拉伊克·拉斯洛及其他三位同志，以隆重的国葬仪式被重新安葬。7 年前，他们被作为叛徒处以绞刑，然后被抛在一个无标记的坟墓中，以石灰覆盖。此时，城市各处的公共建筑物上都挂上了黑色的旗帜，商店和工厂关闭。科苏特陵墓入口处的棺材架上放置着四座铁棺，它们的上方是冒着烈焰的火炬，棺木四周矗立着一排排旗杆，飘扬着匈牙利国旗（红、白、绿三色）和黑色的旗帜。鉴于与拉伊克·拉斯洛一案有牵连，也许就是这样，葬礼安排在匈牙利共产主义工人党第一书记格罗·埃诺前往克里米亚度假之时。但包括匈牙利国家主席道比·伊斯特万和总理赫格居什·安德拉什在内的其他共产党领导人都出席了葬礼。受害者的家属、生前好友和同僚一起在凛冽的寒风中守在棺木旁。拉伊克·拉斯洛的遗孀朱莉娅穿着黑色葬礼服，披着一件厚厚的披肩，由她 7 岁的儿子拉齐陪同。匈牙利蓬勃发展的改革运动的大部分领导人也来参加了葬礼，其中包括前总理阿米尔·纳吉，他在朱莉娅的脸颊上吻了一下，向她保证，斯大林主义"很快将被最终埋葬"。①

持续了 5 个多小时的仪式充满了辛辣的讽刺。拉伊克·拉斯洛被誉为英雄和烈士，而那些签署死亡令的人，现在充满了悲伤和遗憾，纷纷赶来为他们以前的同志送行。在拉伊克·拉斯洛的悼词中，与他在西班牙内战中并肩作战的明尼赫·费伦茨称，他的朋友不允许被冠以"死得伟大、死得英雄"的评价；相反，他是被"从个人崇拜的恶臭沼泽地爬到阳光下的残暴罪犯"残忍杀死的。②

---

① '200000 Hungarians March by Rajk's Coffin'; Aczél and Méray, *Revolt of the Mind*, 437–8; Sebestyen, *Twelve Days*, 97, 98.

② Applebaum, *Iron Curtain*, 484; Antal Apró's speech and 'Speech of Ferenc Münnich' in *Szabad Nép*, 7 October 1956, in NH 10110/76, 6 (Hungarian Press Summary), FO 371/122376; Aczél and Méray, *Revolt of the Mind*, 438.

悼词一结束，棺木就被放进墓穴边，同时，鼓手敲起葬礼进行曲（鼓都被蒙以黑布）。家属和党的领导人站立致敬，鸣枪致敬，棺木在激动人心的《国际歌》中被徐徐放进墓穴。家属和领导人敬献了花圈，一队身穿全套制服的礼兵走来致敬，由工厂、艺术家组织和地方党组织敬献的花圈堆积在坟墓上。

据报告，20万匈牙利人，包括工人、办公室工作人员，甚至小学生，都冒着严寒，在凄沥的雨下，安静守序地缓步走过棺木。但是，正如英国大使弗雷所说："他们没有表现出多大的敬意。"事实上，他们根本就不是在哀悼，用作家贝拉·萨萨斯的话来说，是在"埋葬一个时代"。为这一天提供力量的是愤怒，而不是悲伤。朱莉娅回忆说，在10月份那个严峻的时刻，她看到了"人们眼里的仇恨"。她说："我们所有参加葬礼的人都知道，这意味着我们国家政治生活的转折点。"①

匈牙利新领导人格罗·埃诺被他乐观主义的顾问说服，允许国葬为斯大林时代划出一条界线。不过，它根本没起到这样的作用。在克拉佩西葬礼仪式结束几个小时之后，几百名学生聚集在靠近国家议会大厦的巴雅尼纪念堂（匈牙利第一任宪政总理纪念堂），进行抗议。这个时候，警方和平地驱散了示威者，但这时已经有进一步麻烦的迹象。6天之后，在与苏联大使尤里·安德罗波夫的谈话中，埃诺悲伤地指出："埋葬拉伊克·拉斯洛的遗体仍然对党的领导层造成了严重的伤害，我们的尊严已经被玷污了。"②

7月18日重获权利之后，埃诺试图安抚批评家：释放社会民主党的50名领袖，并为他们恢复名誉；与铁托领导的南斯拉夫和解；从苏联获得大量贸易信贷；命令将拉科西的名字从街头标志和公共建筑上去除，并取消对一些高调

① 'Interview in the Hungarian Army Paper during the Uprising with Mrs. László Rajk', 3 November 1956, 1 [electronic record]. HU OSA 398-0-1- 8613; Records of the UN Special Committee on the Problem of Hungary: UN Documents; Open Society Archives at Central European University, Budapest.

② Applebaum, *Iron Curtain*, 484; Sebestyen, *Twelve Days*, 96–7; 'Record of Conversation between Yuri Andropov and Ernő Gerő, October 12, 1956' in Békés, *The 1956 Hungarian Revolution*, 178–9.

作家的正式纪律处分。10月13日，纳吉·伊姆雷终于重新加入匈牙利劳动人民党。然而，这一切都是徒劳的。粮食歉收，煤炭、石油等原材料长期短缺，严重干扰国家客运铁路服务，造成重大经济困难，加剧了民众的不满情绪。更令人担心的是，反苏情绪也明显上升，苏联军队在该国的存在引起了广泛愤慨，人们普遍感觉匈牙利正在遭受莫斯科的经济剥削（指控匈牙利被迫以大幅度的折扣向苏联卖掉铀），更加加剧了反苏情绪。驻扎在布达佩斯外的一名苏联红军高级官员将这里的气氛描述为"越来越激烈"。然而，最重要的还是来自波兰的戏剧性消息。瓦迪斯瓦夫·哥穆尔卡重新掌权，承诺从苏联获得更大的独立，走"波兰的社会主义道路"，加强了匈牙利改革者的决心，也使他们充满希望。

10月23日上午，布达佩斯沐浴在华美的秋日阳光下。埃诺与约瑟普·布罗兹·铁托成功会晤，在亚得里亚海度过游泳假期后，他从贝尔格莱德回到布达佩斯东火车站，精力充沛。但是，当乘坐时尚的ZIS豪华轿车回到党总部时，第一书记的心情顿时变得黯淡。他的下属告诉他，政治局势急剧恶化。到处都有与政府意见不同者，首都本身就是一个"火药桶"。

一个星期前，在西部的戈尔市，1000人蜂拥而至，去听作家吉拉·拉夫关于政治改革的演讲。接下来的问答环节引发了一场非常坦率的辩论，听众们谴责斯大林主义，要求关闭苏联军事基地，并呼吁释放匈牙利天主教领袖约瑟夫·明斯塔二世——他受到软禁，身体日趋衰弱。在同一天，位于提萨河畔，拥有17万人口的南部城市塞格德的1.6万名学生，聚集在大学礼堂，高声呼喊，要求组建新的独立小组。他们的目的是"确保思想自由"，以及"清除斯大林和拉科西强加给我们的负担"。除了要求改革课程设置和改善学生福利外，新匈牙利大学生协会（MEFESz）要求自由选举和苏联军队撤军。索普朗、德布勒森等城市的学生也很快效仿，但是，10月22日在布达佩斯技术大学举行的辩论表明事态严重了。

10月22日下午3点，会议在布达佩斯技术大学的大厅开始。大厅规模宏大，有着高大的柱子和方形拱门，天花板也极高。现场异常混乱，挤满了

5000 名学生，还有一些老师和教授。大会由劳动青年联盟领导人召集，试图遏制反对意见。来自塞格德的一位学生领导发言，恳求布达佩斯的学生"和我们站在一起"，之后，会议落在了反叛者的手中。他们通过了脱离劳动青年联盟的决议，与会者报以经久不息、震耳欲聋的掌声。受到波兰事件的启发，他们列出的一系列要求——被称为十六条——将成为匈牙利革命的宣言。宣言包括：要求进行重大经济改革，实现言论自由，推进匈牙利劳动人民党的民主化进程，呼吁纳吉·伊姆雷重新掌权。学生们声称他们在迎接"匈牙利历史新时期的黎明"，要求恢复匈牙利的传统公共假日和民族象征（被当局视为非法），要求以"政治和经济平等"为基础与苏联保持关系。最令人震惊的是呼吁"立即撤出所有苏联军队"。[①]

因为新闻媒体拒绝宣传宣言，所以学生们决定自己解决问题。他们在电车上分发这些文件的油印副本，在工人中传阅，在整个城市的墙壁、灯柱和树木上张贴传单。学生们还动员人们参加示威活动，支持波兰人于 10 月 23 日下午举行的示威，到本·约瑟夫广场游行，在波兰总理本·约瑟夫纪念碑前敬献花圈——这位波兰将军曾在 1848 年与匈牙利人并肩作战。

在匈牙利共产党总部——学院街上的一座宏伟的石砌建筑，可以俯瞰议会大楼，格罗·埃诺和其他强硬派于 10 月 23 日上午 10 点召开政治局会议，决心阻止示威活动。出于格罗·埃诺和其他愤怒同事的压力，爬上内政部长职位的拉兹洛·皮罗斯，承认他为游行发放许可证是一个错误。《自由人》改革派编辑马丁·霍瓦特问道："如果学生们不遵守禁令，该怎么办？"一位斯大林主义领导人吼道："我们会开火！我们会开火！" 12 时 23 分，科苏特广播电台宣布"为保障公共秩序，内政部禁止所有公开集会和游行，直到另行通知"。但是，布达佩斯警察局长解释说，数千人已经在技术大学外聚集，他装备不善的部队将努力压制学生。皮罗斯有了别的想法，他很快就打电话给格罗，认为

---

① Matthews, *Explosion*, 19, 20–3; Litván, *The Hungarian Revolution of* 1956, 53; Sebestyen, *Twelve Days*, 102, 303–4; 'The "Sixteen Points" Prepared by Hungarian Students, October 22–23, 1956' in Békés, *The 1956 Hungarian Revolution*, 188–9.

警方难以执行禁令，政府显得无能为力。下午 2 点 23 分，科苏特无线电台再次中断正常的节目广播，这次宣布禁止公开集会和示威活动。[1]

　　下午 3 点左右，一万名学生从技术大学出发，向北经布达路朝本·约瑟夫纪念碑进发。他们佩戴着具有匈牙利民族色彩的袖章和花结，举着写有"实行党内民主"和"我们想要纳吉·伊姆雷"的横幅，在办公楼和公寓楼里欢呼雀跃。同时，在佩斯特河畔，在卡尔·马克思经济大学艺术学院的学生组织的游行示威中，有 1.2 万人聚集在裴多菲雕像前，在那里，他们高唱匈牙利民族主义颂歌——《民族之歌》，之后，也前往本·约瑟夫广场。两个游行队伍在多瑙河畔蜿蜒而过，唱着《马赛曲》《国际歌》和《匈牙利国歌》，示威者的队伍里有学生、电车售票员、办公室文员、参观者，以及数百名军校学员，他们情绪高亢。起初，游行者大部分满足于宣传匈牙利和波兰人的友谊，但后来就高呼"格罗滚进多瑙河"，并呼吁"清除斯大林主义"。数以万计的抗议者聚集在本·约瑟夫广场，摆放花圈，发表演讲。下午 5 点左右，有人高喊去国会。

　　数千名示威者——40 多人并成一排——涌上玛格丽特大桥，走向南方的科苏特广场。这个巨大的公共空间，毗邻国家宏伟的新哥特式议会大厦。参加示威活动的，有来自切派尔岛和布达佩斯第四区工业郊区的成千上万的工人，现在示威者的数量已经达到了 20 万人，他们群情激奋，一遍又一遍地高呼："俄国佬回家去！"[2] 一大批群众聚集在桑德尔·布洛迪大街的广播电台外面，它靠近国家博物馆和英雄广场，是首都的中心。街上人们的兴奋溢于言表。有人从布达佩斯打电话说，"快乐人群的咆哮声"在耳边响起。《每日快报》[3]的塞夫顿·德尔默说："我目睹了历史上的伟大事件。我看到布达佩斯人民手持波兹

---

　　① Lasky, *The Hungarian Revolution*, 48, 50–1; Matthews, *Explosion*, 32–3, 36–8; Sebestyen, *Twelve Days*, 108–10; Litván, *The Hungarian Revolution of* 1956, 54–5.

　　② Sebestyen, *Twelve Days*, 111; Matthews, *Explosion*, 49, 50–1; Lasky, *The Hungarian Revolution*, 50–1; Lendvai, *One Day*, 14; Mark Pittaway, *The Workers' State: Industrial Labor and the Making of Socialist Hungary,* 1944–1958 (Pittsburgh: University of Pittsburgh Press, 2012), 206–14.

　　③ 《每日快报》是英国全国性通俗报纸，读者多为中下层阶级。

南和华沙的火炬，走上街头，公开反抗他们的苏联君主。"①

示威活动不仅发生在布达佩斯。在塞格德②，数千名学生从大教堂广场走向市政厅，途中不断有工人加入，他们聚集在大剧院外面，高唱国歌。在德布勒森，2000 名学生在一面匈牙利国旗引领下，在党总部外举行抗议。很快就有当地工厂的工人加入其中，他们发表宣言，高呼"俄国佬回家去"，并撕毁了飘扬在这座城市各处、标志着 12 年前苏联红军解放该市的红旗。抗议者的心情无比快乐，到处是打开的窗户、人们高兴地呼喊。匈牙利国旗在每座房子上飞扬。但当众人抵达警察总部要求释放政治犯时，有几个莽汉开始向窗户投掷石头。国家安全警察开火，造成 4 人死亡，其中包括一个老鞋匠。他是这次事件中的第一位革命烈士。③

在议会大厦前，抗议者开始呼唤纳吉·伊姆雷。晚上 9 点左右，这位前总理紧张地走到议会大厦的一个窗口前，向众多期待的人群讲话。他似乎最不可能是英雄。他蓄着一撮海象胡髭，戴着圆形眼镜，看起来更像一个杂货店老板或乡村校长。在布达佩斯的学生表达革命诉求时，纳吉一直在巴拉顿湖北岸的巴达索斯葡萄酒节放松心情。纳吉 22 岁加入共产党，在俄内战期间参加红军，作战勇敢。20 世纪 20 年代初，他从事地下工作，有过两年牢狱生活，1929 年被驱逐出匈牙利。后来，他首先去了维也纳，然后于 1930 年到了莫斯科，在那里逗留 15 年（1933 年，他被招募为国家安全警察的线人，并向内务人民委员部告发他的同胞）。战后，纳吉回到家乡，出任匈牙利政府的农业部长。不久之后，他失去了拉科西统治集团的支持，差点落得与拉伊克·拉斯洛同样的下场；很可能是他与莫斯科的接触救了他一命。斯大林去世后，纳吉回到了领导高层，领导改革行政部门，但再次受到强硬派的威胁。

1956 年春天，纳吉的权力又回到顶峰。当他沿着布达佩斯时尚的购物街散步，或者在欧洲最著名的杰博德（Gerbeaud）咖啡馆停下来，给他的两个小孙

① Lasky, *The Hungarian Revolution*, 49.

② 塞格德是匈牙利南部经济、文化中心和铁路枢纽。

③ Lasky, *The Hungarian Revolution*, 55–6; Matthews, *Explosion*, 34, 47–55.

子买冰激凌时，他的崇拜者会问："总理先生，您什么时候回来？"[1]到了秋天，他已经成为改革者的中心人物。纳吉是一个忠诚的共产党人，认为领导人必须来自党。事实上，他认为抗议活动是一种危险的干扰，只是在众人的反复劝说下才同意向科苏特广场的人群发表讲话。到此时纳吉仍然认为，他将有机会制定一项可以得到人民支持的政治改革方案。然而现在，他几乎被眼前的状况压倒了。

他向科苏特广场的人群发出的第一个词是"同志们"，众人报以嘘声和口哨声，并呼喊着："不要再说什么'同志们'！"这明显让他动摇了信心。他重新恢复平静，向示威者深情地致敬："我衷心地向年轻的、民主的匈牙利人致敬，你们的热情将会有助于清除民主社会主义道路上的障碍。"然而，他强调的"需要在党的怀抱里进行磋商"让听众大失所望。当纳吉敦促众人回家时，他们诘问："我们会留下来，你要回家？"纳吉对众人的情绪做了错误的判断，扮演了"工作人员"的角色，而当时示威群众需要的是领导人的激情展示。即使是纳吉的崇拜者也承认，这是一次"糟糕的表现"。[2]

纳吉当天晚上的演讲令人失望，第一书记格罗·埃诺的公开言论影响极坏，有些人认为他们是在故意挑衅。晚上8点，格罗通过无线电台表示捍卫匈牙利劳动人民党及其与苏联共产党的关系。他宣称："苏联不但帮我们的国家摆脱了法西斯主义和德国帝国主义枷锁，而且在完全平等的基础上，帮助我们建立了匈牙利社会主义民主。"格罗谴责"资产阶级反动派在我们的青年中传播毒素"，并警告说"工人阶级在任何情况下都将捍卫人民民主的成就"。[3]

格罗好战的话语和蔑视的语气激怒了示威者。一天中，人们时不时地发泄愤怒。在街上，人们冲着苏维埃大使尤里·安德罗波夫的豪华轿车发出嘘声；

---

① Rainer, *Imre Nagy*, 92–3, 98, 99, 100–2.

② Rainer, *Imre Nagy*, 102–3; Sebestyen, *Twelve Days*, 12, 119–20; Matthews, *Explosion*, 62.

③ Zinner, ed. *National Communism and Popular Revolt*, 402–7; Sir Leslie Fry, NH10110/140, 'The Hungarian Revolution: analysis of its causes and assessment of its likely consequences', 3 January 1957, 5, FO 371/128670.

匈牙利-苏联友好协会总部被付之一炬。现在，人们的情绪变得越来越激烈。匈牙利向苏联示好的最明显的象征是耸立在英雄广场上的斯大林巨型铜像。桑德·米克斯的纪念碑于1951年落成，曾经慷慨激昂地表达匈牙利人民对"伟大的斯大林的感恩之情"。10月23日晚上，成千上万的抗议者涌进广场，数十人爬上雕像的石灰石底座。人们起初试图推翻纪念碑，结果证明这个尝试是徒劳的，但是，很快出现一队工人，拿着梯子、钢丝绳和割炬，并开始从膝盖处切割雕像。最后，在晚上9时37分，雕像轰然倒塌。几秒之内，人群纷纷踩踏上去，用锤子砸，将碎块收作纪念品。随着示威者的一声欢呼，独裁者的头部被拖到街上，抛在国家大剧院之外。到了晚上，只有斯大林的青铜制靴子——每个都与实物一般大小——仍然留在基座上。[1]

同时，在广播电台，抗议者试图说服当局广播十六条，形势变得很严峻。有传闻说，示威者的代表进去谈判，遭到国家安全警察（AVH）的逮捕。抗议者试图强行进入，用石块砸窗户，用卡车反复撞门。迎接他们的是催泪瓦斯和高压水枪，然后是刺刀和示警的枪声。不久之后，国家安全警察使用致命武力，砍倒3名年轻学生，将示威者全面包围。在接下来的几个小时里，革命者手持从军工厂抢夺的武器，或由武装部队交出的武器——不断有叛变的士兵加入，开始与国家安全警察作战。在黎明之前，被烧坏和严重损坏的电台大楼轰然倒下。这场战斗夺走了16名革命分子和5名国家安全警察的生命。

第二大早上，匈牙利被戏剧性的消息惊醒。柯萨斯广播电台播放紧急公告，称昨天夜里发生了袭击。因此，政府已经要求苏联军队的援助，帮助"恢复秩序"。当局呼吁大家保持冷静和忍耐。政府宣布，"清除反叛分子是所有诚实的匈牙利工人、匈牙利人民和祖国最神圣的事业"。[2]

---

[1] 'When the Earth Moved', *Time*, 5 November 1956; Lasky, *The Hungarian Revolution*, 54; 'Police Open Fire in Budapest', *Manchester Guardian*, 24 October 1956, 1; Sebestyen, *Twelve Days*, 112, 118–19; Litván, *The Hungar-ian Revolution of 1956*, 57–8; David Lowe and Tony Joel, *Remembering the Cold War: Global Contest and National Stories* (Abingdon, Oxon: Rout-ledge, 2013), 103–4.

[2] Lasky, *The Hungarian Revolution*, 58.

　　苏联军队在凌晨 4 时 30 分就已抵达布达佩斯，从西南进入城市。数以千计的士兵和两个机械化师进驻匈牙利，数百辆坦克、装甲运兵车和炮兵在布达佩斯各地严阵以待。装甲部队也部署在主要的省首府，罗马尼亚和乌克兰在沿奥地利边界地区增派军队，两个战斗机师（共有 159 架飞机）提供近距离的空中支援。[①]

　　实际上，格罗·埃诺昨天下午在与苏联陆军武官和安德罗波夫大使谈话时，就要求苏联给予军事支持。驻扎在匈牙利的苏联军队司令解释说，如果没有莫斯科的明确授权，他不可能采取行动。安德罗波夫和格罗就此事与尼基塔·赫鲁晓夫进行了交涉。莫斯科时间晚上 11 点，常务委员会成员聚集在克里姆林宫，在那里听取了一连串令人震惊的最新报告。在布达佩斯，有 10 万人涌上街头，广播电台被熊熊烈焰吞噬。他们还听到传言说，在德布勒森，国家安全警察总部堕入了反抗分子手中。赫鲁晓夫立即表示赞成动用苏联军队平息抗议活动、恢复秩序。赫鲁晓夫的建议得到广泛支持（只有阿纳斯塔斯·米高扬提醒要保持警惕），他随即授权国防部长朱科夫元帅下令进行军事部署。他还派出了米高扬，以及常务委员会成员米哈伊尔·苏斯洛夫和克格勃头子伊万·塞罗夫前往布达佩斯，了解情况。

　　最重要的是，寻求苏联军事干预的决定是在纳吉·伊姆雷重回匈牙利政府之前做出的。纳吉在当地时间 10 点钟前抵达党的学院街总部——在常务委员会成员于莫斯科举行会议之后约一个小时。在格罗办公室，他和 9 名政治局成员一起听取了第一书记宣布要求苏联军队帮助恢复秩序的声明。没有人反对。纳吉后来声称，虽然他不同意这个决定，但他克制住了，没有说出来，因为目前还不清楚他是否会在政府任职。他的传记作者也提出，纳吉对在议会外受到众人热情迎接可能感到不安，或者受到了匈牙利劳动人民党领导人的显而易见的恐慌感的影响。纳吉也可能担心，他的对手会利用这次事件把他作为不负责

---

　　① 　NH10110/204, FO 371/122379; Kramer, 'The Soviet Union and the 1956 Crises in Hungary and Poland, 184–5; NH10110/215(D), FO 371/122379; Sebestyen, *Twelve Days*, 126.

任人物的替罪羊，说他首先煽动人们叛乱，然后又否定恢复秩序的努力。

10 月 23 日至 24 日夜间，匈牙利劳动人民党中央召开紧急会议。在这段漫长的时间里，纳吉在大厅的走廊里踱来踱去，耐心地等候着。最后，在凌晨 5 点前，他被重新接纳为政治局成员，被任命为总理。纳吉立即建议，让 44 岁的中立派和前内政部长卡达尔·亚诺什取代非常不受欢迎的格罗任第一书记。但是，他的同事们纷纷反对，纳吉也就不再坚持，从而丧失了与斯大林主义保守派果断对决的机会。更糟糕的是，纳吉似乎只不过是用来粉饰现状的工具。苏联军队出现在布达佩斯街头，格罗继续掌握权力，这些都削弱了纳吉的道德权威，削弱了民众对他的支持。当新政府宣布戒严时，许多纳吉的支持者感到震惊；他的两位最亲密的盟友拒绝在新政府中担任职务。记者米科洛什·瓦萨伊尔齐是纳吉的忠实信徒，他解释说，为了所谓的改革，一切都失去了，"我们多年来积累了一些道德和政治资本；但是现在，纳吉接受了政府总理的职位，这个政府和我们两天前与之斗争的那个政府别无二致"。[1]

英国大使也认为纳吉软弱。在 10 月 24 日晚间的电报中，莱斯利·弗莱爵士表示，纳吉可能无法摆脱民众给他定的罪责，"在苏联军队进入布达佩斯这一问题上，他与格罗负有同样的责任"。他也想知道这"不相配的一对还要绑在一块多久"。[2]事实证明，不到 24 小时这个问题就有了答案。

人们对苏联军事力量会恢复秩序而寄予的希望很快就破碎了。首都布达佩斯到处爆发了战斗，10 月 24 日凌晨，连续不断的机关枪声在城市里回荡。到第一天结束时，3000 名街头战士参加战斗，8 人死亡，还有数百人受伤。反抗分子受到重创，但由于苏联军队（预计没有任何反抗）没有步兵支持，反抗分子才能够利用当地地形获得优势。反抗分子组织了战斗小组，从军工厂和军事仓库，以及报以同情的警察和士兵那里获得武器，并在全市建立了据点。最著名的抵抗中心之一是柯文电影院。这座包豪斯风格的建筑坐落在布达佩斯市中

---

① Sebestyen, *Twelve Days*, 133.

② NH10110/86, FO 371/122376.

心，位于主要交叉路口，在一个被五层公寓楼围绕的庭院中，只有小巷可以行走，过于狭窄容不下坦克。电影院的后方有一个汽油泵，可以轻松生产莫洛托夫鸡尾酒，街对面就是庄严的基隆军营。在 24 小时内，他们将转变成反抗分子的堡垒，由 2000 名平民战士和士兵在有魅力的帕尔·毛莱泰尔上校指挥下据守。显然，上校已投奔革命。①

小股革命分子充分利用布达佩斯狭窄的街道和封闭式庭院，运用游击战术对苏联红军进行了一连串的袭击。一名 19 岁的电梯安装工人描述了他的战斗历程。苏联坦克进城后不久，他们就以 15～20 人为一组……他的小组包括学生、各年龄段的工厂工人和两名年轻女性。有一次，因极度饥饿，这个团体闯进一家甜食店，而店主人用冰激凌和葡萄款待他们。当苏联人发现了他们，阻在入口射击时，他们从后窗逃离商店，放火烧了一辆坦克。这些游击战术非常有效。几天之内，卡文走廊周围的战士摧毁了 6 门大炮、8 辆弹药卡车和好几辆坦克。他们还杀死了十几名苏联士兵。事实上，在 10 月最后一周发生的激烈的街头大战中，苏联红军共失去了 120 名士兵和 25 辆坦克，大约相当于一个装甲营。②

米高扬、苏斯洛夫和谢洛夫在 10 月 24 日上午抵达匈牙利，由于大雾，飞机在距布达佩斯 88 千米处的机场降落。他们受到前武装力量第一副参谋长米哈伊尔·马林宁将军的迎接，并在坦克护送下乘坐装甲运兵车前往布达佩斯，向苏联国防部和匈牙利劳动人民党中央委员会通报情况。3 点刚过，米高扬和苏斯洛夫给莫斯科发电报汇报他们的第一印象。他们批评格罗"夸大对手的力

---

① NH10110/204, FO 371/122379; Sebestyen, *Twelve Days*, 129–31, 136; Kramer, 'The Soviet Union and the 1956 Crises', 185; 'From Demonstrations to Revolution' in Békés, *The 1956 Hungarian Revolution*, 195; Lendvai, *One Day*, 57–9; Matthews, *Explosion*, 172–3; NH10110/140, FO 371/128670.

② Lendvai, *One Day*, 58, 63–4; 'CURPH Interview 64-M with a 1956 Hun-garian Refugee: 19 Years Old, Male, Elevator Installation Worker', 1957 [Electronic Resource], 1, 3, 8, 9, 12, 14, HU OSA 414-0-2-62; Donald and Vera Blinken Collection on Hungarian Refugees of 1956: Transcripts of Refugee Interviews; Open Society Archives at Central European University, Budapest.

量"，表示相信"所有的叛乱温床都被粉碎了"。他们的报告一定让人感到安慰。当天晚些时候，赫鲁晓夫召集了一次会议，向在莫斯科的东欧领导人通报匈牙利危机的最新情况。他说，情况并不像有些人说的那样可怕，布达佩斯的反抗势力"已处于可控的范围内"。他宣称："到了早上，人们可以期待一切完全恢复平静。"随着黎明的到来，匈牙利政府也抱有同样的信心，官方公告称"大多数反叛组织已经被解决"，并敦促布达佩斯公民恢复正常生活，"尽可能启动交通，电车、无轨电车和公共汽车要恢复运行。工人必须恢复工作！恢复工厂生产，让办公和企业尽快运转起来"！不过，他们过于乐观了。①

上午10点左右，大约2000名男女，喜气洋洋，挥舞着旗帜，走过自由广场。有些人挥舞着帽子，其他人喊道："你们为什么不帮我们呢？"他们要前往议会大厦，那里一大群人聚集在一起表示对革命的支持。到10点30分，大约两万人聚集在科苏特广场，高唱国歌，并大喊："格罗下台！""我们不是法西斯！"值得注意的是，几辆苏联坦克和装甲车现在也加入了他们，车上的苏联士兵和年轻的匈牙利人称兄道弟。革命者给年轻的士兵敬烟，有说有笑，甚至出现了俄语传单：

俄罗斯的朋友们！不要开枪！

他们欺骗了你。你不是在打击反革命分子，而是在打击革命者。我们匈牙利人想要一个独立、民主的匈牙利。

你们的战斗毫无意义，你们打击的不是法西斯分子，而是工人、农民和学生。

一些革命者甚至爬上坦克，涂上匈牙利国旗，说服苏联士兵们一起参加示威。

科苏特广场上，气氛平和、喜庆，上午11点之后，清脆的枪声划破晴空。

---

① Lasky, *The Hungarian Revolution*, 70.

约翰·麦考马克在《纽约时报》上发表文章写道："当枪声最终平息下来后，广场上横七竖八地躺着几具尸体，有男人，也有女人。"一位目击者描述说，他看到一名女子，头部和双臂中弹，躺在地上，鲜血浸透了毛皮大衣，三个小孩围着她，不停地哭泣。有报道说，尸体堆积如山。最后的死亡人数可能高达1000人。

"血腥星期四"的可怕事件很快传开，匈牙利劳动人民党中央委员会正在几米远的雅加达街开会。同志们很快就被卷入其中，他们躲避在酒窖里，听着机关枪扫射大楼的哒哒声，墙上的灰泥四下飞溅。格罗终于放弃对权力的极度渴望，下午12点33分，柯萨斯广播电台宣布，他的第一书记职务被卡达尔·亚诺什取代。那天下午晚些时候，纳吉呼吁人们保持平静。他承认过去的错误给工人造成"极大痛苦"，答应接受"全面、有充分根据的改革方案"。纳吉对待那些"拿起武器的年轻人、工人和士兵"承诺政府会"以和解的精神宽容以待"。纳吉表示，他对无辜劳动人民的流血事件深表哀悼，他说，一旦秩序恢复，苏联军队就会马上撤离。

不幸的是，事态发展超出匈牙利领导人的预料。随着大屠杀的消息传开，数以千计的人走上街头，挥舞着国旗和黑旗表示哀悼。有些人一心想报仇。有一次，一个穿"皮毛大衣"的人鬼鬼祟祟，人们怀疑他是国家安全警察特务，就将其抓住，"人们像老虎一样，扑上去，对他拳打脚踢，把他赶进庭院。几分钟后，他们满意地搓着手，走了出来"。而没有看到穿"皮毛大衣"的其他人则把愤怒转化为政治斗争的力量。例如，大学生分发传单，要求进行大罢工，而一个叫"新临时革命政府"的小组用军用印刷机来制作传单，要求结束戒严，所有苏联军队立即撤出，匈牙利退出华沙条约组织。穿制服的军官将传单分发给欢呼雀跃的人群，他们借助汽车前大灯的灯光热切地阅读污迹斑斑、皱巴巴的传单。

在白天结束时，被剪掉共产主义徽章的匈牙利国旗，在大部分城市的主要建筑上骄傲地飘扬。众人走上街头，高唱爱国歌曲，要求苏联撤军。整个夜晚，坦克和迫击炮不断发出隆隆的炮声；黎明时分，大批人使用铁路货车、电车、石板和其他任何可以下手的东西来构建临时路障，防止苏联增援部队进入城市。

在接下来的几天，布达佩斯起义的消息不胫而走，整个国家陷入革命热潮当中。大规模示威游行和街头抗议活动频频发生，到处都在散发传单，印刷独立报刊，占领无线电台。包括战争纪念馆、雕像等在内的苏联政权的象征受到破坏，政府部门遭到洗劫，当地国家安全警察办事处遭到袭击，狱犯被释放。工人罢工，不受欢迎或不称职的管理人员被逐出岗位，工厂、矿山和其他工业企业建立起工人委员会。由民选代表组成的工人委员会负责生产、管理、重建秩序和纪律，并为保卫国家工业企业免遭敌对袭击做准备。

同时，反抗者（包括来自当地工人和学生委员会的代表）在各省级重点中心组建革命委员会，迅速承担地方行政自治，组织公共交通运输，分发食品及其他必需用品，维护秩序，寻求在地区层面协调革命力量。显而易见的是，他们的成功是因为能够动员数万人支持革命目标——其领导人通常包括一些社区最受尊敬的人物。

一些观察人士对这一切感到非常震惊。政治理论家汉娜·阿伦特认为，革命委员会"打造真正的民主反对专制独裁，崇尚自由反对暴政"；而英国《工人日报》记者彼得·弗莱钦佩地写道："被旧制度'淹没'的普通男女和青年现在被赋予权力。……这场革命把他们推向风口浪尖，唤起他们的公民自豪感和潜在的组织才能，让他们努力工作，在官僚主义的废墟中建立起真正的民主。"[①]像所有的革命一样，局势是复杂的，革命者往往根据辈分、阶级和意识形态划分界线。例如，在布达佩斯第四区，革命委员会与工人委员会（其领导人通常在政治上更温和）发生冲突，尤其是涉及谁负责的时候；而在塔塔尼亚采矿镇，工人们与白领阶层发生斗争。一位矿工说道："在我看来，律师、医

---

① Hannah Arendt, 'Reflections on the Hungarian Revolution' in Lee Congdon et al., 1956: *The Hungarian Revolution and War for Independence* (Boulder, Colorado: Social Science monographs, 2006), 636; Peter Fryer, *Hungarian Tragedy* (London: Index Books, 1997), 50–2.

1956 年 10 月 27 日，布达佩斯街头的革命者。

生和老师总是想要接管这座城市。"[1]"专业人士"本身分散在温和派中间、致力于改革，而激进派渴望摆脱现有制度。

戏剧性事件也波及农村地区。在农村各地，农民兴高采烈地烧毁了强制征缴的管理记录，解散了农业合作社。不得人心的领导人面临挑战，苏联纪念碑被摧毁，农民举行抗议活动。一名 25 岁的建筑工人描述道，10 月 16 日，在索普朗南部运送木材时，他看到途经的所有村庄都在举行示威活动，匈牙利国旗无处不在，农民挤在收音机旁收听最新消息。在一个名为厄特泰韦尼的小村庄，一群当地人或坐着卡车，或骑着马，或骑着自行车，援助附近杰尔市的革

---

① Pittaway, *The Workers' State*, 212–13, 218–20.

命者，而其他农民组织运送土豆、面粉、鹅、鸡和其他重要用品，给布达佩斯的战斗人员。

在 10 月 27 日星期六下午，有消息说，现在匈牙利的大片区域受革命分子的控制，一群西方记者从奥地利穿越边界，到了附近的莫逊马雅罗瓦镇。他们用 10 分钟"走过一条笔直的道路，穿过平静的乡村，越过沐浴在秋阳下的悠闲的田野"。那天早上，记者抵达后，被带到列宁街，他们看见一棵树上吊着一具国家安全警察军官的尸体——残缺不全，脚踝被束缚着，地下石板上的血迹依然可见。接下来，记者被送到镇上的墓地，那里挤满悲伤的哀悼者。在其中一个停尸间，男男女女的尸体躺在地板上。血液还没有从伤口清除，有几个人胸前别着鲜花。还有更多的尸体——包括一名年轻女子和 18 个月大的婴儿——停放在主教堂的尽头。当地革命委员会委员在 24 小时以前开始执政，引导着记者进行这次严酷的考察。革命似乎得到了人民的支持，城里几乎所有人都佩戴着国旗颜色的丝带，或拿着剪掉"拉科西徽章"的旗帜。

就在前一天，这个拥有 21 万人口的边界小城，目睹了血腥的暴行。上午 10 点左右，大约有 1000 人——大多数是农业学院的学生和当地铝土矿工厂的工人——游行到位于城市西部的国家安全警察的莱佛街营房，中途有数百名乡镇人士加入其中，包括老人和年轻母亲。到达营房（两个工厂之间的低矮房屋）后，一个代表走近等待在那里的国家安全警察官员。这个官员是当地居民，他和几名男子握手聊天。然后，没有提前警告，他拔出手枪，朝空中开了一枪。几秒钟内，伏在营房前面浅沟中的国家安全警察士兵开火了，打倒了数十名手无寸铁的和平示威者，"空气中飘荡着恐怖的哭泣声……鲜血在遇难者的身上流淌。安全警察投掷的手榴弹的爆炸声和机关枪的咆哮声交织在一起。四下里血肉横飞"。4 分钟后，枪声停了，又有 50 多人死亡，多人受伤。①

幸存者一心复仇，他们前往当地的军事基地，那里的士兵尽管不愿参加叛

---

① Lasky, *The Hungarian Revolution*, 83; 'Mass Shooting Avenged in Hungarian Town', 8; Bigart, 'Mass Burial Held', 1, 9; Sebestyen, *Twelve Days*, 156; Matthews, *Explosion*, 197–8, 200.

乱，但愿交出武器。他们还向附近杰尔市的革命委员会求援，后者迅速派出少数武装人员。国家安全警察营房很快被围困。黄昏后不久，营房终于失陷，许多秘密警察已经逃离了；其他人立即投降。一名军官孤注一掷地从三楼的窗口跳下，显然是企图逃跑。一位记者报道说，在人行道上，"他的脑浆从裂开的头骨喷射出来"。另外还有"两名军官被示威者抓获，被打得血肉模糊"。①

这场革命赢得了广大群众的支持，包括工业工人、矿工、学生、作家、知识分子、农民、公职人员，甚至是军队和警察。这些人拿起武器，或提供实际帮助，或呐喊助威，主要是因为他们仇恨拉科西和他所创造的斯大林专政，他们支持学生"十六条"，渴望提高生活水平。他们对于他们想要创造的匈牙利有着不同的看法。当然，革命分子眼下就是要求摆脱苏联的控制。在这种情况下，自由意味着结束匈牙利对莫斯科的政治和经济依赖，以及苏维埃军队从该国撤出。

鉴于反抗运动的规模和激烈程度，纳吉认识到需要采取果断行动。10月28日晚上5点30分，匈牙利广播电台播出一项官方声明，纳吉认识到革命者诉求的合法性，并承诺"满足公民的正义要求"。在呼吁停火和大赦武装人员的同时，他宣布增加工资，并承诺解散国家安全警察等国家安全机关。纳吉还宣称，苏联已经同意立即从布达佩斯撤出其军队，政府正在谈判，实现苏联从匈牙利领土全面撤军。

纳吉希望这些让步能够结束危机，但是革命分子没有表现出放下武器的意思（不管怎样，第二天在布达佩斯发生了一系列苏联军队进行袭击的事件，使"停战"令人质疑）。相反，他们继续坚持所有苏维埃军队撤出匈牙利，恢复多元化的政治制度。面对日益严峻的局面，纳吉采取了激进的措施。10月30日下午2点28分，他再次发表讲话，这一次他任命社会民主党内阁代表、小农党和全国农民代表。他还承认革命委员会的合法性，并要求他们支持，呼吁苏

---

① Sebestyen, *Twelve Days*, 157; Matthews, *Explosion*, 199; Bigart, 'Mass Burial Held', 9; Lasky, *The Hungarian Revolution*, 83.

维埃军队立即撤出布达佩斯，重申开始谈判，实现苏联从匈牙利领土全面撤军。在讲话结束时，他充满深情地呼吁匈牙利弟兄维护革命成果："在这个重大时刻，站在国家政府这边。自由、民主、独立的匈牙利万岁！"①同一天，大主教约瑟夫·明斯塔被解除软禁，恢复自由。

可以说，苏联似乎愿意接受这一切。在 10 月 30 日举行的政治局常务委员会会议上，领导层认为应该否定"军事占领路线"，支持"撤军"和"谈判"。例如，朱可夫认为："我们应该从布达佩斯撤出军队，如有必要，从匈牙利全面撤军。"②苏维埃政府发表声明，承诺以"和平共处"为原则，建立友好合作关系，承诺在尊重每个社会主义国家主权的坚实基础上，加强与人民民主国家的友好合作关系，这被刊登在第二天早上的《真理报》上。至于匈牙利事件，苏联领导层宣布只要匈牙利政府认为有必要，苏联领导人就会"下达命令，立即从布达佩斯市撤军"。他们还表示愿意"就苏维埃军队在匈牙利领土的问题，与匈牙利政府进行谈判"。③匈牙利革命似乎胜利了。

苏伊士运动

> 开始这次行动的人……应该自食其果……
>
> ——德怀特·D·艾森豪威尔

1956 年 11 月 5 日星期一上午，三个伞兵团的 668 名士兵降落在距离赛德

---

① 'Proclamation by Imre Nagy on the Creation of a Multi-Party System, October 30, 1956' in Békés, *The 1956 Hungarian Revolution*, 290–1.

② 'Working Notes from the Session of the CPSU CC Presidium on October 30, 1956', in Békés, *The 1956 Hungarian Revolution*, 295, 297, 299; Taubman, *Khrushchev*, 296.

③ 'Declaration by the Government of the USSR', 30 October 1956, in Békés, *The 1956 Hungarian Revolution*, 300–2.

港^①以西 6.4 千米处的埃尔－贾米勒空港。约翰·莫里森下士，在大约 7 点 30 分时从黑斯廷斯飞机上跳下，"砰"的一声落到地面上，立即采取行动。他解释说："地面上一片嘈杂，迫击炮轰轰作响，机关枪不停地咆哮着。"^②突击队员莫里森和他的同伴帕拉斯背负着沉重的装备和老式工具包，冒着埃及人的枪林弹雨向前突击，他们用了一个小时才完成对机场的控制。

通往赛德港的道路有一条狭长的地带，只有 500 米宽，北面靠近地中海，南面接近曼萨拉湖。地形相当不利，他们眼前是平坦的沙滩、起伏的沙丘、厚厚的芦苇床、深深的沟渠、污水处理厂、蚊虫滋生的沼泽、有围墙的墓地、海岸警卫队的营房，最后是毗邻阿拉伯镇的木制棚户区——赛德港的"土著部落"。当他们开始前进时，帕拉斯受到反坦克炮和狙击手，甚至是法国战斗机的袭击。埃尔－贾米勒的战斗异常激烈，下午 12 点 30 分，英国人进行有针对性的空袭，然后在有围墙的公墓发射迫击炮，用机枪扫射，造成 30 个埃及人丧生。17 时 30 分，面对埃及人的顽强抵抗和弹药补给不畅，英国人决定掘壕固守，在第二天恢复进攻。他们损失了 3 个人（另外一个人也因伤势严重而死亡），29 人受伤。^③

英国人在埃尔－贾米勒进行战斗的同时，有 500 名法国伞兵在赛德港南部的拉斯瓦实施空降着陆，他们占领了那里的一个水厂，还有主要公路和铁路桥梁。战斗相当激烈，法国军队因最近在北非服役而变得非常坚毅，据说"用机枪杀死了所有活着的东西"。法国人在法德港的空投非常成功，但城镇在数小时内恢复秩序。

那天晚上，有报告说，埃及统帅萨拉赫丁·莫古伊准将同意停火，并准备投降。听到这个消息后，安东尼·艾登爵士拥抱了他的军方长官们，高呼："这一切完全奏效了！"事实上，莫古伊可能正在寻求一种非正式的休战，以保护赛德港的平民免受进一步攻击（尽管后来他声称他正在争取时间，将武器

---

① 赛德港位于苏伊士运河的北口，是埃及主要港口城市之一。

② Neillands, *A Fighting Retreat*, 337–8.

③ A casualty list is provided in WO 288/74, Annexe B, 2–3.

分发给当地居民）。无论如何，经过短暂的休战之后，战争继续。

第二天黎明时分，赛德港上空呈现令人惊奇的暗红色条纹，在皇家海军和皇家空军两栖登陆和空降着陆之前，3 个伞兵团的几千名皇家海军陆战队队员开始了袭击，他们在沿海沿岸冲击目标，然后向海滩扫射。第 40 和第 42 突击队乘坐水陆两用装甲车（履带车辆）上岸，而第 45 突击队的队员参加了世界上第一次直升机攻击。89 分钟后，425 名士兵和 23 吨战略装备（来自停靠在离海岸 13 千米远的两个轻型航母编队的海洋级两栖攻击舰和提修斯号航母）由梧桐 14s 和旋风 HAR2s 送上海岸。[①] 一名士兵描述，他和他的同伴们"像负重的野兽一样到达飞行甲板，海岸上浓烟滚滚"。很快，他们登上直升机，飞向空中，"我双腿分开坐在那里，面对敞开的出口，我看到了天空，然后是海面。看起来毫无魅力……然后我们穿过防波堤，一个巨大的雕像为我们指引着陆区。费迪南德·莱斯普斯领航"。[②] 海军陆战队形象高大，身体强壮，装备精良，充满信心。上苍相助，天气晴朗，海岸上防守力量不足，登陆顺利。部队加固了滩头阵地，建立了一个战术指挥部，开始向赛德港进发。他们的使命是"占领城镇、海港和南部地区"。[③]

海军陆战队在刚刚上岸的第 6 皇家坦克军团中队协助下，集中打击重要战略要地（包括桥梁和主要道路），清除对方战机、武器弹药，确保道路安全。虽然当地的埃及指挥官有些慌乱，但是士兵们作战顽强，他们使用自动武器、手榴弹、反坦克火箭以及步枪和机枪进行反击。在阿拉伯区和厄立特里亚的战斗中，有 40 人死亡，大部分地区燃起大火。[④] 当天上午，后备役军人莱斯·兰伯特目睹了战乱："英国皇家空军奋力突击，坦克距离我们只有两百码，直升机在头顶盘

---

① Kyle, *Suez*, 461, 463; Neillands, *A Fighting Retreat*, 341; ADM 202/455, 'Operation Musketeer, Unit Report: 45 Commando Royal Marines', 2.

② Neillands, *A Fighting Retreat*, 342.

③ ADM 202/455, '3 Commando Brigade Royal Marines, Operation Musket-eer Report', 12, 13, Appendix L, 6.

④ Kyle, *Suez*, 462; ADM 202/455, 'Operation Musketeer, Unit Report' (45 Commando), 3, 4, 6; '3 Commando Brigade Report', Appendix L, 2, 5.

旋着，海军战斗机在上空尖叫着，在烟雾中飞来飞去。整个城镇响起机枪的哒哒声和迫击炮沉闷的爆炸声。整个港口似乎都在着火"。[1]

情况可能会更糟。英国人急于减少平民伤亡，命令皇家海军不要使用大口径枪支；广播向平民发出警告，军队明显采取"轻触"的方法。一名海军陆战队士兵回忆说："一些在清理房子的小伙子按响门铃，等候应答"。[2] 即使如此，在盟军攻击期间，许多平民丧命、受伤或被迫逃离家园。有些貌似渔民的人在拉斯瓦附近试图向法国伞兵投降，却被故意枪杀，而其他人也不经意地被卷入进来。事实上，由于平民拿起武器，士兵们换上便装，在人口稠密地区，战斗人员和非战斗人员之间的区别很快就变得模糊了。彼得·梅奥中尉在战争日记中描述："突击队员在海滨附近占据了三座房屋，不久之后，几个外国佬在我们面前的街上奔跑。他们有步枪，但没有穿制服，一定是地方志愿军。不管他们是谁，萨各斯举枪放倒了 4 个。几分钟后，另外一个穿着蓝色西装的埃及人，也不知道他是从什么鬼地方钻出来的，开始在街上奔跑，他刚跑出十几步，就被五六发子弹击中，跌倒时，他半扭头向上望了一眼。……我感到有点儿恶心。我们不应该对平民开枪，但是很难分辨，因为我们遇到的大多数人是拿着步枪的平民。"[3]

下午的时候，许多城市都处于盟军的控制之下。在俘虏萨拉赫丁·莫古伊准将之后，联合特遣部队的指挥官甚至穿上整齐的制服，打算乘坐汽艇上岸，去接受埃及的无条件投降，这未免显得滑稽。他们刚开始登陆就遇到了一连串炮火的轰击，只得在一个更适宜的地方下了船，到意大利领事馆与计穷智短、身心疲惫的莫古伊将军进行谈判，但是谈判没有触及实质性的问题（甚至有可能他们在与错误的人进行谈判）。埃及指挥官和军队的联系被切断，显得无所适从，无法形成一致意见，而且争夺港口的战役爆发了。40 名突击队员面临着

---

[1]　Neillands, *A Fighting Retreat*, 345.

[2]　Neillands, *A Fighting Retreat*, 343; WO 288/142, 'Civilian Battle Casualties', 1; FO 371/118908, E1094/125(A), Allied Commander-in-Chief to Chiefs of Staff, 12 November 1956.

[3]　Kyle, *Suez*, 461–2.

占领海关仓库和海蓝别墅的埃及部队的强烈反击。那天晚上，随着光线快速变暗，一轮空袭展开了，最后抵抗结束了，海蓝别墅——这是以前英国在埃及权力的象征——变成一片瓦砾。同时，第6皇家坦克军团，一直朝南前进并攻击着，他们接到的命令是尽可能地向苏伊士运河纵深推进。午夜之后，军队到达阿尔盖帽，这是赛德港南40千米处的运河站。然后，他们突然接到命令停止前进。他们的指挥官解释说："美国人出面阻止。"[1]

苏伊士攻势于10月29日晚开始，当时以色列军队已经越过西奈半岛。以色列国防军的一个官方机构认为："这次行动中，埃及将对平民、以色列的陆地和海上通信设施进行打击，其目的是制造破坏、剥夺以色列人民和平生存的可能性。"[2] 以色列的步兵和空降兵部队对拉斯－恩－那克、昆地拉和库赛依玛的前方基地实施攻击，几乎没有遇到抵抗。在当天最大胆的行动中，395名伞兵被空投到苏伊士以东约65千米处的米特拉隘口。16架老龄达科他运输机，由流星战机护送，每架搭载一个伞兵连队，靠近地面飞行以避开埃及雷达，在下午4时59分实施空降。虽然飞行员错过了着陆区，偏差了几千米，但是到了19点30分，伞兵已经到达了帕克纪念碑（以西奈半岛的一个英国总督的名义命名），并且正在等待增援。

现在注意力转向威斯敏斯特市[3]。10月30日下午，安东尼·艾登爵士通知紧张和座无虚席的下议院，伦敦和巴黎已经发布了最后通牒，呼吁双方"停止陆上、海上和空中的一切军事行动"，并在12小时内将其部队后撤10千米。他的话引起阵阵大声欢呼，他接着解释说，英法两国政府已经要求开罗接受临时的英法占领军，其任务是"隔开交战双方"和"保证运河过境自由"。最后，艾登表示，如果无法达成预期目标，英法两国将动用军队进行干预，确保上述

---

① Kyle, *Suez*, 476; Neillands, *A Fighting Retreat*, 345.
② 'Army Attacks Bases in Heart of Sinai', *Jerusalem Post*, 30 October 1956, 1.
③ 威斯敏斯特市是伦敦自治市，为英国行政中心所在地。

1956 年 11 月 1 日，英国士
兵詹姆斯·雷、约翰·帕尔
和托尼·穆林在塞德港郊外
庆祝缴获埃及大炮。

规则得到遵守。① 纳赛尔如预期的那样拒绝这些要求，声称那严重侵犯了埃及
的主权，冒犯了埃及的尊严，违反了《联合国宪章》。10 月 31 日黄昏时分，盟
军的空中打击开始了。首先，英国皇家空军出动了堪培拉轰炸机和勇敢者轰炸
机捣毁了埃及机场，摧毁了跑道。然后，地面攻击机从鹰级舰队航母、防御者
号航母、阿尔比恩号航母以及塞浦路斯军事基地起飞，发起多次攻击，摧毁了
埃及苏 IL-28 轰炸机和米格 -15 战机——当时它们正彷徨无助地停在地面上。
11 月 2 日中午，埃及空军被彻底消灭。英法军队确立了新的攻击目标，包括赛
德港以西的一座大桥、重型装甲部队和沿海防御设施，以及亚历山大港海岸以
外的几艘埃及军舰受到攻击。事实上，在行动早期阶段，唯一的挫折是未能阻
止埃及人将装有混凝土和生铁的美国制造的阿卡号拖入苏伊士运河，在那里它
被故意捣毁，试图阻止水道（在按下来的几天里会有更多的船只沉没，运河关

---

① 'Ultimatum to Israel and Egypt Expires', *The Times*, 31 October 1956, 8; 'Parliament', *The Times*, 31 October 1956, 4.

闭数月）。但是，在军事行动顺利进展的同时，"火枪手行动"也迅速转变成外交和政治灾难。

纳赛尔总统收到以色列入侵西奈半岛的消息时，正在出席儿子的生日派对——欢乐的时刻，特殊的蛋糕，儿童的游戏，好看的电影。庆祝活动热闹非凡，但此时埃及领导人对以色列入侵的消息感到震惊。纳赛尔几小时后同他的朋友和追随者穆罕默德·海卡尔通电话："有些奇怪的事情正在发生……看起来好像他们想要做的一切就是在沙漠中掀起风暴。"①埃及人首先怀疑整个事情的真伪——是在掩盖对约旦或加沙的袭击，还是以色列人企图破坏联合国的最新进展？埃及领导人几星期前排除了英国入侵，没有考虑到英法参与的可能性。伦敦和巴黎在 10 月 30 日发布最后通牒，此举令开罗的政治精英颇感震惊。纳赛尔感到非常意外。他只是不愿相信，英国会做出有损在该地区的名誉和利益的事情，不愿相信它会加入以色列的军事行动，对阿拉伯国家进行袭击。但是，随着英国皇家空军轰炸机在埃及的上空展开行动，震惊很快就变成恐慌。纳赛尔爬上赫里奥波里斯的别墅屋顶，看到炸弹在开罗落下，随即前往军事指挥部召开一次情绪激动的会议。有一次，自由军官运动组织的退伍军人甚至当面对纳赛尔说，他应该为自己的国家把自己献给英国人，为国家作出"最后的牺牲"。纳赛尔很快就发现所有的出路都被堵死了。

事实上，盟军企图煽动民众叛乱的努力被证明是无效的。在最后一刻，由于担心阿拉伯国家和国际舆论反对，作为初期拟定的心理战而对铁路、通信系统和石油设施的空中打击计划取消了。到 11 月 2 日，因为主要发射机位置混乱，开罗广播电台已停止运转，而位于塞浦路斯的"黑人无线电台"《英国之声》由于阿拉伯工作人员走出去参加抗议活动而瘫痪。因为飞机和起爆装置不足（部分宣传片落地成为五彩纸屑），撒下数以百万计的宣传单的计划不得不取消。埃及军队从西奈半岛撤退，以拱卫大陆；政府秘密计划撤出资本，协调尼罗河三角洲的游击战争；纳赛尔也恢复了镇定，频频召集民众发表一

---

① Heikal, *Cutting the Lion's Tail*, 177–80.

连串的抗议演说。例如，他在 11 月 1 日星期四的广播中说，军队正在从西奈半岛撤出，为的是"与我们的民众在一起"，他发誓说："我们要战斗，我们不会投降。我们将不停地战斗，从一个村庄到另一个村庄，从一个地方到另一个地方。"第二天，纳赛尔乘坐一辆敞篷车前往开罗的弥勒清真寺做星期五祷告。这位埃及领导人面对众人发表演说："埃及一直是侵略者的坟墓！对我们每个人来说，无论是武装力量人员还是平民百姓，我们的口号是：'我们会战斗，永不投降！'我在开罗，我将与你们一道抗击任何侵略者……我们将捍卫我们的国家，捍卫我们的历史，捍卫我们的未来……我们会战斗……直到流尽最后一滴血。"①

在接下来的几天里，数以百计的民众抵抗团体和民兵（向普通民众发放了40 万支步枪）如雨后春笋般活跃在各地，许多纳赛尔的劲敌承诺保卫国家。同时，国际社会纷纷对英法干预表示愤慨。这一切都增强了纳赛尔的决心。

阿拉伯世界联合起来支持埃及的事业，这毫不奇怪。利比亚、叙利亚和约旦爆发了反西方抗议活动。在巴格达，由于担心亲西方政府可能会垮台，当局发布了戒严令竭尽全力恢复秩序。在巴林，数千人走上街头参加游行，放火烧了一些建筑物。约旦和叙利亚都急于为埃及的防务作出贡献，但纳赛尔却建议克制，他试图阻止叙利亚特种部队摧毁从基尔库克②到的黎波里③的主要石油管道上的泵站，不过，为时已晚（西方石油供应将中断 6 个月）。与此同时，沙特阿拉伯对法国和英国实施了石油禁运。大部分亚非国家强烈反对西方干预。在桑给巴尔，哀悼的旗帜在建筑物上飘扬，黑色的补丁贴在衣服上，喧闹的抗议活动在进行。在印度尼西亚，爆发了针对欧洲殖民主义的运动，这损害了英国的商业利益（例如，在雅加达机场，工作人员拒绝给英国国家航空公司——英国海外航空公司——的飞机加油）；人们还在英国大使馆前举行一系列愤怒

---

① Anne Alexander, *Nasser* (London: Haus Publishing, 2005), 93; Lucas, *Divided We Stand*, 273.

② 基尔库克是伊拉克东北部的石油工业城市。

③ 的黎波里是利比亚首都。

的示威活动。

莫斯科对此严厉谴责，称此举为"掠夺性殖民战争"，并表示声援埃及人民。南斯拉夫则指责英国和法国为"国际匪徒"。[①]

不过，令英国人更为痛苦的是来自联邦的反应。虽然澳大利亚的罗伯特·孟席斯公开表示支持，但是，他怀疑艾登政策的智慧。新西兰也有同样的疑虑，西德尼·乔治·霍兰发现自己在对"故国"的忠诚和他的国家对联合国的诚恳承诺之间左右为难。在老的联邦国家中，加拿大总理路易斯·圣·劳伦特提出了最尖锐的批评。在 11 月 5 日发给艾登的一封机密电报中，他表示："你认为我们有必要跟进你们的进程，对此我深表遗憾。"[②]圣·劳伦特对英国人的做法表示愤怒，他认为这个事实就像他看到的那样，破坏了联合国的权威。"新"联邦（即印度、巴基斯坦和锡兰）的反应更糟。在巴基斯坦，报纸和街头上正进行着一场充满活力的运动，要求退出联邦。同时，印度总理贾瓦哈拉尔·尼赫鲁谴责英法的行动是"对安理会的侮辱，侵犯了《联合国宪章》"。他警告说，这种军事冒险主义"可能会在世界各地导致最严重的后果"，并呼吁联合国采取强有力的行动，防止更广泛的战争。[③]

但是，面对亚洲、非洲和其他地方的一片谴责，苏伊士的命运还要取决于华盛顿的反应。因为害怕美国人行使否决权，英国和法国人故意向美国隐瞒他们的计划。伦敦和巴黎在打赌，当一切既成事实时，华盛顿会默认。毕竟，他们推断，美国人宁愿让纳赛尔走人，而他们已经接受在某些情况下，可能恢复对运河的国际监管。哈罗德·麦克米伦，他曾在第二次世界大战期间与艾森豪威尔并肩作战，在 9 月下旬从华盛顿回来后，向他的内阁同僚保证："我知道

---

① 'Demonstrations and Disagreement', 7; FO 371/118904/JE1094/50, Belgrade to London, 3 November 1956.

② PREM 11/1096, Prime Minister's Personal Telegram, Serial No. T 528/56, 5 November 1956; Kyle, *Suez*, 393–5.

③ FO 371/118904/JE1099/46, New Delhi to London, 1 November 1956.

艾克[①]。他会保守秘密！"[②] 但是，他错了，错得离谱。

　　当艾森豪威尔被告知以色列部队入侵埃及时，他正在弗吉尼亚州里士满参加竞选集会。他登上总统专机——空军 VC-121E 超级星座号。飞机着陆后，心烦意乱的总统对等候在那里的人群发表简短讲话，然后直接进入白宫，与他的国务卿会面。在总统办公室，艾森豪威尔怒斥以色列人："福斯特，你告诉他们，该死，我们要实行制裁，我们要去联合国，我们要采取一切手段以阻止这种事情。"说起英国人，艾森豪威尔认为"他们有理由与埃及人争执"，但是"没有理由欺骗我们"。[③] 第二天，艾森豪威尔注意到英法表里不一。例如，在会议期间，讨论危机对欧洲石油供应的影响时，艾森豪威尔咆哮说："对危机负有责任的人，应自己解决石油问题——打个比喻说，就是自食其果。"[④]

　　美国反对英法干预，有以下几个理由：首先，艾森豪威尔根本不相信有发动战争的充分理由。正如他所解释的那样，"如果埃及人没有将运河收归国有，也没有进行有效的经营，英国的态度会更加强硬"。[⑤] 另外，根据 1950 年的三方协议，美国现在不得不出面援助埃及，如果让纳赛尔寻求苏联的帮助，前景将令人担忧。的确，要是激怒了阿拉伯世界，英法的行动会破坏美国遏制苏联在该地区制造影响力的努力。鉴于亚洲和非洲在这个问题上表现出的情绪很激烈，美国人的处境非常尴尬。正如约翰·福斯特·杜勒斯在国家安全委员会所说，如果美国看到英法"通过用武力对欠发达国家进行殖民统治"，那么他们试图赢得新独立国家的拥护的努力（以牺牲苏联为代价）将成为泡影。但是，

---

① 艾森豪威尔总统的昵称。

② Kyle, *Suez*, 258.

③ 'Memorandum of a Conference with the President, White House, Wash-ington, October 29, 7:15 p.m.', in *FRUS, 1955–1957, Volume XVI, Suez Crisis, July 26–December 31, 1956*, 836; Ricky-Dale Calhoun, 'The Muske-teer's Cloak: Strategic Deception During the Suez Crisis 1956', *CIA Studies in Intelligence* (2007) 51:2.

④ Nichols, *Eisenhower 1956*, 207; 'Memorandum of a Conference with the President, White House, Washington, October 30, 1956, 4:25 p.m.', in *FRUS-Suez*, 873.

⑤ 'Memorandum of a Conference with the President, White House, Wash-ington, October 30, 1956, 10:06–10:55 a.m.', in *FRUS-Suez*, 853–4.

与最早的、最值得信任的盟友分道扬镳也绝非易事。最后，英法行动的时机选在美国总统选举的前几天（艾森豪威尔的竞选口号是"倡导和平与繁荣"），以及在东欧发生重大危机之时，绝非明智之举。

尽管如此，如果行动能够很快达到目标，相信美国人（勉强）会接受英法两国干预的事实。10 月 30 日晚上，在起草的给艾登的一封信中（但从未送达），艾森豪威尔——假设军事打击迅捷而果断——解释说："虽然很难看到与整个阿拉伯世界作对会有任何好结果，但我觉得我能够理解你们必须解决的问题，并深表同情。"他还写道："我们必须祈祷，一切都会公正、和平地呈现出来。"[1]艾森豪威尔在 1964 年接受采访时表示："如果他们行动得够快，我们就会接受……他们可以接管，然后离开……世界上原本没有什么危机。"[2]

艾登认为军事行动必须迅速，他在 10 月 24 日告诉内阁同僚们说，阿拉伯世界不可避免地会有反对心理，加上继续行动会受到国际压力，这意味着军事行动必须快，必须成功。但是，不幸的是，"火枪手行动"缺乏想象。为了维持"维和"（没有人相信）的假象，在最后通牒发出后，地中海舰队——一支拥有 130 艘军舰的庞大舰队，以及供应船只、商船和其他支援船只，只被允许从马耳他起航，这样到达埃及海岸需要 6 天时间。在最后一刻，指挥官提出了加快部队登陆的方案，但是考虑到埃及的抵抗，又放弃了。倘若迅速而果断的打击不奏效，就只能考虑持久的行动，不过可能会引起全面的外交危机。

联合国总部位于纽约海龟湾的秘书处大楼，这是一座凝聚柯布西耶[3]灵感的摩天大厦，有 39 层高，用蓝色大理石和铝装饰表面，并装有绿色玻璃窗。在它的后面，面对东江，是座四层的会议大楼，这是安全理事会会议厅的所在地，由挪威政府出资修建。房间狭长，东墙上挂着彼得·克罗赫的巨幅壁画，前面是安理会代表的标志性圆桌。一只凤凰从战争的灰烬中腾空而起，它代表

---

[1] 'Draft Message from President Eisenhower to Prime Minister Eden', in *FRUS-Suez*, 874–5.

[2] Lucas, *Divided We Stand*, 270.

[3] 柯布西耶是 20 世纪著名的建筑大师、城市规划家和作家。他是现代主义建筑的主要倡导者，被称为"现代建筑的旗手"和"功能主义之父"。

了创造一个和平、合作和相互尊重的新世界。10 月 30 日星期二下午，面容憔悴的英国代表皮尔森·迪克森爵士，以带着歉意的语调发表谈话，试图捍卫英法的立场。美国代表亨利·加博·洛吉迪对迪克森的辩解置之不理，他要求"以色列和埃及立即停火"，并呼吁所有联合国成员国"不在该地区使用武力或布置威胁力量"。[①] 可惜的是，英法两国以常任理事国的身份否决了这一决议，使巴黎和伦敦处于反对美国和苏联的特殊地位，这在联合国还是第一次，其行径近乎可耻。但他们无法阻止安理会在 11 月 1 日将这个问题提交给紧急召开的联合国大会，这在历史上是第一次。

那天晚上，约翰·福斯特·杜勒斯提出一个停火决议。他解释说："今天晚上，在这个论坛发言的任何一位代表是不是像我一样感到责任重大，我深表怀疑。我们的发言至关重要，美国发现自己不能同意那三个国家的提议，尽管美国与之常有联系，友谊深厚，对其钦佩有加，无比尊重。事实上，其中两个国家是我们最古老、最值得信赖、最可靠的盟友。"然而，杜勒斯继续说，英法方面的干预是完全不可接受的，"如果一个国家觉得这不公正，那么它应该有权诉诸武力……那么恐怕我们应该撕毁《联合国宪章》"。[②]64 个国家投票赞成这项决议（只有澳大利亚和新西兰站到英国一边，法国和以色列反对这个决议），欧洲强国被孤立。

回到伦敦，安东尼·艾登爵士面临严重的国内困难。例如，在 10 月 31 日下议院的激烈辩论中，工党领袖休·盖茨克尔指责艾登危及英联邦的团结，破坏了英美联盟，无视《联合国宪章》。他提出"英法两国政府可能在和以色列政府相勾结"。他表示绝对没有跨党支持的机会，"我现在必须让政府和国家知道，我们不能支持他们的行动，根据宪法的规定，我们必须针锋相对"。

第二天，下议院就政府的动议开展辩论（政府以 324 票对 255 票获胜），

---

① *FRUS-Suez*, 881–2; Lucas, *Divided We Stand*, 263; Kyle, *Suez*, 363; Edward Johnson, 'The Suez Crisis at the United Nations: The Effects for the For-eign Office and British Foreign Policy', in Smith, ed., *Reassessing Suez 1956*, 171.

② Gorst and Johnman, *The Suez Crisis*, 115; Lucas, *Britain and Suez*, 98.

会场气氛骤然紧张，议员们"愤怒地号叫着，挥动着拳头"。发言人被迫宣布会议暂停30分钟，让人们冷静。在上议院，坎特伯雷大主教、费舍尔博士多次诘问，国家是否正在做正确的事情。他说："基督教良知应切实解决的问题是，我们是否遵守了《联合国宪章》的精神。"① 然而，艾登依然坚定不移。他在11月3号晚上向全国发表广播讲话，声称："我们很快就会明白每个人都是在正确地、明智地行事。"艾登继续说："我一生都是崇尚和平的人，追求和平，争取和平。我尊重国际联盟，尊重联合国，现在我仍然是我，有着同样的信念，为和平奉献。即使我愿意，我也不可能改变，但我完全相信我们所采取的行动是完全正确的。……我们插手干预，因为联合国不能及时作为。如果联合国将接管警察行动，我们表示欢迎。"②

《每日邮报》《每日快报》和《每日电讯报》都支持艾登，《泰晤士报》虽然早些时候看好，现在却谨慎小心。它们引用温斯顿·丘吉尔的话说，你必须"永远不要误导你的盟友"。③《经济学人》《观察家报》《镜报》和《每日先驱报》均反对这一行动，而由于编辑大卫·阿斯特的努力，《观察家报》的批评最为深刻。在11月4日发表的一篇最著名的社论中，文章称英国和法国人都像流氓一样，指责保守党政府愚蠢和欺诈，并呼吁艾登辞职。④

事实上，这个国家有着巨大的分歧，各阶级、政党和年龄层都有冲突。11月初的民意调查显示，有37%的人支持军事行动，44%的人反对，19%的人不确定（军队—行动，公众就集会）。⑤许多英国人当街争辩。例如，在爱丁堡大学，主战和反战学生在校园激烈争吵，偶尔大打出手。在利兹，200名学生由阿拉伯社会学者领导，在午餐时间举行游行，从大学走到市中心，要求"撤

---

① Thorpe, *Eden*, 523; 'Christian Opinion Terribly Unhappy and Uneasy', *Manchester Guardian*, 2 November 1956, 3.

② Gorst and Johnman, *The Suez Crisis*, 116.

③ 'A Lack of Candour?', *The Times*, 2 November 1956, 9.

④ 'Eden', *Observer*, 4 November 1956, 8.

⑤ Sandbrook, *Never Had It So Good*, 17.

出埃及""停止侵略"。在曼彻斯特，数百人聚在城市的自由贸易大厅，举行反战集会——愤怒的反战示威者焚烧一袋袋纸张、泼洒一桶桶的凉水，甚至乱抛奇怪的烟花。在克劳利，1200名西苏塞克斯新城工厂的工人捣毁了工具。在利物浦，1000人举行火炬游行，庆祝安理会通过反战决议。全国矿工工会、消防队联盟、合并工程联盟、运输工人联合会和英国教会理事会纷纷反对政府的行动。[①]11月4日星期四，在特拉法加广场举行了最著名的反战示威，一大群民众高喊"艾登必须离开"和"法律不是战争"。工党领袖安奈林·贝文问："英国是否准备好接受适用于埃及的逻辑？如果有比我们更强大的国家接受这种不合时宜的意见，向伦敦投放炸弹，我们该怎么应答？"在与警方的冲突中，有27人被捕，8人受伤。[②]

塞尔文·劳埃回忆说，当晚在唐宁街召开的内阁会议上，他们可以在背景中听到示威的声音，"耳畔响起持续的嗡嗡声，每隔几分钟就听见一阵嚎叫或嘘声"。艾登带来令人不安的消息，当天联合国大会又通过两项决议。第一项是由加拿大提出的，呼吁秘书长达格·哈马舍尔德提交计划，组建一个联合国紧急部队，"确保停止敌对行动"。印度提出的第二个提案重申11月2日的停火要求，并呼吁在12小时内奏效。加拿大决议案给艾登造成相当大的困难，因为他在24小时前公开表示支持联合国部队（原以为需要几周时间准备），他几乎无法拒绝。面对需要决定是否继续采取军事行动，艾登首相和其他高级同僚此时认为，英法部队的存在是部署联合国部队的必要先决条件。然而，局面愈趋紧张。虽然12名大臣（包括艾登、麦克米伦和劳埃德）都赞成第二天按原定计划实施伞兵空降，4人赞成推迟24小时，希望联合国接受英法军队作为联合国紧急部队"前卫"；两人支持放弃军事行动。[③]多数赞成，实施登陆作战。

---

① 'Work Stopped for Protest over Suez Policy', *Manchester Guardian*, 7 November 1956, 4; 'Tories Walk Out Singing "Land of Hope and Glory"', *Manchester Guardian*, 8 November 1956, 4; 'Eighty Oxford Dons Attack Government Actions', *Manchester Guardian*, 2 November 1956, 16.

② Demonstrators in Clash', *The Times*, 5 November 1956, 4; '20 Fined After London Scenes', *Manchester Guardian*, 6 November 1956, 3.

③ CAB 134/1408, Cabinet Minutes, 4 November 1956, 2.

艾登在写给艾森豪威尔的信中，阐述了这一决定的依据，他重申："如果我们允许事情发生变化，一切都将恶化。纳赛尔将成为下一个墨索里尼，我们将逐渐失去在伊拉克、约旦、沙特阿拉伯甚至伊朗的朋友。他将努力向西拓展，利比亚和所有北非都将受到他的控制。""我相信，"艾登说，"这是遏制纳赛尔的野心的最佳时机。一旦失去，我们都将抱恨终身。"[①]

艾森豪威尔没有动摇。事实上，事态发生了戏剧性的变化。有令人震惊的消息说，苏联正在考虑采取干预措施，这更增强了他和平解决危机的决心。尼古拉·布尔加宁在 11 月 5 日给本·古里安、艾登和摩勒的信中指责英法以苏伊士为借口，在阿拉伯世界重新建立"殖民奴隶制"，并警告说莫斯科将"通过使用武力来对待侵略者"。[②]这位苏联总理在单独写给艾森豪威尔的信中建议，两个超级大国开展协调一致的军事行动，以"终止进一步流血"和"恢复和平与安宁"。[③]

在白宫看来，苏联的举动非常糟糕。艾森豪威尔最不愿看到的是红军在中东建立立足之地，他担心，如果莫斯科进行干预，苏伊士危机可能会失控。据一位副总统说，总统甚至宣称："如果有必要，一旦这些家伙有什么动作，我们就干掉他们。"在地中海，能够发射核武器的第六舰队全面戒备，整个美国海军都准备实施紧急战争计划。同时，白宫发表了一个精心设计的声明，驳斥了苏联提出的在埃及进行联合军事行动的"不可思议的"建议，并明确指出，如果苏联军队未经联合国授权进入中东，"包括美国在内的所有联合国会员国都有责任反对他们"。[④]

---

① 'Message from Prime Minister Eden to President Eisenhower', 5 November 1956, in *FRUS-Suez*, 984.

② Gorst and Johnman, *The Suez Crisis*, 122–3.

③ 'Letter from Prime Minister Bulganin to President Eisenhower', 5 Novem-ber 1956, in *FRUS-Suez*, 993.

④ 'Memorandum of a Conference With the President, White House, Washington, November 5, 1956, 5 p.m.', *FRUS-Suez*, 1000–1; Nichols, *Eisenhower 1956*, 245–7; 'White House News Release', 5 November 1956, in *FRUS-Suez*, 1007–8.

艾森豪威尔呼吁在 24 小时内停火。英国在外交上陷于孤立，面临严峻的经济压力，这使它处于极其不利的境地。据塞尔文·劳埃称，联合国外交官正在讨论对英国实行可能的石油禁运，哈罗德·麦克米伦高举双臂说："石油禁运！死定了。"11 月 6 日，在内阁会议之前，麦克米伦宣称，鉴于巨大的财政和经济压力，别无选择，只能停止。11 月的第一个星期，在与国际投机者的博弈中，英国失去了 5％的黄金和外汇储备。麦克米伦也告诉他的同事们说，美国财政部长在阻止英国获得国际货币基金组织的重要桥梁贷款，直到英国同意停火为止。如果继续战争，经济有崩溃的风险。英国试图加入联合国紧急部队的努力被艾森豪威尔否决了，后者坚持要求英国无条件撤军。英国被迫做出退让。恢复对苏伊士运河的国际监管和颠覆纳赛尔的努力——至少剪掉他的羽翼——在灾难中结束了。

旋风行动

布达佩斯就像钉在我头上的钉子。

——尼基塔·谢尔盖耶维奇·赫鲁晓夫

许多匈牙利人对苏联撤军的消息表示欢迎。10 月 31 日下午，纳吉·伊姆雷对议会大厦外的众人说："以你们为主角的革命胜利了……我们争取主权和独立……"[1] 在接下来的几天里，匈牙利人满腔热情地拥抱新得到的自由。代表各种意见的政党，纷纷发起讨论。街头出现了数十种新闻报纸，由独立编辑经营，刊载"冲突意见、充满激情的争论和观点鲜明的评论"，他们完全脱离了斯大林主义时代新闻稿的沉闷、忧郁的特征。但是，在欣喜之中，人们可以

---

[1] Matthews, *Explosion*, 301–2; Lasky, *The Hungarian Revolution*, 155.

听到更加谨慎的声音。例如，许多工人委员会和革命委员会表示拒绝停止罢工或放下武器，除非苏联完成撤军。其他人宣称，他们将以政府的行动来判断政府，而不是言辞，并要"看看会发生什么"。据英国大使莱斯利·弗里爵士介绍，"布达佩斯精神"是谨慎地期盼，不放松警惕。这样的谨慎被证明是很好的判断。

10月31日上午，政治局成员聚集在议会大楼二楼会议室，这是一座新古典主义建筑，在克里姆林宫的北部，毗邻红场，有着绿色圆顶、椭圆形走廊和宽阔的内部庭院。尼基塔·赫鲁晓夫像往常一样，坐在一张长长的、蒙着厚毛呢的矩形桌子旁的皮椅上。这位苏联领导人好几天没有睡过一个好觉，他说："布达佩斯就像钉在我头上的钉子。"现在，他对他的同僚说，"应该重新审视早期的评估，而不是从匈牙利撤军"。同时，苏联应该"主动恢复秩序"。他的同僚们同意，应该立即授权国防部长朱克科夫元帅制定措施。[①]

这个戏剧性的转变背后究竟发生了什么？一方面，苏联领导人已经相信局面失控了。10月30日，阿纳斯塔斯·伊凡诺维奇·米高扬和米哈伊尔·苏斯洛夫向政治局同事们发出警告，指出"匈牙利的政治局势和布达佩斯的情况并没有好转，反而越来越糟糕了"。工厂和公共交通瘫痪，学生和其他反抗分子控制了重要机构，包括无线电台和报纸印刷厂。[②]当晚晚些时候，赫鲁晓夫和他的同僚们了解到布达佩斯共产党总部外发生了令人震惊的暴力事件后，恐惧加重。23名国家安全警察军官被处以私刑，受人尊敬的布达佩斯共产党书记伊姆雷·梅祖（纳吉政府的支持者）伤势严重。生活杂志记者约翰·萨多维目睹了眼前可怕的场面，据他描述，6名年轻的军官——其中一个相貌俊朗，令他称奇——从大楼里走出来，他们苦苦地哀求饶命，但肩章被唐突地从制服上撕

---

① Taubman, *Khrushchev*, 10, 296; Catherine Merridale, 'Behind Closed Doors: The secrets contained within the imposing walls of the Kremlin', *Independent*, 12 October 2013; 'Working Notes and Attached Extract from the Minutes of the CPSU CC Presidium Meeting, October 31, 1956' in Békés, *The 1956 Hungarian Revolution*, 307–10.

② 'Situation Report from Anastas Mikoyan and Mikhail Suslov in Budapest, October 30, 1956', in Békés, *The 1956 Hungarian Revolution*, 292.

下来。突然间，其中一名军官匍匐在地，近距离开枪射击。片刻之后，那队人"像割玉米一样纷纷倒下……他们倒在地上，反抗分子仍然疯狂向他们扫射"。萨多维说："眼泪从我脸颊扑簌簌地落下。我当了三年战地记者，但我所经历的恐怖都无法与眼前的这一幕相比。"然而，恐怖还没有结束。最后，一名高级国家安全警察军官的血淋淋的尸体被头朝下，吊在树上。在萨多维回驻地的路上，他看到"女人在地上的尸体中间寻找自己的男人"。他说："我坐在树干上，双膝发软，好像承受不住我自身的重量。"①

莫斯科对纳吉有能力恢复秩序的信心动摇了，他们认为匈牙利的社会主义有被"扼杀"的危险。克里姆林宫也担心匈牙利的不稳状况定会威胁到东欧帝国的其他地方。例如，在德意志民主共和国，当局担心学生、知识分子和工人会举行抗议活动；有报道称，捷克斯洛伐克将发生动荡，保加利亚安全部门警告说，"记者、知识分子对匈牙利人们的勇气赞赏有加"。② 在罗马尼亚，由于其政权是以苏联集团为标准，再加上该国有人口众多的匈牙利少数民族，当局觉得也有理由感到恐慌。在罗马尼亚的首都布加勒斯特以及雅西和克鲁日的省首府都发生了小规模示威活动，而在最重要的西部城市蒂米什瓦拉发生了大规模抗议活动，该市有 14 万人口，包括 3 万匈牙利人。10 月 30 日星期二下午，2000 名学生聚集在理工学院餐厅举行集会。他们高喊"撤离匈牙利"和"俄罗斯人拿我们的铀和石油干了什么"，要求苏联红军从罗马尼亚撤军。在争论中，恐慌的秘密警察部队封锁了校园，并在下午 8 点集会结束时，逮捕了主要的学生领袖。第二天，800 名学生，7 个人一排走着，大声呼喊"释放我们的同学"，走向大教堂。当他们越过贝加运河时，遭到挥舞着刺刀的军队的伏击，大批示威者被集体逮捕，被押上等候在那里的卡车。20 多名学生因"煽动反政权罪"

---

① John Sadovy, 'People Were Dropping Like Flies', *Life*, 12 November 1956, 41.

② 'From Demonstrations to the Revolution' in Békés, *The 1956 Hungarian Revolution*, 202; 'Information Report from Bulgarian State Security on the Activities of 'Hostile Elements', October 30, 1956', in Békés, *The 1956 Hun-garian Revolution*, 305–6; Kramer, 'The Soviet Union and the 1956 Crises in Hungary and Poland', 194.

被监禁3～8年，还有80人被驱逐出境。随着安全防范措施的加强，蒂米什瓦拉的镇压事件引发了全国革命。①

最后，莫斯科对匈牙利革命的国际后果极为关切。鉴于匈牙利可能有迹象退出华沙条约组织，赫鲁晓夫对"苏联边境的资本家"表示愤慨。莫斯科认为埃及的"帝国主义者"即将取得胜利，也放大了这种挫折感，而早期的报告显示英、法两国取得了重大的军事成功。正如赫鲁晓夫在10月31日的政治局会议上所说："如果我们从匈牙利撤军，会大涨帝国主义者——美国人、英国人和法国人——的志气。他们会认为这是我们的弱点，并将开始攻击……对埃及，进而对匈牙利。"解决苏伊士危机的决定性因素归根结底并不是苏联如何决策。世界的注意力会转向中东，转向西方联盟。而且苏联领导人会找到适当的时机发难。

阿纳斯塔斯·伊凡诺维奇·米高扬于10月31日晚上回到莫斯科，他获悉了派兵进入匈牙利的决定，忧心忡忡。他请求赫鲁晓夫重新考虑，警告说"派兵干预有损我们国家和党的声誉，是可怕的错误"。第二天早上，赫鲁晓夫从列宁山庄别墅出来，走向正在等待他的巨大的黑色ZIS-110豪华轿车，米高扬（住在隔壁）再次警告第一书记说："如果发生冲突，我不知道自己会做什么。"（赫鲁晓夫相信他是在暗示自杀，米高扬后来坚持说，他只是威胁说要辞职。）但是，赫鲁晓夫的决定是"必须采取行动"。赫鲁晓夫解释说："我们别无他选。"②

早在10月31日，苏联出兵的传言就传到了布达佩斯。事实上，纳吉·伊姆雷后来声称，就在科苏特广场发表演说的前几个小时，他收到了蒂萨河上游架设浮桥的报告，机动化部队、坦克和炮兵"如潮水般涌入国内"。③同一天，

① Granville, 'Temporary Triumph', 74–7, 88–93; Deletant, 'Romania, 1945–1989', 87; Szász, 'Romania and the 1956 Hungarian Revolution', 134; 'Minutes of 58th Meeting of the Romanian Poliburo, October 30, 1956', in Békés, *The 1956 Hungarian Revolution*, 303–4.

② Taubman, *Khrushchev*, 298; Kramer, 'The Soviet Union and the 1956 Crises in Hungary and Poland', 198–9.

③ Rainer, *Imre Nagy*, 125.

1956 年 11 月 12 日，布达佩斯基利安军营。

自由米什科尔茨电台广播说，苏联防空部队、坦克和步兵正在进入匈牙利。11月 11 日，有人说，苏军在匈牙利边境集结，更有传闻说，苏维埃军队正在布达佩斯郊外挖掘工事，早些时候的欢腾气氛一扫而光，取而代之的是焦虑不安。现在，人人都在议论苏联军队是否会卷土重来。

纳吉和他的盟友们反复向尤里·安德罗波夫求证是否有军队行动，但是，苏联大使闪烁其词，反而加深了他们的怀疑。10 月 3 日，纳吉曾正式要求苏维埃军队撤出匈牙利全境，并要求与苏联谈判。现在，面对更加绝望的局势，他决定最后一搏。下午 7 时 50 分，匈牙利广播电台广播了一则信息，纳吉宣布匈牙利中立，并表示匈牙利渴望"与苏联和苏联集团之外的世界各国人民建立真正的友谊"。① 他还呼吁联合国秘书长帮助"维护国家的中立地位"。②

联合国的那一套根本不可能产生有意义的结果。苏联和其他常任理事国一样，在安理会拥有否决权，虽然决议可以在联合国大会上以多数票通过，但却不具约束力。西方强国之间的分歧进一步打破了匈牙利的希望。例如，当英国和法国试图将匈牙利问题提交给联合国大会讨论时，他们这样做的部分原因是转移对埃及的军事干预的批评。实际上，阻止这一举动的人是约翰·福斯特·杜勒斯，他以轻蔑的口吻说："他们想要出风头。我认为这对他们来说是一种嘲弄，让炸弹落在埃及，反过来谴责苏联……我不想这样。"美国人只有在苏联入侵开始之后才会转变立场。虽然联合国大会于 11 月 4 日和 9 日通过决议谴责苏联，并呼吁其撤军，但这只不过是空口之言。

11 月 4 日星期日凌晨 4 点，苏联驻匈牙利军队最高司令伊万·科涅夫元帅发出了暗号"雷霆 444"，表示开始"旋风行动"。苏联部署了 6000 余名地面部队，数千坦克和装甲部队，还有两个空军师，发动了决定性的武力攻势，其中大部分集中在布达佩斯。上午 5 时 20 分，苏联坦克轰鸣着开进匈牙利首都，自由科苏特电台最后播出纳吉·伊姆雷充满绝望的讲话。总理是在国会大厦发表这番讲话的，背景可以清晰地听见砰砰的枪声，他解释说："我谨向我国国民和世界人民通报。今天凌晨，苏联军队对我国首都发动袭击，显然有意推翻合法民主的匈牙利政府。我们的军队正在战斗……"③ 接着，他反复呼吁苏联军队不要向平民开火。上午 8 点 10 分，电台停播了。一个女人的声音传来："救救匈牙利……救命，救命，救命……"维也纳监测站当天下午收到了最后一个叛乱广播电台的最终呼叫："世界文明人士！在这个有千年历史的匈牙利城楼，

① 'Imre Nagy's Declaration of Hungarian Neutrality (Radio Broadcast), November 1, 1956', in Békés, *The 1956 Hungarian Revolution*, 334; Rainer, *Imre Nagy*, 126–30.

② 'Telegram from Imre Nagy to U. N. Secretary General Dag Hammersk-jöd, November 1 1956', in Békés, *The 1956 Hungarian Revolution*, 333.

③ Rainer, *Imre Nagy*, 134.

最后的火焰熄灭了！苏联坦克和枪炮在匈牙利的土地上咆哮……救救我们。"①

在一天结束的时候，苏维埃国防部长朱科夫元帅发布中央委员会最新通报。他说"红军占领了各省的绝大多数军事设施"——包括戈尔、米什科尔茨和德布勒森，电台和其他战略要地也被占领。在布达佩斯，包括桥梁和主要建筑在内的战略要地得到保障，除了柯文电影周围的"一个大抵抗温床"外，反抗分子已被击破。②朱可夫的报告略显乐观，实际上，基斯佩斯特和培尔的激烈战斗持续了数天，而布达佩斯南部约 65 千米的工业城镇杜拉朋特里的工厂工人则一直坚持到 11 月 2 日。

纳吉·伊姆雷清楚地知道，抵挡苏联的干预，毫无希望。为了尽量减少生命损失，保护国家的基础设施和资源，他拒绝下令匈牙利军队作战。结果是随着"旋风行动"开始，匈牙利武装部队的大部分人员仍然在他们的军营中，在那里他们被苏联军队迅速地制服，解除武装。有些士兵确实拿起了武器——最著名的是贝尔·基里亚将军（军队总司令）领导的布达佩斯武装部队，但抵抗的是大约 1.5 万名反抗分子，主要是学生和年轻的工厂工人。

战斗异常残酷。《法兰西晚报》记者米歇尔·戈迪在文章中描述，11 月 4 日凌晨，在长达三个小时的时间里，"大地颤抖着，仿佛一个爆炸跟着另一个"。③布达佩斯的街道上到处是苏军坦克，炮弹像雨点一样从布达山上砸下来，喷气式战斗机在城市低空向反抗分子阵地俯冲射击。克里安军营、科林电影院和其他反抗分子据点受到野蛮袭击，但到处都有强烈的抵抗。戈迪如此描述道："坦克轰鸣着，向房屋射击，先是一楼，而后是二楼、三楼、四楼……房子被炸塌，轰然倒下；居民被打死，或受伤，躺在地上……"④

英国大使馆的几名记者之一，《工人日报》记者彼得·弗莱尔解释说："布

---

① 'Soviet Tanks Crush Resistance', *Manchester Guardian*, 5 November 1956, 1.

② 'Report from Georgii Zhukov to the CPSU CC, November 4, 1956, 12 a.m.', in Békés, *The 1956 Hungarian Revolution*, 384.

③ Lasky, *The Hungarian Revolution*, 228.

④ Lasky, *The Hungarian Revolution*, 249.

达佩斯四昼夜不断遭受轰炸。我看到一个可爱的城市遭到猛烈攻击,被炸毁,破碎,流血……"[1]这个城市一些最美丽的建筑受到严重破坏,而其他的被洗劫。在布达佩斯的某些地区,街道上横七竖八地躺着许多尸体。许多死者和伤者是卷入其中的平民,"一些苏联人射击时不加选择——夜间透出灯光的窗户,街上聚集在一起的市民,甚至是排队买面包的人们"。一些教堂和医院,包括一个儿童诊所,毁于战火。

总的来说,佩斯特大约5平方千米的地区完全被摧毁,布达的许多社区也是如此。到处都是战火的废墟:瓦砾,玻璃,砖头,空弹壳。沿街的房屋几乎都遭到破坏,许多公寓大楼被夷为平地,许多建筑被子弹和炮弹打得千疮百孔。在战斗中估计有2700名匈牙利人丧生(其中1500人是平民),另有2万人受伤;据报,苏联的死亡人数为720人,伤亡人数为1540人。[2]

匈牙利的武装抵抗得到压制,克里姆林宫设立了由约翰·卡达尔和费伦茨·姆莱彻领导的"革命工人和农民政府"。这两人曾在纳吉的短命政府任职,于11月1日晚上逃离匈牙利,搭乘一架军用飞机前往莫斯科与苏联领导人磋商。在会谈中,卡达尔声称匈牙利的局势一天天变得右倾,但他也警告说,使用武力将是灾难性的。他说,这将破坏整个东欧集团的共产主义权威。最后,他打消疑虑,表示一旦反抗被压制,他就负责领导新的政府。

虽然匈牙利人输掉了对苏联军队的战斗,但是他们不愿意放弃革命。讥讽国家新领导人的海报很快就出现在布达佩斯全境。其中一张是这样写的:"招募:匈牙利总理。资历:无真诚信念,没骨气;无须读写能力,但必须能够签署文件。向赫鲁晓夫和布尔加林申请。"[3]

由工会组织的罢工和工人骚乱浪潮席卷全国。这些没有遭苏联破坏的机构继续要求撤出外国军队,还要求大赦所有参与反抗的人。许多普通匈牙利人也

---

[1]　Fryer, *Hungarian Tragedy*, 80; FO 371/122380/NH10110/266–267.

[2]　Lendvai, *One Day*, 151; Litván, *The Hungarian Revolution*, 103; Kramer, 'The Soviet Union and the 1956 Crises', 210 note 187.

[3]　FO 371/122394/NH 10110/648.

表达自己的感受。11 月 23 日下午 2 点到 3 点，布达佩斯的市民离开街头，纪念一个月的革命纪念日。莱里斯·弗莱士爵士认为，"人们紧密团结，令人印象深刻。城市似乎被遗弃，交通停滞不前（俄罗斯的军事巡逻除外）。一小时的沉默结束后，许多人拿着三角琴回到街上，对着苏联士兵高唱国歌。"[①] 两星期后，数千名身穿黑衣的女人无视官方禁止抗议活动的禁令——许多人带着一捆捆的面包、卷心菜和洋葱，其他人大喊"我们永远不做奴隶"，从城市的四面八方涌向英雄广场，悼念死者。少数妇女被允许在无名烈士墓上敬献花篮，但当其他人涌上前时，苏联军队向空中鸣枪，驱散人群。

最初，卡达尔采取和解方式。他于 11 月 7 日抵达布达佩斯，宣布大幅加薪，废除不得人心的税收，恢复 3 月 15 日这一全国假日，纪念 1848 年革命。他还承认工人委员会是"工人自治组织"（同时，不许他们承担更广泛的政治角色），并与最近组建的大布达佩斯中央工人委员会（KMT）进行谈判。然而，这是缓兵之计。到 11 月底，卡达尔政权正在向"麻烦制造者"施压。获悉一些矿工在萨尔斯卡扬的抗议活动中被害的消息后，大布达佩斯中央工人委员会号召举行全国 48 小时罢工，得到广泛支持。卡达尔政府现在决定进行严酷打击：逮捕了大布达佩斯中央工人委员会领导人和其他工人委员会领导；实行新的限制性措施，发动新一波报复，在部分工厂部署苏维埃军队维持秩序。

卡达尔施展强硬手腕：设立新的安全机构和"人民法院"，禁止组织集会，并关闭报社；主要革命分子、学生领袖和知识分子被拘留审讯，关进监狱。纳吉·伊姆雷在南斯拉夫得到大使馆庇护，在获得特赦的许诺后，经人说服离开。他立即遭到逮捕，后米被流放到罗马尼亚。经过秘密审判后，纳吉、帕尔·玛勒特将军和革命记者尼克拉·吉迈什在 1958 年 6 月 6 日被处以绞刑，被面朝下裹进焦油纸里埋在一座无碑墓中。总共有 2.2 万人因在革命中的表现被判入狱，数百人被处决，数十人被流放到苏联战俘营。数十万人被解雇，找不到工作，面临骚扰和警察监视。同时，超过 15 万匈牙利人——其中大多数是年轻人、知识分

---

① 　Litván, *The Hungarian Revolution*, 108–11; FO 371/128670/NH10110/140, 20.

子，富有雄心——在 1956 年最后几个星期绝望地逃离匈牙利（美国和加拿大接收了 6.8 万人，英国接收了 2.1 万人，法国、德国和澳大利亚接收了 1 万多人）。①

匈牙利的事件震惊世界。教皇庇护十二世在梵蒂冈发表通谕，表达了对苏联干预匈牙利事件的"最痛苦的哀悼"。他说："匈牙利人民渴望拥有正义的自由。"②在纽约，《时代周刊》的编辑将匈牙利战士选为杂志的年度人物。他们称赞革命者是"为自己的国家而战"。③

11 月 4 日匈牙利遭苏联干预的事件也引起了全世界公众的同情。遥远的澳大利亚、安哥拉和阿根廷都发生了抗议活动。在纽约，一万人在 11 月 4 日走上第五大街进行"死亡游行"，队伍中有几个护柩者抬着象征性的棺木，悼念匈牙利陷落。三天后，在麦迪逊广场花园举行类似的集会，人们高呼"我们要行动"。④在欧洲的巴黎、罗马、布鲁塞尔、西柏林等城市，成千上万的人走上街道，谴责苏联，声援匈牙利。在哥本哈根，3000 人聚集在苏联大使馆前表示抗议。在萨尔茨堡，数以千计的高中生和大学生默默地在这个城市游行。在伯尔尼，抗议者投掷石块，烧毁了苏联国旗，雷克雅未克的示威者向苏联大使馆投掷泥土和蔬菜。在卢森堡，11 月 6 日晚间，2009 人拿着火炬，举着写有"匈牙利万岁"和"打倒布达佩斯屠夫"的标牌，冲向苏联大使馆。下午 7 点左右，一群人进入使馆，撕毁了苏联国旗，切断了电力供应；在恢复秩序之前，愤怒的人群涌入建筑物，砸毁窗户、家具、吊灯和公务车。虽然政府做出正式道歉，舆论似乎"基本上不懊悔"。

在英国，英苏文化交流活动被取消或推后；当地工党、工会、大学和教会纷纷发表决议，谴责苏联的行径；利物浦码头工人拒绝装载运往苏联的橡胶

---

① Rupert Colville, 'A Matter of the Heart: How the Hungarian Cri-sis Changed the World of Refugees', *Refugees*, no. 144, issue 3 (2006) (UNHCR), 6, 10; Nador F. Dreisziger, 'The Hungarian Revolution of 1956: The Legacy of the Refugees', *Nationalities Papers*, 13:2 (1985), 198–208.

② FO 371/122389/NH10110/547.

③ 'Hungary: Freedom's Choice', *Time*, 7 January 1957.

④ Michael James, 'Marchers Depict Hungary's Cause', *NYT*, 5 November 1956, 29; Milton Bracker, '10000 at Garden Back Up Hungary', *NYT*, 9 November 1956, 15.

和其他货物。在利兹，数百名本科生佩戴黑色臂章在城市游行。"英国大学志愿军"甚至计划将学生空投到匈牙利，还有一名在约克旅行社工作的女子解释说，她是一个神枪手，能"百发百中"，并准备自费前往匈牙利。然而，大多数人采取了更普通平常的做法，他们为人道主义援助筹集资金，并捐赠食物、毯子和衣服，以及为匈牙利难民提供床上用品、陶器、家具和食宿招待。在莱斯特郡，市议员约翰·基尔斯盾为150名匈牙利儿童献出唐宁顿大厅，而伍尔弗汉普顿的一家建筑公司则提供全新的半独立式房屋，免租金。《新政治家周刊》记者金斯利·马丁发表文章疾呼："自从西班牙内战以来，英国人还没有像现在这样对匈牙利的悲剧普遍感到愤慨。"[①] 但是，这种愤慨——当然是在官方层面，其中大部分——证明是转瞬即逝的。到了第二年春天，莫斯科和伦敦恢复外交关系，并且文化、学术和专业交流也全面恢复。

匈牙利与苏联之间的激烈冲突也蔓延到了墨尔本奥运会，墨尔本奥运会也因此成为现代最有争议的奥运会之一。荷兰、瑞士和西班牙全部撤回代表队，抗议苏联的行动（当然，埃及、黎巴嫩和伊拉克也撤回代表队，抗议苏伊士事件）。匈牙利运动员在苏联入侵前就已前往澳大利亚，他们坚持要求在奥运村升起印有军徽的国旗。12月6日，匈牙利在一场气氛暴躁的水球半决赛中对阵苏联，他们强大的阵容爆发了哈杰德·马吉罗克的大声呐喊："匈牙利人前进！"到比赛结束时，匈牙利人以4：0获胜，瓦伦丁·普罗科波夫击中了欧文·乍多的脸，令他感到眩晕，眼前金星乱闪。他离开游泳池时，不断有血液从伤口滴下，众人似乎准备好闹事。警察迅速赶来干预，比赛停止。获得胜利的匈牙利人第二天赢得金牌。比赛结束后，几乎一半的奥运会运动员决定不回国。

匈牙利人可能赢得了世界许多国家的赞赏，但他们迫切希望的是军事支持。虽然艾森豪威尔总统对革命人士的勇气和献身精神表示赞扬，但他从未动过美国出兵的念头。他授权约翰·福斯特·杜勒斯明确表示，美国没有将东欧

---

① Lasky, *The Hungarian Revolution*, 271.

国家阵营各卫星国视为"潜在的军事盟友"——这是向莫斯科发出信号，表示美国无意进行干预。艾森豪威尔在他的回忆录中解释说："鉴于地缘政治的现实，我们什么也不能做。通过敌对或中立国家运送美国军队到匈牙利将会使我们陷入全面战争。"同时，如果联合国设法以某种方式绕过苏维埃否决权来授权使用武力，结果可能引发核战争。美国认为自己"唯一能做的事情是：我们为帮助逃离苏联的难民做好了准备，并尽全力谴责苏联的行径"。[①]

上百万名匈牙利人感觉受到了背叛。毕竟，艾森豪威尔政府曾经公开发表言论要"解放"东欧人民，而自由欧洲电台积曾极鼓励匈牙利人，提出反坦克战争的意见，并赞扬这些战士。一些广播甚至暗示他们会得到西方支持——只要匈牙利人能够再忍受几天。这些收听广播的人几乎毫不怀疑美国及其盟友的帮助即将到来。当这些根本没有到来时，许多人感到很失落。

马埃斯特腊

1956 年，我们要自由，否则将成为烈士。

——菲德尔·卡斯特罗

1956 年 11 月 25 日星期五凌晨，一艘嗡嗡作响的双引擎休闲游艇从墨西哥东部图斯潘起航，前往古巴。船体长 17.68 米，甲板空间有限，有一个适中的休息区和四个小型船舱。按格拉玛号的设计，只能容纳不到 20 人。然而，那天晚上，船上有 82 名男子，这是七·二六运动的所有成员。七·二六运动组织是一个先锋组织，致力于结束美国支持的独裁者鲁本·富尔亨西奥·巴蒂斯塔-萨尔迪瓦的统治。七·二六运动组织的领导人菲德尔·卡斯特罗是一位神秘的 30 岁

---

① Eisenhower, *Waging Peace*, 88–9.

律师和职业革命家，他用 1.5 万美元买下游艇。卡斯特罗的弟弟劳尔·卡斯特罗和一名年轻的阿根廷医生埃内斯托·切·格瓦拉也在其中。船上装有大量武器（两门反坦克炮，3 挺汤普森机枪，90 支步枪，30 多支手枪，还有弹药），以及少量食品和医疗用品。甲板上的金属罐还储存着 2000 加仑的燃料。[1]

　　几天前，墨西哥警方在突击搜查首都的一个高档社区的房屋时，发现了一大堆武器，并逮捕了七·二六运动组织的几名活动分子。同时，因紧急暴风雨警报，地方当局下令禁止一切海上出行。由于警方逼近和当地官员高度戒备，格拉玛号的船员希望能安静地离开。当船离开锚地时，船上的所有灯都熄灭了，游艇由一个发动机提供动力，低速行驶。年轻的革命分子屏住呼吸，"紧紧地蹲在一起，几乎压到对方的身上"。船顺河而下，穿过海港，到达墨西哥湾。他们一进入开放的水域，就大大地松了一口气。他们首先齐唱古巴国歌，然后朗诵七·二六运动组织的赞美诗："愿古巴奖赏我们的英雄主义，我们是要解放祖国的士兵……"[2]

　　乐观的情绪很快就消失了，因为海浪汹涌，风势强劲，格拉玛号状态糟糕，随时都会有一场巨大的灾难。船上所有人几乎都受到可怕的晕船的折磨。埃内斯托·切·格瓦拉后来解释说："整艘船上的状态令人感到荒唐可笑，船上的人寻找抗组胺药物，徒劳无果，倍感绝望，人们捂着肚子，或将头放在水桶里，其他人在甲板上躺着不动，姿势奇怪，衣服上沾满呕吐物。"[3]

　　船临近沉没。一位同志描述，"排山倒海似的巨浪捉弄着小游艇"，舷侧进水，速度惊人。舱底泵似乎无效，同志们被迫舀出受伤的船只里的水。此外，恶

　　[1]　Herbert L. Matthews, *Revolution in Cuba: An Essay in Understanding* (New York: Charles Scribner's Sons, 1975), 71–2; Hugh Thomas, *Cuba: or The Pursuit of Freedom* (New York: DaCapo Press, 1998), 891, 894.

　　[2]　Thomas, *Cuba*, 888, 891; Carlos Franqui, *Diary of the Cuban Revolution* (New York: Viking Press, 1976), 121–2; Ernesto Che Guevara, *Reminis-cences of the Cuban Revolutionary War* (London: Harper Perennial, 2009), 139; Julia E. Sweig, *Inside the Cuban Revolution: Fidel Castro and the Urban Underground* (Cambridge, MA: Harvard University Press, 2002).

　　[3]　Guevara, *Reminiscences*, 139.

劣的天气加上船的悲惨状况——齿轮磨损严重，意味着航程很慢。他们的原计划是于 11 月 30 日在岛屿东南部的尼克罗登陆，配合在邻近的古巴圣地亚哥市的一次有计划的起义。但是，现在看来希望渺茫，且远远落后于预定计划，幸好，这艘船只的收音机还能收到消息，卡斯特罗的起义队伍只能坐在船上无奈地听着一份公报发表的没有他们参加的革命的消息。事实上，古巴的第二大城市在"大火"之前就已经醒来，有 300 名活动分子拿着各种口径的武器，发动攻击。他们穿着标志性的橄榄绿色工作服，佩戴独特的红黑色臂章，在年轻的弗兰克·派斯的指导下，高喊着"打倒巴蒂斯塔"和"革命万岁"，发动一系列攻击。警察局、海关等公共建筑物遭到炮击，不过，有一段时间，起义分子在一片恐慌中能够在城市的街道上闲庭信步。过了好几天，才由一名高级军事强硬派指挥调来 280 多名精锐部队，恢复秩序。那时，格拉玛号终于到达了岛上——尽管用一位同志的话来说，"这不是一次登陆，而是一次沉船"。[①]

12 月 2 日，天际刚刚闪过第一抹黎明的微光，格拉玛号终于到达古巴海岸。淡水、食品和燃料几乎耗尽，船上的人们变得越来越绝望。在登陆前几个小时，起义人员的困境没有得到丝毫改善，更为糟糕的是，一名前海军中尉、格拉玛号副指挥罗伯托·罗克，一脚踩空，坠入了阴沉的海洋。菲德尔·卡斯特罗命令开启船上的探照灯，他才被救了——这是一种危险行为，可能会招来古巴军队。格拉玛号没有在尼克罗登陆（盟友们已经准备好卡车等候在这里），而是在科罗拉多海滩大约 90 米处，距离约定的会合地点以南 16 千米。没有比这个登陆点更糟糕的地方了。同志们被迫放弃大部分设备，自豪地穿着新制服和靴子，拿着步枪，挎着背包、子弹带和烧瓶，蹚着浑浊的海水涉水上岸，却发现自己面临的是一眼看不到边的红树林沼泽——浓密杂乱，很难穿过。劳尔·卡斯特罗承认："这简直是地狱。"他们奋力跋涉了好几个小时，最后踏上了干燥的土地，身上沾满了泥巴，疲惫不堪，饥饿难挨。卡斯特罗的心腹知己

---

① Matthews, *Revolution*, 71–2; Thomas, *Cuba*, 891, 894–7; Franqui, *Diary*, 120, 124; 'Cuba: Hit-Run Revolt', *Time*, 10 December 1956; Enzo Infante, 'Santiago Uprising: A Harbinger of Victory', *The Militant*, vol. 60, no. 9 (4 March 1996).

福斯蒂诺·佩雷斯解释说："一切都失败了"。

这些起义分子现在唯一的希望就是到达东部的马埃斯特腊山脉，那里耸入云霄的高峰可以提供庇护所，获得重整旗鼓的机会。于是，这队衣衫褴褛的革命分子向山里迈进，他们经常在晚上行军，以避免引起飞机的注意，饿了就吮吸甘蔗，偶尔会得到当地农民的帮助。但是，正如切·格瓦拉所说，这些日子很可怕。营养不良，口渴，真菌感染，血泡都磨开了，痛苦难受。他们简直是一群幽灵。12 月 5 日上午，这一行人处于完全崩溃的边缘——有些人晕倒，而其他人则绝望地请求休息。别无选择，只能停下来。他们到达了一个名为"虔诚的喜悦"（Alegria de Pio）的地方，眼前只不过是一个小树丛，一边与甘蔗地接壤，另一边是山谷，更远处是茂密的树林。大多数人挺直了身子，酣然入睡。

那天下午，切·格瓦拉倚着一棵树，一边和同志聊天，一边大口咀嚼着饼干和一段香肠，这时，耳际响起第一声枪响。原来是当天早些时候离开营地的向导出卖了他们，同志们发现自己受到了巴蒂斯塔军队的攻击。战斗机从低空向树林俯冲，用机枪扫射起义分子的阵地，一个步兵部队也同时开火。在混乱中，有几个革命分子被打死，其他人拼命地摸索寻找掩体。切·格瓦拉脖颈受伤，他用自己的步枪还击，然后吃力地挪动到相邻的相对安全的地方。离开墨西哥 10 天后，卡斯特罗的"军队"就被击败。他的七·二六运动组织曾宣称要发动革命，推翻巴蒂斯塔的统治，现在似乎已成泡影。

古巴是安的列斯群岛最大的岛屿，是一个迷人而美丽的地方，也有人说，这里的劳动者是被诅咒的。虽然在美国军队将这个国家从西班牙的殖民统治下解放出来之后，它在 1898 年实现了名义上的独立，但这个岛屿在随后的半个世纪一直是美国的虚拟殖民地。直到 1934 年，美国政府宣布保留法律权利，只有在法律和秩序崩溃或财产权遭受威胁的情况下，才干预古巴内政。但是，美国仍限制古巴的外交政策，坚持要求在岛上设立军事基地，包括在关塔那摩湾的一个主要海军设施。即使在放弃一些权力之后，美国继续对岛上的经济制度和政治文化保持深刻的影响——有些人会说是深刻的扭曲。

从表面上看，古巴在 20 世纪 50 年代中期表现得很好。古巴的主要出口商品蔗糖的价格一直保持稳定（苏伊士危机后将大幅上涨），作物产量开始提高，而来自美国的游客大幅增长，在此带动下，建成了众多酒店、赌场和俱乐部。同时，古巴的人均收入、识字率和人均寿命均居拉丁美洲最高之列。但是，在这个虚假的成功外表之下，有一些根深蒂固的问题。古巴的经济过度依赖于蔗糖。它占该岛农业生产的 50%，占其出口的 80%（一半的蔗糖出售给美国），占国内生产总值约 30%，同时，该产业占了岛上近四分之一的劳动力。美国获得的经济利益，价值约 10 亿美元（主要是银行业、公用事业、采矿业、旅游业和农业），这也意味着岛上的大部分财富都掌控在外国投资者手中。拥有 600 万人口的古巴社会非常不平等。处于金字塔顶端的 90 万人控制着全国 43% 的收入，住在奢侈豪华的空调别墅，享受着奢华的生活，可以定期到美国迈阿密购物游览。但是，底层的人生活有所不同。还有 150 万古巴人要么失业，要么是无土地劳动者，要么是勉强维持生活的农民。他们拥有的国家财富只有 2%，经常以微量的水稻、豆类和糖水为生。

这个岛屿共和国也面临着一些棘手的政治问题。自从独立以来，古巴的政治制度非常薄弱，流氓黑社会和腐败文化非常普遍。除了因 1940 年到 1952 年的宪法规定，有过短暂的民主时期，古巴的政治文化完全可以用不稳定、阴谋和暴力等词来代指。古巴军方和美国的利益经常被证明有决定性优势。从 1934 年起，巴蒂斯塔发动军事政变上台，直到 20 世纪 50 年代末，一直是巴蒂斯塔在控制着古巴的政治。[①]

巴蒂斯塔于 1902 年出生在一个混合种族农民家庭，1921 年参军，军衔是列兵。10 年后，他被任命为军事法庭速记员，军衔是军士长。1934 年，这个雄心勃勃的机会主义者通过领导军事行动接管政府，升到最高位置。巴蒂斯坦在 1940 年提出了一部新宪法，4 年后，在反对派自治党占优势的自由选举中下台。但随后的 8 年，政治昏暗，异常腐败（即使是以岛内自己的低标准衡量）。

---

① 事实上，从 1944 年到 1952 年，古巴政权并未掌握在巴蒂斯塔手中。

古巴领先的历史学家之一路易斯·佩雷斯的记载很不留情面："公职贪污、腐败和渎职渗透到国家、省、市政府的每一个部门。"1952 年 3 月，巴蒂斯塔领导第二次政变，取消了大选，并自任总统。在他第一任职期间，他开始了渐进改革，表示愿意与古巴共产党（PCC）合作，并受到一定程度的公众支持。但他的第二任期却截然不同。结构性问题被忽视，腐败继续，面对不断高涨的不满情绪，巴蒂斯塔选择以镇压和暴力维护自己的权利，古巴共产党被宣布为非法，劳工运动和民间组织被取缔，反对意见被压制。1955 年 9 月，《纽约时报》哀叹，巴蒂斯塔沉醉于令人陶醉的权力，把他的政治灵魂出卖给了独裁统治。在格拉玛号远征前的几个月里，古巴被学生的抗议活动，频频爆发的暴力事件（包括对军营的武装攻击和暗杀军事情报局长）以及反巴蒂斯塔运动，搞得风雨飘摇。但这只是给政权带来了新一轮的镇压和暴力的借口。这个岛屿似乎已经为革命准备就绪。

巴蒂斯塔第二次执政的挑战之一实际上来自菲德尔·卡斯特罗。卡斯特罗生于 1926 年，他的父亲安吉尔是加利西亚移民，凭借自己的努力，白手起家，成为一个富有的庄园主，受安吉尔的影响，卡斯特罗有着非常好的成长背景。年轻的卡斯特罗先在哈瓦那的精英高中读书，1945 年在城市大学学习法律。这所大学，建筑宏伟，坐落在北郊维多山北部的阿斯特贵山，为酝酿革命提供了一个理想的环境。卡斯特罗从小就显示出叛逆的一面，他拒绝定期洗澡，经常与父母和老师发生冲突，13 岁那年，他甚至试图组织父亲的糖业工人举行罢工。他是出了名的急性子。据卡斯特罗自己说，他上大学时从来没有听过课，除了应付考试之外，从来没有打开过一本书；相反，他沉浸在学生激进主义的活动之中。那时，派系纷争甚至选举，经常要用暴力手段解决，卡斯特罗擅长街头政治的黑暗艺术，经常参加激烈的抗议活动，常常枪不离身。在 1948 年春天，他因涉嫌谋杀一个地方的政治家而被捕，不过，被无罪释放。卡斯特罗是一位出色的辩手，屡获殊荣，对长时间激昂的演说颇有兴趣，随后他因此闻名。在这些日子里，他留着笔尖形的唇髭，而不是大胡子，穿着时尚的深色西装，而不是橄榄绿军装。

1948 年 10 月,卡斯特罗娶了米尔塔·迪亚尔·巴拉特为妻。1950 年毕业后加入哈瓦那律师事务所,但他最爱的还是政治。虽然他对马克思列宁的思想表现出极大的兴趣,但卡斯特罗不是共产主义者(至少当时还不是)。他加入了奥多多党,这是反对巴蒂斯塔的左翼政党之一。受古巴长期争取独立斗争的启发,卡斯特罗反对拉丁美洲的美国帝国主义,抨击腐败,要求给予工人和古巴农民公正待遇。当巴蒂斯塔发动政变并突然取消选举时,他正准备在国会下院谋求席位。几天后,这位年轻的律师发表了谴责这种篡权行径的宣言,并呼吁恢复宪法。他宣称:"生活在枷锁中,就是生活在耻辱中!"①16 个月之后,卡斯特罗的急躁性子、乐于冒险、果断行动和良好声望充分展示在世人面前。

1953 年 7 月 26 日黎明,卡斯特罗对圣地亚哥的蒙卡达军营展开了大胆攻击。这座锯齿形的外墙里是古巴的第二大驻防部队。他的计划很简单:以迅雷不及掩耳之势夺取兵营和大型武器库,而当时大多数士兵仍在睡梦中;同时,使用较少的战斗人员占领隔壁的正义之宫,以及城市的医院和广播电台;然后要求恢复宪政,同时激发人民加入起义军。这个计划简单、大胆,但也是非常莽撞的。卡斯特罗的 150 多名起义分子——在学生政治中渐渐成长的理想主义青年,以及劳工、农场工人和一大批拿着步枪的白领专业人士,绝对不可能攻破重兵防守的堡垒,也不可能击败上千人的军队。在这种情况下,卡斯特罗的计划几乎立即暴露出它的不足,起义军(全部穿着军士制服,佩戴巴蒂斯塔的徽章)赶到军营房后不久就被军队的巡逻车发现。在几分钟之内,起义军被炮火压制。卡斯特罗回忆说:"除了枪声之外,我还记得那些震耳欲聋的警笛声。"虽然他设法逃跑了,但他的许多同伴并不走运。超过 60 人丢了性命——其中大部分人被抓获,然后遭受酷刑。军队和安保人员施加的刑罚令人发指,许多囚犯被枪托殴打,至少有三人被绑在吉普车后面被活活拖死。一个广为流传的故事是这样说的,海德·桑塔马利亚是两名参与未遂政变的年轻女性之一,在她接受审讯时,他们给她看了他哥哥阿伯尔的眼球(阿伯尔被俘了)。

---

① Thomas, *Cuba*, 817–21; Boot, 'M-26-7', 430–1; Sweig, *Inside the Cuban Revolution*, 5.

她的男朋友鲍里斯·德拉·科罗马也被折磨至死。在袭击之后，一些涉嫌参与的平民也遭逮捕，有些人惨遭杀害。8 月 1 日，卡斯特罗在郊外农场一个小屋里睡觉时被抓获，他逃过一死，只是因为捕获他的军官与许多同事相比，是一个比较正派的人。

卡斯特罗在秋季接受审判，被指控组织武装叛乱，反对国家宪法权力。他为自己辩护，在精彩的法庭辩论中，他试图揭露巴蒂斯塔政权对囚犯施加的可怕的、令人厌恶的罪行，并向国家和世界展示古巴人民的无休无止的不幸，他说"古巴人民正在遭受史上最残酷、最惨无人道的压迫"。他和起义分子是最勇敢的爱国英雄，致力于正义的事业，并指责总统为罪犯和窃贼。他在结束了冗长的演讲后，挑衅似地呼喊："我不怕坐牢，我不怕夺走了我 70 位同志生命的那个可怜的暴君。谴责我，这不要紧。历史将证明我无罪。"[1] 他的这番话是现代历史上最著名的政治演说之一，卡斯特罗从此变成了一个受欢迎的革命性标志。

卡斯特罗被判有罪，获 15 年监禁，与其他一些起义分子一起被关在古巴大陆南部 80 千米处的松树岛监狱。在这里，他充分地利用时间，广泛阅读，写了大量信件，努力巩固他刚开始的反对运动（很快就决定将组织命名为七·二六运动组织或 M-26-7，以纪念对蒙卡达的袭击）。一些 M-26-7 领导人在监狱图书馆开设辅导班，开始辅导战友们。卡斯特罗讲授哲学、世界历史和公众演讲课程。他以饱含热情的笔触给战友们写信，赞扬他们的纪律和精神，并自豪地说他们"学会了使用武器"，他们现在正在"努力学习为未来的重要战争做准备"。只在很短的时间里，蒙卡达起义分子的特权被暂停，卡斯特罗受到单独监禁，不久之后他们就被允许定期接待来访者，有足够的时间进行运动，甚至提高烹饪技能（牛油果酱、意大利面和煎蛋卷是卡斯特罗的拿手好菜）。经常有书籍、食物和雪茄 ——卡斯特罗承认，他牢房的地板上布满烟头，

---

① Boot, 'M-26-7', 432; Matthews, *Revolution*, 64–5; Thomas, *Cuba*, 843; Coltman, *Real Fidel Castro*, 87–8, 90.

生活远比想象中的要好。到 1955 年春天，变得更好了，那年 4 月份，巴蒂斯塔沐浴在经济快速增长和美国支持的光辉中，并且对自己控制权力的现状越来越自鸣得意，还颁布了大赦令——这已证明是灾难性的错误判断。5 月 15 日，菲德尔·卡斯特罗和劳尔·卡斯特罗以及七·二六运动组织的其他 18 名成员获得自由。在几个星期里，菲德尔·卡斯特罗开始了流亡。他去了墨西哥，声称："争取权利的时刻到了，要抓住，不要乞求；在这样的航行中，要么不回来，要么回来，将暴政踩于脚下。"[①]

1956 年 12 月中旬，除了菲德尔·卡斯特罗外，也许没有人相信这一小队格拉玛起义分子会取得胜利。事实上，卡斯特罗试图发动革命的行为被记者广泛称为"异想天开""令人怜惜"，甚至是"自取灭亡"。[②] 有谣言说他已经遇害了，美国合众国际新闻社甚至报道了他的死讯。《伦敦时报》在 12 月 4 日注意到卡斯特罗抵达古巴领导起义，自信地忽略其重大意义，指出巴蒂斯塔是一个"资深革命家"，并预测说"最近不太可能动摇他的地位"。[③]

许多格拉玛革命分子要么被杀，要么被俘，其余的分散逃离，七·二六运动组织的前景看起来很暗淡。有好几天，卡斯特罗身边只剩下两个人。他们只剩下几支步枪和 120 发子弹，大部分时间都是躲在甘蔗田里。卡斯特罗讲述了他们如何钻进枯枝烂叶和稻草之下，躲避低空飞行的飞机。50 毫米口径的机关枪射击，使他们身下的大地都在颤抖。卡斯特罗决意他不能被生俘，睡觉时就用步枪枪管顶在下巴上。慢慢地，格拉玛登陆小队的 20 个幸存者开始重新集结在加拉加斯山脉（海拔 1219 米）附近的马埃斯特腊山脚下。正是在这里，卡斯特罗发动了一场卓越的军事行动，使他在 1959 年 1 月 8 日向哈瓦那进军的攻势达到高潮——巴蒂斯塔于 9 天前的新年前夕，仓皇逃走。

① Coltman, *Real Fidel Castro*, 93–101; Matthews, *Revolution*, 67–8; Thomas, *Cuba*, 862–3. See Castro's letters from prison (especially those of 18 December 1953, 22 December 1953 and 24 March 1955) in Franqui, *Diary*, 66, 68, 71, 73.

② 'Cuba: Creeping Revolt', *Time*, 7 January 1957; 'The Violent Cubans', *NYT*, 4 December 1956, 38; 'Cuba Rebels Take to the Hills', *The Times*, 6 December 1956, 9.

③ 'The Cuban Revolt', *The Times*, 4 December 1956, 11.

马埃斯特腊山蜿蜒 160 千米，最宽处 48 千米，其高耸的山峰、陡峭的山坡和茂密的森林，是卡斯特罗起义军队的理想基地。马埃斯特腊山脉与起义分子有着长期的联系，哈瓦那政府的统治在这个偏远地区特别薄弱。此外，卡斯特罗和他的部队也有机会获得该地区无依无靠的、边缘化的和贫困农民的大力支持。卡斯特罗使用游击战术，伏击巴蒂斯塔的军队，希望能够抵消古巴军队在人力和物力的巨大优势，并引发大规模起义。

官方通报，古巴革命的成功并不仅仅是因为卡斯特罗山地游击队的勇气和英雄主义。近年来，

在古巴的赛拉－马埃斯特腊山脉，菲德尔·卡斯特罗（中间）和他的同伴在一起。

历史学家反复强调了城市反对派运动成员（不全部是卡斯特罗的支持者）的破坏作用，他们组织罢工，并为卡斯特罗部队提供源源不断的武器、弹药、医药、食品、金钱等重要资源。他们还分发了数以万计的卡斯特罗的《历史将宣判我无罪》（他著名的 4 小时庭审辩词）和其他 M-26-7 宣传册。受到教会、劳工运动组织、中产阶级的专业人士和古巴共产党支持的，与其他反对派组织结成的战略同盟，也发挥了关键作用。

卡斯特罗的成功也得益于他的竞争对手的错误判断和噩运（例如，富有魅力的学生领袖何塞·安东尼奥·埃切瓦里亚在 1957 年 3 月的一次注定失败的夺取总统府的战斗中失去了生命），以及敌人的致命缺陷。古巴武装力量虽然装备精良，但训练不力，意志消沉，精神萎靡。卡斯特罗的革命分子也因巴蒂

斯塔政府的残酷镇压受到锻炼，壮大了实力。巴蒂斯塔政府的措施非常严苛，包括取消宪法保障，并进行绑架、施加酷刑、实行谋杀。例如，圣地亚哥起义之后，数百人被关进监狱，20多名年轻人——政权的反对者——都失踪了。这些所谓的"恐怖分子"大多数被子弹射穿头部，有两个人在圣诞节期间被吊死在一条主要公路的树上。这种野蛮行径引起了广泛的愤慨，奥多多党甚至指责巴蒂斯塔试图将古巴变成"安的列斯群岛的匈牙利"。[①] 最终，这种严厉措施帮助公众果断地支持卡斯特罗。1958年3月，美国人表示对专制政权感到绝望，终于取消了对巴蒂斯塔的支持。

然而，1956年12月初，卡斯特罗似乎注定要经历表面上的失败，因为在全球范围内，"旧秩序"仍能够成功地维护自己的利益，比对手智胜一筹，使那些为自由而战的人处于守势。事实上，距离马埃斯特腊山脉12875千米远的南非联盟，种族隔离制度的捍卫者正在准备对反对他们的势力做狠命一击。

自由审判

我们不知道会发生什么。但感觉是，"他们永远杀不了156人"。

——南非共产党人，布兰奇·拉·古玛

纳尔逊·曼德拉在他的自传《漫漫自由路》中写道："1956年12月5日黎明之后，我被一阵急促而重重的敲门声惊醒。邻居或朋友不会以这样跋扈的方式敲门，我非常清楚，他们是安全警察。"三名军官来搜查曼德拉的家。在孩子们的忧郁目光下，他们搜查了抽屉和橱柜，将整个住宅都翻了一遍，试图找到有罪的材料。大约45分钟后，负责搜查的军官转向曼德拉说："我们奉命逮捕你，这

---

① 'Cuba: Creeping Revolt'; Thomas, *Cuba*, 909–10; Matthews, *Revolution*, 79.

是逮捕令。跟我走吧。"逮捕令上印着"HOOGVERRAAD"（叛国罪）。①从家中出来后，曼德拉被塞进警车，车沿着一条荒凉的公路行驶，然后进入约翰内斯堡市中心的律师事务所，在那里警察进行了第二次搜查。几个小时后，曼德拉被带到位于市中心马歇尔广场那规划凌乱的、红砖墙围着的警察局。

这位 38 岁的律师和颇具影响力的非洲人国民大会领导人很快发现，当天早上被捕的不止他一人。事实上，在一系列的全国范围内的搜捕中，已经有140 个反种族隔离活动人士被抓捕（一个星期以后又有 16 人被缉获）。所有人都被指控犯有叛国罪。那次行动令人难忘，在数百公里外的伊丽莎白港和开普敦被抓的人搭乘达科塔运输机飞抵约翰内斯堡军用机场。几天内，几乎所有自由运动的领导人都被关进约翰内斯堡的主要监狱里——位于城市中心山冈上的一座荒凉的被称为"堡垒"的城堡式建筑。曼德拉介绍，到达那里后，他和其他非白人一起被带到一个户外院落里，并被命令脱光衣服，并排靠墙站立。"我们被迫站在那里一个多小时，在微风中瑟瑟颤抖，感到尴尬。"尽管面临羞辱，曼德拉看着他的赤条条的同志时却忍不住笑出声来。"我第一次体会到这句格言的真理——人靠衣装。"他写道，"如果好的身体素质和令人赞叹的体格是衡量领导人的关键标准，那么我看到我们中间几乎没有人有资格。"②

站在监狱墙壁后面的那些人中，包括：祖鲁酋长，卫理公会牧师，非洲人国民大会主席、未来的诺贝尔和平奖得主艾伯特·卢图利，非洲人国民大会青年团的两名创始人沃尔特·西苏卢和奥利弗·坦博（也是曼德拉的法律合伙人），印度国会的余素夫·达都和阿曼·卡特拉达，共产党领导人乔·斯洛沃和他的妻子、战地记者鲁思·弗斯特，立陶宛移民和传奇工会组织者 E. S. 萨克斯，南非妇女联合会主席莉莲·恩戈伊，以及秘书长海伦·约瑟夫。被捕的人中还有少数白人妇女，譬如，1905 年出生于苏塞克斯的约瑟夫，她曾在伦敦

① Nelson Mandela, *Long Walk to Freedom: The Autobiography of Nelson Mandela* (London: Abacus, 1995), 231.

② Mandela, *Long Walk*, 233.

叛国罪审判被告——海伦·约瑟夫（第二排左起第三人）、纳尔逊·曼德拉（第三排右八）、沃尔特·西苏卢（第六排右四）、奥利弗·坦博（第七排最左边）。

国王学院接受教育，在印度当过女家庭教师，于 20 世纪 30 年代定居南非。她长期以来一直支持种族平等和人权平等，1953 年 10 月，她帮助成立了民主主义者大会党，为反对种族隔离的白人提供了一个家园。

　　堡内的生活异常残酷。排水和卫生设施有限，囚犯在去食堂时，必须跳过常年堵塞的尿坑，蹲在院子里吃着平淡无味的饭菜，而水泥浇制的围墙，上面布满铁丝网。监狱本身当然是以种族界限安排的，也是按性别隔离的。白人男性每两个人被关押在一个牢房，并提供毯子、枕头和床垫，但非白人同志被迫挤进狭窄的宿舍式牢房，只有爬满虱子的毯子，冷冰冰、硬邦邦的地上铺着薄草。六来自舒适的中产阶级家庭的白人妇女，由于老鼠四窜，无法入眠。

　　叛国罪囚犯必须遵守常规监规：早晨 5 点 30 分开灯，牢房门 6 点 15 分开锁，此时，囚犯们排起长队，使用盥洗室和厕所。早餐后，进行牢房检查，囚犯被允许在监狱的院子里活动，直到 11 点 30 分吃午饭，然后被关进牢房，直到下午 2 点 30 分。晚饭时，囚犯必须返回他们的牢房吃晚饭，4 点开饭，8 点熄灯。尽管允许他们接受探视，但大多数叛国罪囚犯都认为这种经历远远谈不上愉快。莱昂内尔·福尔曼和索利·萨克斯在他们的审判中解释说："五六个囚犯排成一排，站在铁丝网后，像关在笼子里的猴子。"铁丝网前是一条小通道和一个金属栅栏，后面站着探视者。"每个囚犯都在对来探视的亲属说话，每个亲属都会跟囚犯说话。没人能听到对方在说什么，所以每个囚犯都向他的亲属喊叫，每个亲属也都向囚犯喊叫。"不久，所有囚犯都会对亲属吼叫，亲属反过来向囚犯吼叫。这被证明是屈辱和令人头疼、神经紧张的经历。[①]

　　12 月 5 日戏剧性的逮捕，正如阿尔伯特·鲁奇利后来写的那样："故意算计，使犹豫不决的头脑充满恐惧，让全国人民都意识到统治集团有决心遏制所有反对派。"[②] 但是，如果比勒陀利亚的这个权力机构希望反种族隔离行动的领导人被吓倒，希望反对的声音很快消失，那他们就失望了。事实上，通过将国

---

　　①　bid., 38–9, 41–2; Rusty Bernstein, *Memory Against Forgetting: Memoirs from a Life in South African Politics, 1938–1964* (London: Viking, 1999), 166.

　　②　Albert Luthuli, 'Foreword', in Joseph, *If This Be Treason*, 7.

家领先的自由战士圈禁在一起，实际上有助于增强团结意识。正如曼德拉解释的那样，"我们中许多人的生活受到严格的限制，我们与人接触、与人交谈都成为非法举动。现在，我们的敌人把我们都聚集在一个屋檐下，成就了这个多年来规模最大、时间最长的会议……在等待审判的时候，我们有机会交换两个星期的想法和经验。"①

实际上，囚犯很快就制定了一个能够运用集体知识、交流经验、分享兴趣爱好的活动方案。有关于黑人历史和非洲音乐文化的游戏、辩论、讨论，所有这些都穿插着自由歌曲。有一次，卢图利酋长表演了激动人心的传奇的沙卡祖鲁战士音乐，大家都不约而同地跳起了传统沙卡祖鲁战争舞"印德拉姆"。曼德拉回忆，有些人优雅地扭动身躯，其他人就像寒冷的登山者抖掉身上的冰霜，他们热情洋溢、情绪饱满，在那一刻，种族、民族、阶级和政治上的区别似乎都暂时消融了。曼德拉解释说："对共同历史、文化、国家和人民的挚爱，把我们联系在一起……我们内心深处激荡着某种东西，一种强大而亲密的东西，使我们联系在一起……伟大事业的力量将我们联系在一起。"②

囚犯也受到外界的支持。人们成立了国防基金，作为支持囚犯的领导委员会它由开普敦大主教、威特沃特斯兰德大学校长、南非议会自由党和劳工组织、前高级专员和退休的最高法院法官等知名人士赞助。12月8日至9日，一些积极分子举着横幅，在公车站等公共场所表示支持。支持者们利用允许囚犯接受食物和其他礼物的机会，团结起来为他们提供报纸、书籍、衣服和食物（包括水果、蔬菜和肉类）。在福德斯堡郊区，一群印度妇女准备了咖喱鸡蛋、肉和鱼，而其他人则送去三明治、新鲜的咖啡，甚至还有炸鱼和薯条。

囚犯在12月19日星期三被带到作为法庭的陆军训练大厅——一座大型的屋顶镀锌铁皮的阴郁的谷仓——进行预审时（由一名地方法官主持的一系列听

---

① Mandela, *Long Walk*, 233–4; Elaine Unterhalter, 'The Work of the Nation: Heroic Masculinity in South African Autobiographical Writing of the Anti-Apartheid Struggle', in *The European Journal of Development Research*, vol. 12, issue 2 (2000), 163.

② Mandela, *Long Walk*, 234–5.

证会），公众也给予极大支持。伴随着警笛声，囚犯被带到警察局的临时法庭。当他们走近联邦球场（训练大厅对面的一片围着铁栏杆的沉闷的红土地）时，一大群支持者欢呼着、唱着歌对他们表示欢迎。他们走进训练大厅，那些神情严肃的士兵仿佛在列队迎接他们凯旋，大厅里顿时充满了节日的气氛，囚犯与旁听席上的数百名支持者相互致敬，庭审开始时，外面的人们高唱《天佑非洲》，震撼寰宇。

庭审几乎立即演变成一场闹剧，先是休庭安装扬声器（起诉律师听不到），接着是被告代理人的指定翻译英语不熟练。第二天，情况变得更加糟糕。听证会开始时，被告被迫进入特制的笼子（其中一个被告快速地写了一个标志牌，"危险，请不要喂食"，并挂在外面）。辩护律师气得脸色发红，而莫里斯·弗兰克斯坚持要求拆除笼子，否则整个辩护团队表示抗议。另外，在大厅外面，一大群人纷纷聚集在一起，挤在金属门上，希望进入法院。当警方试图将人群推回去时，一名警官突然下令用警棍将众人驱退。警察举起他们的警棍，开始摇晃，殴打老人抗议者、妇女和观看的新闻记者，一些年轻人开始扔石头报复。警察旋即拔出枪来，开始不分青红皂白地向人群射击。当人们试图逃跑时，他们继续射击。在暴力中，几乎没有人幸免。一位新闻记者说："在那些四处奔跑的人中间有一个非洲孕妇，跌跌撞撞，摔倒在地……警察抓住了她，在她肋部踢了三脚。"没有人死亡，20 人受伤。[①]

公诉案件的核心——证据是发表的演讲、文件和出版的著作，其中包括《自由宪章》和 8 日留在首相斯特里亚斯办公室的请愿书，就是被告与国际共产主义代理人协力合作，试图推翻南非政府。作为首席检察官，J. C. 梵·尼克尔克在冗长的开庭致辞结束时说："被告不仅主张革命性的变革是可取的，不可避免的，或即将来临的，而且还在南非联盟中积极鼓动动乱，鼓励欧洲人和非欧洲人树敌，并煽动联盟成员以武力和暴力的方式进行叛乱，反对现

---

① Forman and Sachs, *The South African Treason Trial*, 52, 53–4.

有政权。"①

12 月 20 日，所有被告终于获准保释，欧洲人为 250 英镑，印度人为 100 英镑，非洲人和有色人士则为 25 英镑，但是，他们受到严格的限制，譬如限制行动，并禁止政治活动。他们仍然身陷 4 年多的复杂法律斗争。不过，对 65 岁以上的被告人的指控被撤销，没有解释。1958 年 1 月，原有被告中有 91 人被带到比勒陀利亚特别法庭。两个月后，国家草率地撤销起诉，转而对 30 名被告提出新的指控。经过进一步的法律争辩，审判终于在 1959 年 8 月开始，于 1961 年 3 月 29 日结束，对所有被告均做出一致的无罪判决。②

当南非的自由斗争领导人面临可能的死刑判决时，美国的黑人活动家正在品尝一场来之不易的胜利成果。1956 年 12 月 17 日，美国最高法院驳回了蒙哥马利市政当局的最终上诉，从而使城市公交车上的隔离座位制度永远成为历史。经历了许多个月艰苦斗争的非洲裔美国人兴高采烈，这当然可以理解。得知判决的消息时，乔治娅·吉尔摩正在厨房里听广播播放的福音音乐，"我很激动，我只是不相信……我跑到外面，看到我的邻居，她说是的，我们高兴极了。我们觉得我们已经完成了没有人会想到的事情。"乔·安·罗宾逊为了取得胜利付出了很多，她和许多城市的积极分子一起欢呼。她回忆说："我们赢得了自尊……我们觉得我们真是了不起……我们迫使白人给予我们公民身份。"③

马丁·路德·金和蒙哥马利改进协会已经为这一时刻准备了好几个星期，并举办了一系列非暴力培训讲习班，好让自由积极分子们准备好，迎接即将到来的种族融合。金着重宣扬和解的信息，强调抵制运动的目的是为所有人创建"爱心社区"——黑白人民都有尊严，能够受到平等的对待。在种族融合的裁决即将生效的 12 月 21 日晚上举行的两次蒙哥马利改进协会大会上，人们被

---

① 'Preparatory examination in the matter of Regina vs 153 individuals on a charge of high treason.

② Mary Rayner, 'Law, Politics, and Treason in South Africa', *Human Rights Quarterly*, vol. 8, no. 3 (August 1986), 474, 475, 477; Joseph, *If This Be Treason*, 18–20.

③ Hampton and Fayer, *Voices of Freedom*, 32.

提醒要平静地、有尊严地迎接公交车废除种族隔离的事实。向非洲裔美国人发出的具体指示包括："除非巴士上没有其他座位，否则不要故意坐在白人身边，如果受到谩骂，不要还嘴。如果被推搡，不要还手。如果被打，不要还击，而且随时随刻都要表现爱与善意。"他们还被提醒说，"胜利不仅属于黑人，而是属于所有的蒙哥马利人和南方人"。①

第二天早上 4 点到 6 点，白人和平主义人士格伦·斯迈利、E. D. 尼克松、罗莎·帕克斯和拉尔夫·阿伯纳西，以及蒙哥马利改进协会主席来到金的家。几分钟后，这一行人在附近的一个角落登上了当天的第一班巴士。新闻摄影师们走后，金付了车费，坐在前面一个座位上，这在以前是专为白人预留的。斯迈利坐在他旁边的座位上。蒙哥马利非洲裔美国公民经过 382 天的自律和自我牺牲，最终赢得了胜利。

① 'Seminars on Non-Violence', *MIA Newsletter*, vol. 1, no. 5 (26 November 1956), 1–2, in John H. Bracey, Jr, and August Meier, eds, *Papers of the NAACP, Part 20: White Resistance and Reprisals, 1956–1965* (Bethesda, MD: University Publications of America, 1996), reel 5, 'Alabama-Montgomery Bus Boycott, November 1956–1957, Emory University.

1956
The World in Revolt

结　语

　　明天的午夜将会毫不留情地到来……伴随着的还有痛苦、希望、恐惧以及多年期盼的狂喜。但是无论哪种情况，我们还不知道是新的黎明或极端的黑暗，我们所能做的就是召唤我们的勇气和智慧，继续前行。

——《纽约时报》，1956 年 12 月 30 日

　　在 12 月的最后一个星期，《纽约客》传出消息："1956 年是不平凡的一年，自第二次世界大战以来，在东德地区首次租用礼帽。"① 这样的琐事无疑是在 12 个月的动荡之后给人一些慰藉。这是极不寻常的一年，全球紧张局势从东欧阵营的卫星国家一直蔓延到塞拉利昂的曼斯特，从苏伊士运河区到美国南部。

　　1956 年在国际共产主义的历史上是决定命运的时刻。用马克思主义历史学家和终身共产主义者埃里克·霍布斯鲍姆的话来说："十月革命创造了世界共产主义运动，苏共'二十大'将其破坏。"②

　　赫鲁晓夫虽然因苏共"二十大"之后涌现的反对意见而动摇，但他仍然坚持实行改革（在 1964 年被驱逐之后才结束）。在接下来的几年中，作家和艺术家被允许更自由地进行创作，并引入了加强苏维埃公民权利的新的刑法，实

---

① 'The Talk of the Town', *New Yorker*, 29 December 1956, 15.

② Hobsbawm, *Interesting Times*, 201.

施了教育改革，而且，在缓解长期住房短缺的矛盾和提高生活水平等方面都有了长足的发展。但改革并不总是成功的。例如，赫鲁晓夫的农业政策证明是灾难性的——但是他重新启动苏维埃项目的企图的确取得了成功。（正如米哈伊尔·戈尔巴乔夫和他的苏共"二十大"之后成长起来的同胞们在 20 世纪 80 年代认识到的那样，实行重大改革而不使整个苏联崩溃，是一项非常困难的任务。）1959 年夏，赫鲁晓夫向理查德·尼克松吹嘘，苏联将很快赶上美国，然后，"甩掉美国"，但许多西方评论家对此深表怀疑。

在越南民主共和国，共产党领导人胡志明放宽对政治意见和艺术见解的限制，鼓励人们发表不同意见。然而，在 1956 年年底，经过数月的激烈批评，新政策发生逆转，期刊被封闭，一些知名人士失踪，其他人被送到劳教所。11 月份，义安省（在河内南 150 千米）事件引起了异常恐慌。月初，当地几千个农民拿着农具和简陋的武器在地区首府琼琉游行，表达他们对土地改革方案的愤怒（通过暴力和不加选择的报复手段）。胡志明迅速地派出一个师的兵力进行镇压。起义者头目被追捕杀害，还有数千人被强迫离境。此时，南越的吴庭艳开始了恶性的反共运动：取缔工会，将涉嫌"颠覆政权者"送到"再教育中心"或下令处死，并发起声势浩大的宣传攻势，武断地取消了全国选举。根据 1954 年《日内瓦协议》的规定，越南应该实现统一，但是，吴庭艳在美国的军事支持下进一步加强了权力的掌握。1956 年 4 月，美国开始对南越军队进行训练，艾森豪威尔总统迅速将美国军事顾问的人数翻了一番，总共达到了 7000人。[①] 这一做法为美国陷入灾难的泥潭埋下祸根。

在东欧，赫鲁晓夫的"秘密报告"也引发了一系列事件。事实上，在这样特殊的日子里，匈牙利革命似乎看到了胜利的曙光。虽然苏联红军镇压了起义，但对于数百万普通的匈牙利人而言，随后的岁月实际上比许多人担心的要好得多。卡达尔·亚诺什政府提出了一系列改革，试图赢得人民群众的支持（或至少获得勉强的接受）：开放高等教育，取消对技术和行政职位的垄断，允许更多的

---

① Moyar, *Triumph Forsaken*, 58–9, 64–7.

宗教和文化自由，准许匈牙利人前往西方旅行（1954 年，只有 100 人，而到了 1962 年，这个数字是 12 万）。农业和经济政策也有变革，为私人企业打开方便之门，奖励有才干的个人。经济表现良好，在革命后的 10 年中，实际工资增长了 47%，匈牙利人比东德、波兰和罗马尼亚的同时代的人们更容易获得消费品，生活水准更高。此外，匈牙利人不再需要参加强制性的政治会议。卡达尔有句著名的愤世嫉俗的格言：" 不反对我们，就与我们在一起。" 卡达尔的匈牙利可能是 " 东欧最快乐的国家 "，但要求苏联撤军的呼声再次回响在英雄广场。

军事力量能够使苏联维持其东欧帝国，但代价沉重。对匈牙利的干预否定了莫斯科的声明——代表一个理想主义的全球革命运动，力图满足人民群众的需要并得到真正的民众支持。20 世纪 60 年代，左翼理想主义者不会去莫斯科寻求灵感，而是去菲德尔·卡斯特罗和切·格瓦拉的古巴。

事实上，古巴革命的影响远远超过了加勒比地区，而不仅仅是 1962 年 10 月份的那 13 天，当时，岛上因苏联部署导弹，局势紧张，世界正处在核毁灭的边缘。革命的古巴在卡斯特罗的领导下，激励了整个拉丁美洲的社会主义，并在反帝国主义、种族主义和资本主义的全球斗争中发挥了重要作用。例如，卡斯特罗为阿尔及利亚和安哥拉的左派革命家提供了绝对的支持，并发起了大规模的民间援助计划——免费培训了 4 万名来自第三世界的卫生专业人员，并向国外派出数以万计的古巴医务人员。[①] 在 20 世纪 50 年代末和 60 年代初期，许多非洲裔美国人为卡斯特罗的种族平等的明确立场所吸引，看到了古巴革命将建立新世界的可能性。正如记者拉尔夫·马修斯于 1959 年在《巴尔的摩黑人》一书中所写的那样：" 每一个白人，之所以殴打、欺凌、虐待有色人种，也就是因为他是白人。而其他有色人种，在下意识中都有这样一种想法——桌子有可能会翻过来。卡斯特罗证明了这一点。" 1960 年 9 月，卡斯特罗前往纽约，准备在联合国大会上发表演说，但联合国大会要求他的代表团提前付款，而且必须付现金，这令他极为愤怒，他气冲冲地从曼哈顿中心的谢尔本酒店冲

---

① Chomsky, *History of the Cuban Revolution*, 97–105.

出来，改在位于哈莱姆市中心的特也撒酒店入住，在那里他受到了热烈的欢迎。一年后，美国政府妄图推翻他，不过许多黑人领袖、活动分子和知识分子都大声疾呼反对。卡斯特罗对南非种族隔离制度进行了批判，他的革命政府也为纳尔逊·曼德拉的非洲人国民大会提供了极大的支持和鼓舞。

虽然它的光泽最终会消失，古巴革命的成功也重新激发了欧洲和美国的左派运动，其中许多人在苏共"二十大"和苏联干预匈牙利之后，一直努力寻找他们的情感支柱。有趣的是，鉴于卡斯特罗后来对莫斯科的忠诚，古巴革命家及其盟友试图利用人们对布达佩斯战士的同情，在两场战争中都取得胜利。例如，七·二六运动的古巴裔美国人支持者，打着谴责美国支持的巴蒂斯塔政府为"美洲匈牙利"的横幅进行游行，而卡斯特罗问："为什么害怕解放人民，不管是匈牙利人还是古巴人？"1957 年春，爆发了耸人听闻的消息，三个美国青年——他们都是关塔那摩湾美国海军人员的孩子——拿起武器，效忠卡斯特罗，其中一名新兵讲述了巴蒂斯塔的残忍、专制和独裁，并说是匈牙利战士为他们树立了榜样，激励着他们"为世界的自由尽自己的一份力量"。这种感觉即将到来，卡斯特罗和他的同志（首先是切·格瓦拉）将成为 20 世纪 60 年代激进分子的革命偶像。历史学家、肯尼迪总统的前顾问亚瑟·施莱辛格说，学生们把卡斯特罗看成是"组织人们蔑视现行制度的时代弄潮儿"，他召唤了十几个好朋友，推翻了一个邪恶的老人政府。当然，七·二六运动使用的游击战也颇有影响力，这影响了白人左翼分子在 20 世纪 60 年代末期转而使用武装斗争。切·格瓦拉认为不仅要反对经济剥削，而且要防止"异化"力量对新一代学生的侵蚀。[①]

* * *

1956 年初，战地记者鲁思·弗斯特在南非反种族隔离制的月刊《战斗宣

---

① Ibid.; Chomsky, *History of the Cuban Revolution*, 41–2; Arthur M. Schlesinger, Jr, *A Thousand Days: John F. Kennedy in the White House* (Boston: Houghton Mifflin, 1965, 2002), 220.

言》上撰写文章，声称："这是 1956 年。殖民地人民已经学会了为自由而斗争的科学。而过去的武器证明对现在的斗争无效。"① 虽然殖民主义仍然在苟延残喘，但是 1956 年是一个分水岭，此后，必将加速对老欧洲帝国的侵蚀。苏丹、突尼斯和摩洛哥均在独立国家中占有一席之地；在特立尼达，人民民主运动在埃里克·威廉姆斯的领导下席卷而来，埃里克·威廉姆斯成为该岛第一位黑人总督（他将在 1962 年领导该国实现完全独立），最终达成了结束殖民统治的协议，这个协议促成了加纳的形成。

克瓦米·恩克鲁玛领导加纳人民实现独立，与殖民地时期之后的世界其他地方一样，催人警醒。但在 1966 年 2 月，恩克鲁玛在军事政变中被拉下台，真正意义上的多党民主直到世纪末才恢复。加纳独立在一定程度上得益于撒哈拉以南的非洲首先投降的欧洲殖民势力，这是一个前所未有的革命时期，激励着反殖民地民族主义者及其在非洲和加勒比地区的支持者。例如，在坦噶尼喀的东非地区，国家主义领导人朱利叶斯·尼雷尔被克瓦米·恩克鲁玛的历史性胜利深刻感染。尼雷尔迄今被视为一个渐进主义者，他像是打了鸡血一样敦促伦敦确定独立日期，呼吁国际支持，威胁要发动大规模抗议活动，并暗示如果没有实质性让步，他可能会要求"现在自治"。1957 年 3 月 26 日，联邦众议院一致通过了一项由民族主义政治家塞缪尔·阿金托拉提出的议案，要求在 1959 年之前实现自治。在这种情况下，尼日利亚将在 1960 年赢得独立，坦桑尼亚将在一年后实现独立。印度尼西亚苏加诺总统说，加纳独立打开了大门，在 10 年之内，英国的大部分正式的帝国将被历史所埋葬。

出生在马提尼克的心理医生、知识分子和民族解放阵线卫生官员弗朗兹·法农，在 1961 年出版的《全世界受苦的人》写道："殖民政权的暴力与当地的反暴力相互平衡，并对彼此具有非凡的互惠性。"② 到 1956 年年底，由于法国人在阿尔及利亚维持自己的地位，因此这种模式似乎坚定不移。例如，12 月

---

① Ruth First, 'Our New Age', *Fighting Talk*, vol. 12, no. 1, January 1956, 2.

② Frantz Fanon, *The Wretched of the Earth* (London: Penguin Classics, 2001), 69.

28 日上午，阿尔及利亚市长联合会的 74 岁主席在法属阿尔及尔的商业中心米什莱，于光天化日下被人开枪打死。第二天，成千上万的人士在送葬队伍经过时纷纷排列在街道上致敬。当时有一个炸弹，可能计划在悼念的人群到坟墓时爆炸，结果提前被发现，引发了众人的愤怒。一个相当强壮的男子，穿过街道狂奔，砸碎车窗。一些年轻的民众用铁棒猛砸女人的头。这场骚乱造成 8 人死亡，48 人受伤。[①]

　　1956 年下半年，吞噬阿尔及利亚首都的可怕暴力行为是阿尔及尔战役中的小的开场。从这次军事遭遇可以看到民族解放阵线的战斗历程，这成为济罗·朋沃的标志性电影的主题。但是法国的胜利付出了极大代价。对民族解放阵线嫌疑犯的夜以继日的折磨加上大规模拘留和严厉的镇压措施，摧毁了法国在阿尔及利亚的人道主义形象。法国公众对滥用酷刑和其他战争罪行感到震惊，旋即拒绝支持战争；加上巴黎的财政枯竭，法国要继续维系其统治的妄想是站不住脚的，这已经变得越来越明显。此外，反抗分子和军队中持同情态度的人们逐渐结成同盟，威胁着法国政府的统治。面临重大政治危机和未遂军事政变，夏尔·安德烈·约瑟夫·马里·戴高乐在 1958 年夏天重新执政，并迅速颁布了新宪法，以取代赢弱无能的法兰西第四共和国。戴高乐认为阿尔及利亚的战争对法国造成了难以忍受的压力——削弱军事、政治、经济和外交力量，破坏与盎格鲁－撒克逊国家之间的平衡状态，并削弱其塑造一个新的欧洲的重要作用——故而，他寻求谈判解决问题。受到殖民者文官统治和持不同政见的军官的进一步挑战，戴高乐下定决心结束这场战争。经过旷日持久的谈判，法国于 1962 年 3 月 18 日与民族解放阵线组织达成协议——阿尔及利亚于 7 月 1 日成为独立主权国家。这场激烈的冲突夺去 1.8 万名法国军人的生命，

①　Horne, *Savage War of Peace*, 187; Evans, *Algeria*, 189; 'France: Algerian Bloodshed', *Time*, 14 January 1957.

造成数千名欧洲平民和3000多名阿尔及利亚人丧生。①它也标志着"欧洲阿尔及利亚"的终结，几乎所有殖民者都离开了那个国家。仅在1962年4月至8月期间，就有70万人逃到法国大陆。②

1956年，英国陷入血腥的殖民冲突。塞浦路斯斗士国家组织发起希腊与塞浦路斯合并运动，试图捍卫自己在塞浦路斯的战略利益。事实上，1956年是斗争最为激烈的一年，共发生大小2500次冲突，造成210人死亡。③而且，岛上存在着分裂的征兆，希腊和土耳其两国之间的关系日益恶化，进而演变为严重的族裔间的暴力。1957年3月，格里瓦斯上校宣布停战，表明了塞浦路斯斗士国家组织的抵抗运动的结束。

在派别冲突背景下，经过激烈而艰苦的谈判，1959年2月终于达成了最终解决的纲要：英国解除紧急状态，给予大部分的塞浦路斯斗士国家组织战斗人员大赦；除了两处256平方千米的基地外，英国同意交出该岛的主权；塞浦路斯独立，得到英国、希腊和土耳其的支持；明确禁止希腊与塞浦路斯合并运动和岛上的任何分裂行为，但这没能阻止这个国家在1974年走向事实上的分裂——为了应对希腊发起的政变，土耳其军队占领了该岛的东北部。新宪法明确了一个由希腊总统和土耳其副总统组成的总统制，土耳其少数民族也在部长会议和众议院中占据了30%的席位。④1960年8月16日，一个由新当选的总统马卡里奥斯三世领导的塞浦路斯共和国诞生了。

在1956年，欧洲主要大国财富缩水和地位的削弱也体现在苏伊士运动，

① James F. McMillan, *Twentieth Century France: Politics and Society 1898–1991* (London: Arnold, 1992), 162–7; Evans, *Algeria*, 231–40, 261–312, 336–7; Boot, *Invisible Armies*, 369–77; Betts, *France and Decolonisation, 1900–1960*, 107–13; Conklin, *France and Its Empire*, 273–4, 279–84.

② Evans, *Algeria*, 320, 340–1.

③ Holland, *Britain and the Revolt in Cyprus*, 158; Brendon, *Decline and Fall*, 622; Crawshaw, *The Cyprus Revolt*, 203; W. Byford-Jones, *Grivas and the Story of EOKA* (London: Robert Hale Limited, 1959), 91.

④ Crawshaw, *The Cyprus Revolt*, 340–1, 360; Hyam, *Britain's Declining Empire*, 270; Brendon, *Decline and Fall*, 622–5; Bölükbaş., 'The Cyprus Dispute and the United Nations', 414–15.

这场事件将对所有利益相关者产生深远的影响。

对以色列来说，短暂的冲突终止了对堤蓝海峡的封锁，也换来了10年的和平，这归因于根据停火协议驻扎在埃及边界的数千名联合国部队。但从中期来看，以色列采取的激进行动，只是加剧了更广泛的阿拉伯和以色列之间的冲突。在1967年6月爆发的另一场战争中，这个犹太国家对埃及、约旦和叙利亚也发动袭击。与1956年一样，以色列国防军表现出超常的军事优势，这次以色列也获得了巨大的领土收益，特别是加沙、东耶路撒冷和约旦河西岸，对该地区和世界造成了严重后果。

法国人对英国人取消"火枪手行动"感到非常生气，在当时他们认为决定性的胜利已经触手可及（摩勒请求艾登再延长两三天），英国人取消行动使法国指挥官坚定地认为必须装配两栖舰艇和远程飞机，以使他们能够在未来单方面采取行动——可能在北约的综合指挥结构之外（他们将在10年后退出）。法国不再信赖英国，转而寻求与西德展开合作，从而为强大的法德轴心奠定基础，将继续确定西欧在21世纪的政治和经济格局。

对于事件中的两位核心人物而言，苏伊士危机的结果截然不同。在埃及，纳赛尔似乎无懈可击（他的同僚们尊称他为"老板"），他从危机中脱颖而出，成为阿拉伯世界的真正英雄，是反殖民主义的象征。在接下来的10年中，纳赛尔将是在中东和北非地区推动反帝国主义、实现社会主义和阿拉伯团结的核心（他最显著的成功是在1958年将埃及和叙利亚合并，创造了阿拉伯联合共和国，尽管这只是昙花一现）。然而，对于安东尼·艾登爵士来说，苏伊士事件无疑是惨痛的失败。1956年11月23日，身心疲惫的艾登和他的妻子克拉丽莎，到伊恩·弗莱明在牙买加的白颊鸭别墅度假。尽管艾登在1月14日回到伦敦时看起来很轻松，但医生建议说，他的健康再也无法让他承受来自最高权力机构的沉重负担。1957年1月9日，艾登向内阁说明自己的打算，驱车前往白金汉宫，在那里他向女王提交了辞呈。他长期的公共服务生涯以失败告终。

60年过去了，一切早已物是人非，时过境迁，历史学家仍然就苏伊士事件对英国的意义争论不休。人们当然不应对其有任何夸大。苏伊士事件并没有导致英国丧失在中东的影响，也没有阻止英国政府利用其军事力量维护英国在该地区的利益（例如，1957 年至 1961 年之间，英国先后干涉阿曼、约旦、科威特和亚丁的内政）。值得注意的是，大英帝国势力早在苏伊士事件发生之前就已经衰落了：印度次大陆殖民统治的结束，苏丹独立，黄金海岸和马来亚结束殖民主义统治，以及最初撤离苏伊士运河的决定，以上林林总总的事实都已证明了这一点。正如艾登所说，这个危机有点儿糟糕，"与其说是改变了我们的命运，不如说是揭示了现实"。①

但苏伊士事件仍然是一个分水岭。最重要的是，它象征着古老的帝国心态与战后世界的恶劣的地缘政治真理之间的鲜明对比。英国试图独立于美国和联合国，采取行动去保护它所认为的重大利益，却以失败告终。更糟糕的是，对英国权力的限制已经暴露在整个世界之前，破坏了其国际声誉。英国的明显弱点可能激化了反殖民主义力量，也许加速了帝国的终结。同时，当涉及与美国的关系时，由于艾登的继任者哈罗德·麦克米伦的艰苦努力，跨大西洋联盟得以迅速恢复。但是，代价是屈从于华盛顿。当然，在怀特霍尔②，人们形成这样一种信念，即在重大外交政策问题上，英美两国不应该有明显分歧。

苏伊士事件在英国国内也成为一个转折点，有助于削弱英国当权派的权威和令人窒息的顺从文化。正如历史学家罗纳德·黑姆所说，苏伊士事件完全打破了年轻一代的信任和信心，以及他们对政府的忠诚（对一些老一辈人也是如此），因此，完全有助于迎接"60 年代"的所谓的不公正、自由和反专制精神。

最后，面对英国在中东地位的明显下滑，美国迅速采取行动填补了这一空白。1957 年 1 月 5 日，艾森豪威尔总统（在两个月前以压倒性的优势再次当选）

---

① Tore T. Petersen, 'Post-Suez Consequences: Anglo-American Relations in the Middle East from Eisenhower to Nixon' and Stockwell, 'Suez 1956 and the Moral Disarmament of the British Empire' in Smith, ed., *Reassessing Suez 1956*; Darwin, *The End of the British Empire*, 70; Thomas, *Fight or Flight*, 168, 188; Sandbrook, *Never Had It So Good*, 25.

② 怀特霍尔是英国行政中心威斯敏斯特市的一条街道，分布着首相府、财政部、外交和联邦事务部等众多英国政府办公机构。

在国会联席会议上发表了重要讲话，宣称美国将在必要的时候单方面帮助任何中东国家，反对"国际共产主义的威胁"。① "艾森豪威尔主义"（美国在1957年提出的关于向中东提供援助以遏制共产主义的主张）标志着美国外交政策发生了重大转变。

1956年也是全球反对白人至上主义斗争的重大转折点。例如，种族隔离的反对者很快宣布蒙哥马利巴士抵制取得历史性胜利，全国有色人种进步协会的罗伊·威尔金斯宣称，它已经向全世界证明，黑人拥有"持续集体行动的能力"，"非暴力抵抗种族暴政"的努力终将成功。他甚至将蒙哥马利描述为"新解放运动的和平之都"。② 但是，随着塔斯卡卢萨、曼斯菲尔德和克林顿的街头的种族隔离主义暴徒走上街头滋事生非，足以证明种族平等的道路不是顺利的。即使蒙哥马利的胜利结局也出人意料，在新年之交就发生了一连串的枪击和爆炸事件，这场丑恶的恐吓活动，使白人温和派闭口缄默，也收紧了该市的种族隔离法律。例如，1957年3月，城市委员会宣布："白人和有色人士一起玩耍，或者一起做任何游戏，包括纸牌、骰子、多米诺骨牌、跳棋、游泳、台球、垒球、篮球、棒球、足球、高尔夫、轨道，以及在游泳池、海滩、湖泊、池塘等任何室内室外进行运动或比赛，都属非法。"第二年，当蒙哥马利改进协会提出诉讼，要求废止市政公园的种族隔离时，市政府迅速将所有这些公园统统关闭，直到1965年2月才重新开放。1957年8月，在由罗莎·帕克斯引发的巴士抵制运动结束8个月后，她发现自己无法找到正常工作，健康状况每况愈下，而且常遭受死亡威胁，最后，她不得不离开蒙哥马利前往底特律。但是，巴士抵制运动在非洲裔美国人争取自由的斗争中起着决定性作用，这一点是毋庸置疑的。虽然金在1957年发起的"公民十字军东征"和"自由祷告朝圣"等运动有一些有失误，但是蒙哥马利巴士抵制运动有其成功必然性：强大

① Lucas, *Britain and Suez*, 113.

② 'Statement by Roy Wilkins, Executive Secretary, National Association for the Advancement of Colored People, for *Liberation* Magazine', 15 November 1956, 1–2 in NAACP Part 20, Reel 5, Alabama-Montgomery Bus Boycott, November 1956–1957.

的地方领导，群众直接行动，明确承诺非暴力（至少在公共场合），将废除种族隔离制度作为冷战时期的爱国利器，当然还离不开马丁·路德·金本人的领导魅力。金及其组织者——南方基督教领袖会议（巴士抵制运动开始后立即成立），将成为 1963 年的伯明翰和 1965 年的赛尔马的标志性民权运动的领导核心。在这些事件中，非洲裔美国人及其盟友被大规模地动员起来，一举埋葬种族隔离制度。

蒙哥马利巴士抵制运动大获成功也令曾在美国学习和工作多年的 Z. K. 马修斯大为振奋，此人为南非黑人人类学家、活动家和叛国罪被告。马修斯在纽约的《解放》杂志上发表文章写道：“全世界各地爱好和平的人们都对蒙哥马利人民的斗争方式感到鼓舞……从而站起来争取他们的权利。”他还说：“他们的模范例子为世界其他地区遇到类似问题的人们提供了灵感。”[①] 但是，当马修斯面对他心爱的南非时，他自己的非暴力变革的愿望变得难以实现。

南非的叛国罪审判没有立即结束人们对种族隔离制度的非暴力抵抗。例如，在 1957 年的初期，在东开普省的亚历山大市发生了高效的巴士抵制活动。在一分钱加价的带动下，数以万计的当地居民支持巴士抵制活动，谴责巴士中的不合理现象：过度拥挤，司机粗鲁，班次不足，路线不便，黑人妇女面临着危险。城乡两地的黑人妇女继续抵制通行证制度。在 1958 年 6 月至 1959 年 6 月期间，纳塔尔省有大约两万名妇女抗议强制拆迁、通行证制度、低工资和农田的丧失。叛国罪审判也没有整垮运动领导人。事实上，通过把他们集中在一起这么长时间，有助于巩固和加深个人关系，并提供了一个可以集体商定战略方针的论坛。正如建筑师和共产主义者伯恩斯坦所回忆的那样，约翰内斯堡训练大厅促成了一种同志精神，将一群陌生人变得更像一个大家庭，结果是形成了一个坚强的领导层，“以前来自不同地方和不同组织的人……种族、文化、阶级和意识形态各有分歧，现在比以往任何时候都更加团结、统一、有

---

① Burns, *Daybreak of Freedom*, 317 .

效"。^① 事实上，根据一位历史学家所说，叛国罪审判使"斗争真正成为国家的斗争"。^②

戏剧性的审判也有助于动员国际力量反对种族隔离。例如，在伦敦，圣保罗大教堂的约翰·科林斯教士创立了英国国防和援助组织，为叛国罪被告筹集资金；几十年来，作为一个国际防务与援助，它将为受监禁的活动分子的家属提供重要的法律和物质支持，并将不懈地抗议邪恶的种族隔离制度。同时，在美国，成立于 1953 年的美国非洲委员会——由少数和平主义者和民权先驱者组成——为叛国罪被告提供了 7.5 万美元的援助。^③

虽然有这些积极的方面，但叛国罪审判对运动造成了严重打击，浪费了大量的时间、精力和资源，否则这些可能用在反对种族隔离的斗争中；家庭关系和家庭财政也饱受压力，并使许多有才华、有经验的领导人、战略家和组织者的活动受阻。这次审判是南非政府决心粉碎所有异议人士的一个明确的信号，这一立场在 1960 年 3 月 21 日进一步突显，当时有 69 人在沙佩维尔镇抗议通行证法律时遭枪杀。在审判结束的时候，非洲人国民大会被禁止活动，显而易见，试图使用大规模直接行动和非暴力民事诉讼推翻种族隔离制度的局限性已经暴露出来。目前，自由斗争中的关键人物，正在准备采取武装抵抗，即将在南非陷入困境的历史中开创一个新的时代。

在 1956 年期间，许多走上街头进行示威、要求变革的人们，以及那些安逸现状的人们都知道他们所处的全球背景；事实上，有些人认为自己已成为一个更大的、相互关联的故事的一部分。

在国际上，人们援引外国斗争来挑战现有秩序。例如，一些波兰人想知道波兹南事件是否与在塞浦路斯针对英国人或在北非针对法国人进行的解放斗争有所不同，而在 8 月走上布达佩斯街头的革命分子一开始就大声宣扬了波兰

① Bernstein, *Memory Against Forgetting*, 176–81; Sisulu, *Walter and Albertina Sisulu*, 160.

② Dubow, *Apartheid, 1948–1994*, 70–1.

③ George M. Houser, 'Meeting Africa's Challenge: The Story of the American Committee on Africa', *Issue: A Journal of Opinion*, vol. 6, no. 2/3 (Summer 1976), 16–17, 20.

与匈牙利的友谊。在南非，非洲人国民大会将其反对种族隔离的斗争视为反抗欧洲殖民主义运动的一部分，并对黄金海岸、尼日利亚和阿尔及利亚民族主义者取得的进步表示欢迎，还表示支持纳赛尔反对英国和法国的斗争。反种族隔离主义者也越来越对美国方兴未艾的自由运动感兴趣。例如，5 月份，非洲人国民大会的阿尔弗雷德·哈奇森写信给奥瑟琳·露西，对她的勇气表示钦佩，并敦促"美国青年加倍努力争取平等"。哈奇森声称"勇敢的自由之风"正在"吹"，承诺誓与美国的"战友"同仇敌忾，宣称"无论艰难与险阻，我们与你们息息相关、生死与共"。①

马丁·路德·金把 1956 年当作全球革命的一年。回顾过去 12 个月的重大事件，他看到"世界各地的人都在起义……非洲在争取独立，匈牙利在殊死斗争，而美国黑人争取成为一流公民的斗争与他们不可分割地结合在一起"。② 金显示出敏锐的洞察力。1956 年，全球各地的人们——从蒙哥马利到布达佩斯，从约翰内斯堡到华沙，从哈瓦那到开罗——纷纷涌上街头，大声疾呼，要求自由。他们令人振奋的胜利和惊天动地的失败既改变了他们的世界，也改变了我们的世界。

① Alfred Hutchinson, 'Against the College Colour-bar', *Fighting Talk*, vol. 12, no. 5 (May 1956), 9.

② 'A Statement to the South and the Nation' issued by Southern Negro Leaders Conference on Transportation and Nonviolent Integration, 10–11 January 1957, Atlanta, GA.

1956
The World in Revolt

致 谢

创作此书时，承蒙众多友人的多方相助，在此，谨表示真诚的感谢。

我创作《1956：觉醒的世界》时，一直在利兹大学历史学院，我谨对慷慨帮助过我的同事们致以深深的谢意。我们系和艺术学院提供资金助我查阅档案，休假一年。我也得益于艾森豪威尔基金会和罗斯福研究中心的慷慨支持。彼得·安德森、凯斯特·阿斯登、西蒙·皮尔、马尔科姆·蔡斯、马丁·埃文斯、丹·埃克塞特、莫里茨·福尔默、马修·弗兰克、奥斯卡·何塞·马丁·加西亚、吉姆·豪斯、威尔·杰克逊、克里斯多夫·拉胡特、乔治·刘易斯、帕维尔·马切奇、安妮塔·帕兹莫斯卡、丹·斯顿、布莱恩·沃德和黑尔·威尔德对所提问题不厌其烦地解答，并提出了许多有益的建议；艾米利亚·吉姆瑞克、文森特·黑瑞拜恩和约翰·苏哈斯基翻译了各种文件；罗萨里·亚科勒、尼古拉斯·普洛南、约翰·苏哈斯基和玛利亚·苏哈斯基为我讲述他们在1956年的故事。对上述友人的慷慨帮助，我深表感谢。谢恩·多伊尔、尼可·格兰特、安德鲁·普林斯顿、乔·斯特里特，帮我审阅手稿，并提出深刻见解和尖锐批评，对此我深表敬意。我特别要感谢的人是马克·B.史密斯，他帮我解答所有问题——从美国外交政策的结构性问题到波兰香肠的长度！

创作此书时，我也不可避免地参考了其他学者的著作——一如详细的注释和参考文献所示，这令我获益匪浅。我还要感谢瓦尔斯·阿姆斯特朗（德怀特·艾森豪威尔总统图书馆）、汉斯·卡纳本丹姆（米德尔堡罗斯福研究中心助理主任）和国家档案馆工作人员基伍；以及亚特兰大埃默里大学的珍本与手稿图书馆，罗伯特·R.伍德夫图书馆和利兹大学兄弟图书馆。

如未得到我的文学代理人萨莉·哈利文和费利西蒂·布莱恩协会的支持，这个项目永远不会成功。从一开始，萨莉对此书有着极大信心（当然，也对我有信心），她还鼓励我拓宽视野，并站在编辑的角度提供明智的意见。我也要感谢尼尔·贝尔顿早期重要的鼓励、亚历克斯·罗素的无数次问询，以及感谢埃莉诺·里斯以令人钦佩的方式编辑手稿，凯特·沃德指导此书的制作，朱利安·洛斯尽最大努力撰写社论。

写书是非常孤单的事情，我非常感谢我的家人和朋友为我打气，给我鼓励。我的妹妹艾玛给我灵感，我的父母布赖恩和玛丽莲都给予了无条件的爱和支持。对于这几年来全程与此书为伴的约翰（偶尔忍受暴躁的作者），我的感激之情，难以言表。

参考文献

Max Boot, *Invisible Armies: An Epic History of Guerrilla Warfare from Ancient Times to the Present* (New York, Liveright, 2013)

Carole Fink, Frank Hadler and Tomasz Schramm, eds, *1956: European and Global Perspectives* (Leipzig: Leipziger Universitätsverlag, 2006)

Keith Flett, ed., *1956 and All That* (Newcastle: Cambridge Scholars Publishing, 2007)

Eric Hobsbawm, *Interesting Times: A Twentieth-Century Life* (London: Abacus, 2010)

Gerd-Rainer Horn, *The Spirit of '68: Rebellion in Western Europe and North America, 1956–1976* (Oxford: Oxford University Press, 2007)

Tony Judt, *Postwar: A History of Europe Since 1945* (New London: Vintage, 2010)

Dominic Sandbrook, *Never Had It So Good: A History of Britain from Suez to the Beatles* (London: Little, Brown, 2005)

Dale Carter, ed., *Cracking the Ike Age: Aspects of Fifties America* (Aarhus: Aarhus University Press, 1992)

William Chafe, *The Unfinished Journey: America Since World War II* (New York: Oxford University Press, 1991, second edition)

John Patrick Diggins, *The Proud Decades: America in War and Peace, 1941–1960* (New York: W. W. Norton, 1989)

Dwight D. Eisenhower, *Waging Peace: The White House Years, A Personal Account, 1956–1961*

(New York: Doubleday, 1965)

Stephen Kinzer, *The Brothers: John Foster Dulles, Allen Dulles, and Their Secret World War* (New York: Henry Holt, 2013)

David A. Nichols, *A Matter of Justice: Eisenhower and the Beginning of the Civil Rights Revolution* (New York: Simon & Schuster, 2007)

David A. Nichols, *Eisenhower 1956* (New York: Simon & Schuster, 2011)

Chester J. Pach, Jr and Elmo Richardson, *The Presidency of Dwight D. Eisenhower* (Lawrence: University Press of Kansas, 1991)

Taylor Branch, *Parting the Waters: America in the King Years, 1954–1963* (New York: Simon and Schuster, 1988)

Douglas Brinkley, *Mine Eyes Have Seen the Glory: The Life of Rosa Parks* (London: Phoenix, 2001)

Stewart Burns, ed., *Daybreak of Freedom: The Montgomery Bus Boycott* (Chapel Hill: University of North Carolina Press, 1997)

Clayborne Carson et al., eds, *The Eyes on the Prize Civil Rights Reader* (New York: Penguin Books, 1991)

Clayborne Carson, ed., *The Papers of Martin Luther King, Jr., Volume III: Birth of a New Age, December 1955–December 1956* (Berkeley: University of California Press, 1997)

Clayborne Carson, ed., *The Papers of Martin Luther King, Jr., Volume VI: Advocate of the Social Gospel, September 1948–March 1963* (Berkeley: University of California Press, 2007)

Clayborne Carson et al., *Reporting Civil Rights, Part One: American Journalism 1941–1963* (New York: Library of America, 2003)

Mary Dudziak, *Cold War Civil Rights: Race and the Image of American Democracy* (Princeton: Princeton University Press, 2000)

Uriah J. Fields, *Inside the Montgomery Bus Boycott: My Personal Story* (Baltimore: America House, 2002)

David Garrow, *Bearing the Cross: Martin Luther King, Jr., and the Southern Christian Leadership Conference* (London: Vintage, 1986)

Henry Hampton and Steve Fayer, eds, *Voices of Freedom: An Oral History of the Civil Rights Movement from the 1950s through the 1980s* (New York: Bantam Books, 1990)

Troy Jackson, *Becoming King: Martin Luther King Jr. and the Making of a National Leader* (Lexington: The University Press of Kentucky, 2008)

Coretta Scott King, *My Life With Martin Luther King, Jr.* (New York: Holt, Rinehart and Winston, 1969)

Martin Luther King, Jr, *Stride Toward Freedom: The Montgomery Story* (Boston: Beacon Press, 1958)

Azza Salama Layton, *International Politics and Civil Rights Policies in the United States, 1941–1960* (Cambridge: Cambridge University Press, 2000)

Peter J. Ling, *Martin Luther King, Jr.* (London: Routledge, 2002)

Danielle L. McGuire, *At the Dark End of the Street: Black Women, Rape, and Resistance – a New History of the Civil Rights Movement from Rosa Parks to the Rise of Black Power* (New York: Vintage Books, 2010)

James H. Meriwether, *Proudly We Can Be Africans: Black Americans and Africa, 1935–1961* (Chapel Hill: The University of North Carolina Press, 2002)

Brenda Gayle Plummer, ed., *Window on Freedom: Race, Civil Rights, and Foreign Affairs, 1945–1988* (Chapel Hill: The University of North Carolina Press, 2003)

Jo Ann Gibson Robinson, *The Montgomery Bus Boycott and the Women Who Started It* (Knoxville: University of Tennessee Press, 1987)

Belinda Robnett, *How Long, How Long?: African American Women in the Struggle for Civil Rights* (New York: Oxford University Press, 2000)

Jeanne Theoharis, *The Rebellious Life of Mrs. Rosa Parks* (Boston: Beacon Press, 2013)

J. Mills Thornton, *Dividing Lines: Municipal Politics and the Struggle for Civil Rights in Montgomery, Birmingham, and Selma* (Tuscaloosa: University of Alabama Press, 2002)

Penny M. Von Eschen, *Race Against Empire: Black Americans and Anticolonial-ism, 1937–1957* (Ithaca: Cornell University Press, 1997)

Donnie Williams with Wayne Greenhaw, *Thunder of Angels: The Montgomery Bus Boycott and the People Who Broke the Back of Jim Crow* (Chicago: Lawrence Hill Books, 2006)

Chris Myers Asch, *The Senator and the Sharecropper: The Freedom Struggles of James O. Eastland and Fannie Lou Hamer* (Chapel Hill: University of North Carolina Press, 2008)

E. Culpepper Clark, *The Schoolhouse Door: Segregation's Last Stand at the University of Alabama* (New York: Oxford University Press, 1993)

Gene L. Howard, *Patterson for Alabama: The Life and Career of John Patterson* (Tuscaloosa: University of Alabama Press, 2008)

Robyn Duff Ladino, *Desegregating Texas Schools: Eisenhower, Shivers, and the Crisis at Mansfield High* (Austin: University of Texas Press, 1996)

George Lewis, *The White South and the Red Menace: Segregationists, Anticommunism, and Massive Resistance, 1945–1965* (Gainesville: University Press of Florida, 2004)

George Lewis, *Massive Resistance: The White Response to the Civil Rights Movement* (London: Hodder Arnold, 2006)

Neil R. McMillen, *The Citizens' Council: Organized Resistance to the Second Reconstruction, 1954–1964* (Urbana: University of Illinois Press, 1994 edition)

Clive Webb, ed., *Massive Resistance: Southern Opposition to the Second Reconstruction* (Oxford: Oxford University Press, 2005)

Clive Webb, *Rabble Rousers: The American Far Right in the Civil Rights Era* (Athens: University of Georgia Press, 2010)

Frances Baard and Barbie Schreiner, *My Spirit Is Not Banned* (Harare: Zimba-bwe Publishing House, 1986)

Rusty Bernstein, *Memory Against Forgetting: Memoirs from a Life in South African Politics,*

1938–1964 (London: Viking, 1999)

Pamela E. Brooks, *Boycotts, Buses, and Passes: Black Women's Resistance in the US South and South Africa* (Amherst: University of Massachusetts Press, 2008)

Nancy J. Clark and William H. Worger, *South Africa: The Rise and Fall of Apartheid* (Harlow: Pearson Education, 2011)

Basil Davidson, Joe Slovo, Anthony R. Wilkinson, *Southern Africa: The New Politics of Revolution* (Harmondsworth: Penguin Books, 1976)

Saul Dubow, *Apartheid, 1948–1994* (Oxford: Oxford University Press, 2014)

Lionel Forman and E. S. [Solly] Sachs, *The South African Treason Trial* (London, John Calder, 1957)

George M. Fredrickson, *Black Liberation: A Comparative History of Black Ideologies in the United States and South Africa* (Oxford: Oxford University Press, 1995)

Nomboniso Gasa, ed., *Women in South Africa* (Cape Town: HSRC Press, 2007)

Shireen Hassim, *Women's Organizations and Democracy in South Africa: Contesting Authority* (Madison: University of Wisconsin Press, 2006)

Helen Joseph, *If This Be Treason* (London: Andre Deutsch, 1963)

Helen Joseph, *Side By Side: The Autobiography of Helen Joseph* (New York: William Morrow and Company, Inc., 1986)

Thomas Karis and Gwendolen M. Carter, eds, *From Protest to Challenge: A Documentary History of African Politics in South Africa, 1882–1964, Volume 3, Challenge and Violence, 1953–1964* (Stanford: Hoover Institution Press, 1977)

Blanche La Guma with Martin Klammer, *In the Dark With My Dress on Fire: My Life in Cape Town, London, Havana and Home Again* (Aukland Park: Jacana, 2010)

Tom Lodge, *Black Politics in South Africa Since 1945* (London: Longman, 1983)

Nelson Mandela, *Long Walk to Freedom: The Autobiography of Nelson Mandela* (London: Abacus, 1995)

Elinor Batezat Sisulu, *Walter and Albertina Sisulu: In Our Lifetime* (London: Abacus, 2002)

Rob Skinner, *The Foundations of Anti-Apartheid: Liberal Humanitarianism and Transnational Activists in Britain and the United States, c.1919–1964* (Basingstoke: Palgrave Macmillan, 2010)

Cherryl Walker, *Women and Resistance in South Africa* (London: Onyx Press, 1982)

Raymond F. Betts, *France and Decolonization 1900–1960* (Basingstoke: Palgrave Macmillan, 1991)

Habib Bourguiba, *My Life, My Ideas, My Struggle* (Tunis: Ministry of Information, 1979)

Albert Camus, *The Algerian Chronicles* (Cambridge, MA: Belknap, 2013), edited by Alice Kaplan, translated by Arthur Goldhammer

Anthony Clayton, *The Wars of French Decolonization* (London: Longman, 1994)

Alice L. Conklin, Sarah Fishman and Robert Zaretsky, *France and Its Empire Since 1870* (New York: Oxford University Press, 2011)

Matthew Connelly, *A Diplomatic Revolution: Algeria's Fight for Independence and the Origins of the Post-Cold War Era* (Oxford: Oxford University Press, 2003)

Martin Evans, *Algeria: France's Undeclared War* (Oxford: Oxford University Press, 2012)

Frantz Fanon, *The Wretched of the Earth* (London: Penguin Classics, 2001)

Derek Hopwood, *Habib Bourguiba of Tunisia: The Tragedy of Longevity* (Basingstoke: Macmillan, 1992)

Alistair Horne, *A Savage War of Peace: Algeria 1954–1962* (New York: New York Review of Books, 2006)

James F. McMillan, *Twentieth Century France: Politics and Society, 1898–1991* (London: Arnold, 1992)

Robert Merle, *Ben Bella* (London: Michael Joseph, 1967)

Gil Merom, *How Democracies Lose Small Wars* (Cambridge: Cambridge University Press, 2003)

Norma Salem, *Habib Bourguiba, Islam and the Creation of Tunisia* (London: Croom Helm,

1984)

Todd Shepard, *The Invention of Decolonization: The Algerian War and the Remaking of France* (Ithaca: Cornell University Press, 2006)

Martin Thomas, *The French North African Crisis: Colonial Breakdown and Anglo-French Relations, 1945–1962* (Basingstoke: Macmillan, 2000)

Martin Thomas, *Fight or Flight: Britain, France, and Their Roads from Empire* (Oxford: Oxford University Press, 2014)

Irwin M. Wall, *France, the United States, and the Algerian War* (Berkeley: University of California Press, 2001)

Irwin Wall, *A Diplomatic Revolution: Algeria's Fight for Independence and the Origins of the Post-Cold War Era* (New York: Oxford University Press, 2002)

Jean Marie Allman, *The Quills of the Porcupine: Asante Nationalism in an Emergent Ghana* (Madison: University of Wisconsin Press, 1993)

David Anderson, *Histories of the Hanged: Britain's Dirty War in Kenya and the End of Empire* (London: Weidenfeld & Nicolson, 2005)

Dennis Austin, *Politics in Ghana, 1946–1960* (London: Oxford University Press, 1964)

Glen Balfour-Paul, *The End of Empire in the Middle East: Britain's Relinquishment of Power in Her Last Three Arab Dependencies* (Cambridge: Cambridge University Press, 1991)

David Birmingham, *Kwame Nkrumah: The Father of African Nationalism* (Athens: Ohio University Press, 1998)

Piers Brendon, *The Decline and Fall of the British Empire, 1781–1997* (New York: Alfred A. Knopf, 2008)

W. Byford-Jones, *Grivas and the Story of EOKA* (London: Robert Hale Limited, 1959)

Nancy Crawshaw, *The Cyprus Revolt: An Account of the Struggle for Union with Greece* (London: George Allen & Unwin, 1978)

John Darwin, *The End of the British Empire: The Historical Debate* (Oxford: Basil Blackwell,

1991)

Caroline Elkins, *Britain's Gulag: The Brutal End of Empire in Kenya* (London: Pimlico, 2005)

Charles Foley, ed., *The Memoirs of General Grivas* (London: Longmans, 1964)

John Bagot Glubb, *A Soldier With the Arabs* (London: Hodder and Stoughton, 1957)

Robert Holland, *Britain and the Revolt in Cyprus, 1954–1959* (Oxford: Clarendon Press, 1998)

Ronald Hyam, *Britain's Declining Empire: The Road to Decolonisation, 1918–1968* (Cambridge: Cambridge University Press, 2006)

Douglas H. Johnson, *The Root Causes of Sudan's Civil Wars* (Oxford: James Currey, 2003)

Wm. Roger Louis, *Ends of British Imperialism: The Scramble for Empire, Suez and Decolonization* (London: I. B. Tauris, 2006)

Martin Lynn, ed., *The British Empire in the 1950s: Retreat or Revival?* (Basingstoke: Palgrave Macmillan, 2006)

Philip Murphy, *Alan Lennox-Boyd: A Biography* (London: I. B. Tauris, 1999)

Robin Neillands, *A Fighting Retreat: The British Empire 1947–97* (London: Hodder and Stoughton, 1996)

Kwame Nkrumah, *The Autobiography of Kwame Nkrumah* (London: Panaf Books, 2002)

Paul Nugent, *Africa Since Independence* (Basingstoke: Palgrave Macmillan, 2004)

Julius K. Nyerere, *Freedom and Unity/Uhuru na Umoja: A Selection from Writings and Speeches, 1952–65* (London: Oxford University Press, 1967)

Richard Rathbone, *Nkrumah and the Chiefs: The Politics of Chieftaincy in Ghana, 1951–1960* (Oxford: James Currey, 2000).

Robin W. Winks, ed., *The Oxford History of the British Empire, Volume V: Historiography* (Oxford: Oxford University Press, 1999)

Anne Alexander, *Nasser* (London: Haus Publishing, 2005)

Peter Catterall, ed., *The Macmillan Diaries: The Cabinet Years, 1950–1957* (Lon-don: Macmillan, 2003)

Moshe Dayan, *Diary of the Sinai Campaign* (New York: Schocken Books, 1967)

Moshe Dayan, *Story of My Life* (London: Weidenfeld and Nicolson, 1976)

Joel Gordon, *Nasser: Hero of the Arab Nation* (Oxford: Oneworld Publications, 2009)

Anthony Gorst and Lewis Johnman, *The Suez Crisis* (London: Routledge, 1997)

Mohamed Heikal, *The Cairo Documents: The Inside Story of Nasser and His Relationship with World Leaders, Rebels, and Statesmen* (New York: Double-day, 1973)

Mohamed H. Heikal, *Cutting The Lion's Tail: Suez Through Egyptian Eyes* (London: André Deutsch, 1986)

Laura M. James, *Nasser at War: Arab Images of the Enemy* (Basingstoke: Palgrave Macmillan, 2006)

James Jankowski, *Nasser's Egypt, Arab Nationalism, and the United Arab Republic* (London: Lynn Rienner Publishers, 2002)

Keith Kyle, *Suez: Britain's End of Empire in the Middle East* (London: I. B. Tauris, 2011)

Selwyn Lloyd, *Suez 1956: A Personal Account* (London: Book Club Associates, 1978)

W. Scott Lucas, *Divided We Stand: Britain, the US and the Suez Crisis* (London: Hodder & Stoughton, 1991)

Scott Lucas, ed., *Britain and Suez: The Lion's Last Roar* (Manchester: Manchester University Press, 1996)

Tony Shaw, *Eden, Suez and the Mass Media: Propaganda and Persuasion During the Suez Crisis* (London: I. B. Tauris, 1996)

Simon C. Smith, ed., *Reassessing Suez 1956: New Perspectives on the Crisis and its Aftermath* (Aldershot: Ashgate, 2008)

D. R. Thorpe, *Selwyn Lloyd* (London: Jonathan Cape, 1989)

D. R. Thorpe, *Eden: The Life and Times of Anthony Eden, First Earl of Avon, 1897–1977* (London: Pimlico, 2004)

Balázs Apor et al., eds, *The Leader Cult in Communist Dictatorships: Stalin and the Eastern*

Bloc (New York: Palgrave Macmillan, 2004)

Anne Applebaum, *Iron Curtain: The Crushing of Eastern Europe 1944–1956* (London: Allen Lane, 2012)

Jung Chang and Jon Halliday, *Mao: The Unknown Story* (London: Jonathan Cape, 2005)

John Connelly and Michael Grüttner, eds, *Universities Under Dictatorship* (University Park, PA: Pennsylvania State University Press, 2005)

Miriam Dobson, *Khrushchev's Cold Summer: Gulag Returnees, Crime, and the Fate of Reform After Stalin* (Ithaca: Cornell University Press, 2009)

Lee Feigon, *Mao: A Reinterpretation* (Chicago: Ivan R. Dee, 2002)

Robert Hornsby, *Protest, Reform and Repression in Khrushchev's Soviet Union* (Cambridge: Cambridge University Press, 2013)

Geoffrey Hosking, *A History of the Soviet Union* (London: Fontana, 1985)

Polly Jones, ed., *The Dilemmas of De-Stalinization. Negotiating Social and Political Change in the Khrushchev Era* (London: Routledge, 2006)

Jakub Karpiń ski, *Countdown: The Polish Upheavals of 1956, 1968, 1970, 1980...* (New York: Karz-Cohl Publishers, 1982)

A. Kemp-Welch, *Stalinism in Poland, 1955–1956* (New York: St. Martin's Press, 1999)

A. Kemp-Welch, *Poland under Communism: A Cold War History* (Cambridge: Cambridge University Press, 2008)

Nikita Khrushchev, *Khrushchev Remembers: The Glasnost Tapes* (Boston: Little, Brown and Company, 1990)

Sergei Khrushchev, ed., *Memoirs of Nikita Khrushchev: Volume 3, Statesman [1953–1964]* (University Park, PA: Pennsylvania State University, 2007)

Vladimir A. Kozlov, *Mass Uprisings in the USSR: Protest and Rebellion in the Post-Stalin Years* (London: M. E. Sharpe, 2002)

Erik Kulavig, *Dissent in the Years of Khrushchev: Nine Stories about Disobedient Russians* (Basingstoke: Palgrave Macmillan, 2002)

Vladimir V. Kusin, *The Intellectual Origins of the Prague Spring: The Development of Reformist Ideas in Czechoslovakia 1956–1967* (Cambridge: Cambridge University Press, 1971)

Katherine Lebow, *Unfinished Utopia: Nowa Huta, Stalinism, and Polish Society, 1949–1956* (Ithaca: Cornell University Press, 2013)

Michael Lynch, *Mao* (London: Routledge, 2004)

Kevin McDermott and Matthew Stibbe, eds, *Revolution and Resistance in Eastern Europe: Challenges to Communist Rule* (Oxford: Berg, 2006)

Roderick MacFarquhar, *The Hundred Flowers* (London: Stevens & Sons, 1960)

PawełMachcewicz, *Rebellious Satellite: Poland 1956* (Stanford: Stanford University Press, 2009)

Martin Malia, *The Soviet Tragedy: A History of Socialism in Russia* (New York: Free Press, 1995)

John P. C. Matthews, *Tinderbox: East-Central Europe in the Spring, Summer, and Early Fall of 1956* (Tucson, Arizona: Fenestra Books, 2003)

Zhores A. Medvedev and Roy A. Medvedev, *The Unknown Stalin* (London: I. B. Tauris, 2005)

Anita Prazmowska, *Wladyslaw Gomulka: A Biography* (London: I. B. Tauris, 2015)

Robert Service, *The Penguin History of Modern Russia: From Tsarism to the Twenty-First Century* (London: Penguin Books, 2009)

Robert Service, *Comrades: Communism: A World History* (London: Pan Books, 2008)

Konrad Syrop, *Spring in October: The Polish Revolution of 1956* (London: Weidenfeld and Nicolson, 1957)

William Taubman, Sergei Khrushchev and Abbott Gleason, eds, *Nikita Khrushchev* (New Haven: Yale University Press, 2000)

William Taubman, *Khrushchev: The Man, His Era* (London: The Free Press, 2005)

William J. Tompson, *Khrushchev: A Political Life* (London: St Martin' s Press, 1997)

Teresa Toranska, *Oni: Stalin's Polish Puppets* (London: William Collins, 1987)

Vittorio Vidali, *Diary of the Twentieth Congress of the Communist Party of the Soviet Union*

(London: Journeyman Press, 1974)

Paul E. Zinner, ed., *National Communism and Popular Revolt in Eastern Europe: A Selection of Documents on Events in Poland and Hungary, February–November, 1956* (New York: Columbia University Press, 1956)

Tamás Aczél and Tibor Méray, *The Revolt of the Mind: A Case History of Intellec-tual Resistance Behind the Iron Curtain* (New York: Frederick A. Praeger, 1959)

Leslie B. Bain, *The Reluctant Satellites: An Eyewitness Report on East Europe and the Hungarian Revolution* (New York: The Macmillan Company, 1960)

Csaba Békés et al., *The 1956 Hungarian Revolution: A History in Documents* (Budapest: Central European University Press, 2002)

Karl P. Benziger, *Imre Nagy: Martyr of the Nation* (New York: Lexington Books, 2010)

Bryan Cartledge, *The Will to Survive: A History of Hungary* (London: Hurst & Company, 2011)

Lee Congdon et al., *1956: The Hungarian revolution and War for Independence* (Boulder, Colorado: Social Science monographs, 2006)

Terry Cox, ed., *Hungary 1956 – Forty Years On* (London: Frank Cass, 1997)

Peter Fryer, *Hungarian Tragedy* (London: Index Books, 1997)

Charles Gati, *Failed Illusions: Moscow, Washington, Budapest, and the 1956 Hungarian Revolt* (Stanford: Stanford University Press, 2006)

Roger Gough, *A Good Comrade: Janos Kadar, Communism, and Hungary* (London: I. B. Tauris, 2006)

Johanna Granville, *The First Domino: International Decision Making During the Hungarian Crisis of 1956* (College Station: Texas A&M University Press, 2004)

Béla K. Király and Paul Jónás, eds, *The Hungarian Revolution of 1956 in Retrospect* (East European Quarterly, Boulder, Distributed by Columbia University Press, 1978)

Bennett Kovrig, *Communism in Hungary: From Kun to Kádár* (Stanford: Hoover Institution Press, 1979)

Melvin J. Lasky, ed., *The Hungarian Revolution: The Story of the October Uprising as Recorded in Documents, Dispatches, Eye-Witness Accounts, and World-wide Reactions* (London: Martin Secker & Warburg Ltd, 1957)

Paul Lendvai, *One Day That Shook the Communist World: The 1956 Hungarian Uprising and its Legacy* (Princeton: Princeton University Press, 2008)

György Litván, ed., *The Hungarian Revolution of 1956: Reform, Revolt and Repression, 1953–1963* (Harlow: Longman, 1996)

John P. C. Matthews, *Explosion: The Hungarian Revolution of 1956* (New York: Hippocrene Books, 2007)

Miklós Molnár, *Budapest 1956: A History of the Hungarian Revolution* (London: George Allen & Unwin, 1971)

Mark Pittaway, *The Workers' State: Industrial Labor and the Making of Socialist Hungary, 1944–1958* (Pittsburgh: University of Pittsburgh Press, 2012)

János M. Rainer, *Imre Nagy: A Biography* (London: I. B. Tauris, 2009)

Victor Sebestyen, *Twelve Days: Revolution 1956* (London: Phoenix, 2007)

Paul E. Zinner, *Revolution in Hungary* (New York: Columbia University Press, 1962)

Jorge Castañda, *Compañro: The Life and Death of Che Guevara* (London: Bloomsbury, 1997)

Fidel Castro and Ignacio Ramonet, *Fidel Castro: My Life. A Spoken Autobiography* (New York: Scribner, 2009)

Aviva Chomsky, *A History of the Cuban Revolution* (Chichester: Wiley-Blackwell, 2011)

Leycester Coltman, *The Real Fidel Castro* (New Haven: Yale University Press, 2003)

Carlos Franqui, *Diary of the Cuban Revolution* (New York: Viking Press, 1976)

Piero Gleijeses, *Visions of Freedom: Havana, Washington, Pretoria, and the Struggle for Southern Africa, 1976–1991* (Chapel Hill: University of North Carolina Press, 2013)

Van Gosse, *Where the Boys Are: Cuba, Cold War America and the Making of a New Left* (London: Verso, 1993)

Ernesto Che Guevara, *Reminiscences of the Cuban Revolutionary War* (London: Harper Perennial, 2009)

Julio García Luis, *Cuban Revolution Reader: A Documentary History of 40 Key Moments of the Cuban Revolution* (New York: Ocean Press, 2001)

Herbert L. Matthews, *Revolution in Cuba: An Essay in Understanding* (New York: Charles Scribner's Sons, 1975)

James O'Connor, *The Origins of Socialism in Cuba* (Ithaca: Cornell University Press, 1970)

Julia E. Sweig, *Inside the Cuban Revolution: Fidel Castro and the Urban Underground* (Cambridge, MA: Harvard University Press, 2002)

Hugh Thomas, *Cuba: or The Pursuit of Freedom* (New York: DaCapo Press, 1998)

Glenn C. Altschuler, *All Shook Up: How Rock 'n' Roll Changed America* (Oxford: Oxford University Press, 2003)

Michael T. Bertrand, *Race, Rock, and Elvis* (Urbana: University of Illinois Press, 2005)

Ann Charters, ed., *The Portable Beat Reader* (New York: Penguin, 1992)

Rick Coleman, *Blue Monday: Fats Domino and the Lost Dawn of Rock 'n' Roll* (New York: DaCapo Press, 2007)

Anthony DeCurtis, ed., *Present Tense: Rock & Roll and Culture* (Durham, NC: Duke University Press, 1992)

Peter Guralnick, *Last Train to Memphis: The Rise of Elvis Presley* (London: Little, Brown, 1994)

Robert Hewison, *In Anger: Culture in the First Cold War* (London: Weidenfeld and Nicolson, 1981)

Michael Kenny, *First New Left: British Intellectuals After Stalin* (London: Lawrence & Wishart, 1995)

Gertrud Pickhan and Rüdiger Ritter, eds, *Jazz Behind the Iron Curtain* (Frankfurt am Main: Peter Lang, 2011)

Murray Pomerance, ed., *American Cinema of the 1950s: Themes and Variations* (New Brunswick, NJ: University Press, 2005)

S. Frederick Starr, *Red and Hot: The Fate of Jazz in the Soviet Union* (New York: Proscenium Publishers, 1994)

Edmund Stillman, ed., *Bitter Harvest: The Intellectual Revolt behind the Iron Curtain* (London: Thames and Hudson, 1959)

Brian Ward, *Just My Soul Responding: Rhythm and Blues, Black Consciousness, and Race Relations* (Berkeley: University of California Press, 1998)

Stuart Ward, ed., *British Culture and the End of Empire* (Manchester: Manchester University Press, 2001)

Colin Wilson, *The Angry Years: The Rise and Fall of the Angry Young Men* (London: Robson Books, 2007)